LE BESCHERELLE 2

l'art de l'orthographe

LES 26 PIEGES DE L'ORTHOGRAPHE
LEXIQUE DE 2000 HOMONYMES
DICTIONNAIRE ORTHOGRAPHIQUE

LIBRAIRIE HATIER - 8, RUE D'ASSAS - PARIS-6e

© HATIER - PARIS 1980

ISBN 2 - 218 - **06178** - 3

VENTE INTERDITE AU CANADA

Avertissement

L'orthographe est le code indispensable pour toute communication écrite entre les individus. Avec l'avènement de l'informatique, la bonne orthographe devient désormais une nécessité absolue : les machines ne savent pas lire les fautes !

Les **Bescherelle-Hatier** correspondent aux trois principaux types de fautes :

1. La formation et l'emploi des formes verbales

B1 L'art de conjuguer
Étude grammaticale du verbe
Tableaux de conjugaison des verbes types
Liste alphabétique des verbes usuels.

2. La forme des mots en eux-mêmes, l'orthographe d'usage

B2 L'art de l'orthographe
Table des matières page 3.

3. Les mots dans la phrase, l'orthographe d'emploi, la grammaire

B3 L'art de bien écrire
La grammaire
La formation des mots
Le pluriel de tous les mots composés.

Comment vous servir du Bescherelle 2

I. Vous désirez écrire : « Un chant à trois voix. » Comment écrire « voix » ?
Reportez-vous au lexique page 189. Vous trouvez « voie » **19, 22, 27, B2**.
Les chiffres en rouge indiquent que vous devez compléter votre information en consultant *l'index des homonymes* : il existe plusieurs mots de sens différents se prononçant comme « voix ». Quel est celui qui correspond au sens de votre phrase ?

19 - voie voix } voit

Il y a trois façons d'écrire le mot que vous voulez utiliser ; l'une d'entre elles est un verbe. Pour plus de détails, reportez-vous au **Bescherelle 1.**

22 - « La *voie* était enfin libre. »
« Mes lunettes que je *voie* mieux. »

Ici, le sens du mot « voie » ne vous convient pas. (Pour « que je voie » consultez le **Bescherelle 1.**)

27 - « Une *voie* à sens unique. »
« Une *voix* éraillée et rauque. »

C'est évidemment le dernier exemple qui correspond au sens de votre phrase.

« Voix » s'écrit donc v.o.i.x.

II. Comment ne plus faire cette faute ?

Quels sont les mots qui s'écrivent comme **« voix »** ?
Reportez-vous au lexique au mot **« voix »** : **19, 27, E8**.
Vous connaissez déjà les homonymes **(19-27)**. Consultez l'alphabet des pièges à E, page 16, consacré aux mots se terminant par **x**. La liste de mots en colonne E8 vous aidera à vous souvenir de cette difficulté.
Pour entraîner votre mémoire, vous pourrez rédiger des phrases utilisant le maximum de mots d'une même liste. C'est l'association des mots comportant une même difficulté orthographique qui permet d'acquérir une orthographe correcte.

La source des difficultés est le désaccord entre la prononciation et l'orthographe, certaines lettres ne représentant aucun son, tandis qu'un même son est représenté par des lettres différentes. Le **Bescherelle 2** donne l'orthographe de près de *dix-huit mille mots*.

Table des matières

		Pages	
Les raisons des difficultés		**4** à	**9**
L'alphabet des pièges		**10** à	**37**
Légende et code phonétique		11	
A.	Voyelles en finale	12	
B.	Voyelle + **e muet** en finale et **e muet** dans les noms en **-ment**	13	
C.	Le **e** ouvert [ɛ] et sa nasalisation	14	
D.	Comment écrire [ã] : **an** ou **en** ?	15	
E.	Les lettres **s** et **x** en finale	16	
F.	Les lettres **t** et **d** en finale	17	
G.	Le **r** final sonore	18	
H.	Finale en **-re**	19	
I.	**r** prononcé + consonne muette et redoublement du **r**	20	
J.	**f, ff** ou **ph ; d** ou **dd ; g** ou **gg** ?	21	
K.	Comment écrire le son [k]	22	
L.	**l** ou **ll** ?	23	
M.	**m** ou **mm, n** ou **nn** ?	24	
N.	**t** ou **tt** ?	25	
O.	**p** ou **pp, b** ou **bb** ?	26	
P.	Les pièges de la ressemblance	27	
Q.	Les formes du féminin des adjectifs	28	
R.	Les formes du pluriel	29	
S.	Les sifflantes sonores (**s, z**) et sourdes (**s, ss, sc, c, ç**)	30	
T.	Le raccordement des finales [sjõ] et [sjø] : **-sion, -ssion, -tion, -xion ; -cieux, -tieux**	31	
U.	L'accent aigu	32	
V.	L'accent grave	33	
W.	L'accent circonflexe	34	
X.	Le **h** intérieur ou final, la rencontre des voyelles et le tréma	35	
Y.	Les rencontres avec les **y**	36	
Z.	Les redoublements multiples de consonnes et les originaux irréductibles	37	
L'index des homonymes		**38** à	**74**
Dictionnaire orthographique		**75** à	**191**

Légende des renvois du dictionnaire :
chiffres, p. ex. **19** ⟶ L'index des homonymes
lettre et chiffre, p. ex. C4 ⟶ L'alphabet des pièges

La réserve personnelle		**191-192**

Les raisons des difficultés

Les difficultés de l'orthographe proviennent d'une part de l'écart entre la prononciation et l'écriture (**1** à **12**) et d'autre part des écueils que l'on rencontre dans la recherche de la solution correcte (**13** à **20**).

L'ÉCART ENTRE LA PRONONCIATION ET L'ÉCRITURE

1 Certains « mots » sont écrits de la même manière et prononcés différemment. En dehors de la différence de prononciation due à la liaison, par exemple :

les trains arrivent	ils‿arrivent	un hibou	un‿homme

cette disparité est rare :

un **os** à moelle	le **ferment** lactique	ses **fils** et filles	un type **négligent**
des **os** de poulet	ils **ferment** la porte	des **fils** de cuivre	ils le **négligent**

2 Il y a parfois hésitation sur la prononciation :

but [by(t)]	jungle [zœ̃:gl, zɔ̃:gl]	mas [ma(s)]	succincte [syksɛ̃:(k)t]

3 L'hésitation concerne parfois l'orthographe elle-même, la prononciation restant inchangée :

dénouement / dénoûment	galéace / galéasse	sitelle / sittèle
erminette / herminette	grateron / gratteron	tabar / tabard
fantasme / phantasme	pageot / pajot	tacon / taquon
gabare / gabarre	parafe / paraphe	tanin / tannin
gable / gâble	rotangle / rotengle	traveling / travelling
gaiement / gaîment	salonard / salonnard	tremolo / trémolo

Mais cette *pagaïe* (ou *pagaille* ou *pagaye*) est surtout le fait de mots familiers (*gnaule, gniole, gnole, gnôle, niole*) ou étrangers (*skif* et *skiff*, *pogrom* et *pogrome*, *schako* et *shako*, *talweg* et *thalweg*, *tsar* et *tzar*).
L'hésitation peut affecter à la fois l'orthographe et la prononciation :

boutargue / poutargue	**séis**mographe / **sis**mographe	trépang / tripang
étisie / hectisie	tartare / tatare	trousse**quin** / trus**quin**

4 Cependant, l'orthographe de l'immense majorité des mots est définie, notamment par les soins de l'Académie française (fondée par Richelieu en 1635), p. ex. :

affaiblissement	hémisphère	ordonnancement	usurairement
betteravier	imprégnation	phénoménalement	velléitaire
chanoinesse	jusquiame	quarantenaire	warrantage
déférence	lemniscate	rhétoriqueur	xénophobie
embauchoir	micocoulier	sécessionniste	ypérite
filandreux	nécessité	titularisation	zéphyr
grelottement			

5 Nombreux sont malgré tout les « mots » différents qui s'écrivent et se prononcent de la même manière. Parfois, il n'est pas facile de voir ou de savoir qu'il s'agit de plusieurs mots, formés à des époques différentes, d'origines différentes, p. ex. :

emploi	origine
1. une **rame** de barque	**remus**, latin
2. une **rame** de haricots	**ramus**, latin
3. une **rame** de papier	**rizma**, arabe
4. une **rame** de séchage	**Rahmen**, allemand

Dans *une rame de métro*, il s'agit du troisième de ces quatre mots (au sens de convoi, série, groupe, ensemble) ; mais peut-on encore dire qu'il s'agit du même « mot » pour *une rame de papier de luxe* et *une rame de péniches* ? Jusqu'où la différence entre les sens d'un mot permet-elle de maintenir son unité, p. ex. pour *façon* (du latin *factio*) pour *un travail à façon*, *d'une façon générale* et *une personne sans façons* ? Les mots *raison* et *ration* provenant du même mot latin *ratio* — lequel avait une douzaine de sens ou d'emplois —, on pourrait se demander s'il s'agit de deux mots distincts ou de deux variantes du même mot dans *l'âge de raison*, *la raison du plus fort*, *en raison inverse* et *la ration alimentaire* ? Si la *parabole de l'Évangile* et *une parabole de géomètre* dérivent bien du même mot, qui signifiait *comparaison*, dira-t-on que ce sont deux mots ou deux sens différents du même mot ? La différence entre *les lunettes* et *la lunette* invite à poser la même question. Comme ce pluriel, le féminin peut réserver des surprises : *la servante* n'est pas le féminin de *le servant* ni *la sauteuse* (casserole) celui de *le sauteur* (athlète). L'histoire des mots et leur sens jouent un rôle décisif.

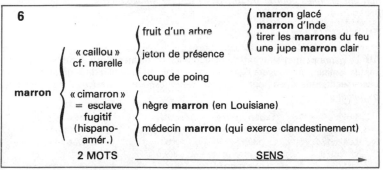

Pour la suite des six lettres **m-a-r-r-o-n**, l'historien découvre à l'origine deux mots totalement étrangers l'un à l'autre : *caillou* et *esclave en fuite*, ces deux mots ont pris des sens nombreux, propres ou figurés.

7 Des « mots » d'origine différente dont l'écriture et la prononciation sont identiques peuvent se distinguer par le genre :

le ou **la** barde, livre, mousse, platine, ponte, somme, tour, vase

Des « mots » de même origine, mais de genre différent, ont en général des significations fortement apparentées :

le ou **la** cache, garde, manche, mode, pendule, secrétaire, solde

8 Les «mots» de même forme, de même genre, mais d'origines et de sens différents, ne posent pas directement de problèmes d'orthographe. Cependant, ils multiplient les problèmes de vocabulaire, faisant croire qu'il s'agit du même mot. La
consultation d'un dictionnaire étymologique donnera les clés des mots suivants [il
s'agit le plus souvent de mots assez courts et d'apparence simple, p. ex. *pignon*,
sol, *vague* (chaque fois trois mots), *panne* (quatre mots)] :

grillage	pépin	quille	safran	test
gruau	pieu	rate	saie	tourbe
merlin	pile	rayon	slip	tourteau
pastel	plage	riflard	souci	treillis
patinage	quête	risée	tamarin	usure

9 Lorsque des mots s'opposent, à l'écriture comme à la prononciation, par des différences faibles, les risques de confusion augmentent quand la signification de l'un
des deux mots n'est pas bien connue :

colli**si**on / collu**si**on	habil**et**é / habil**it**é
conj**ec**ture / conj**on**cture	**para**phrase / **péri**phrase
éristique / **eu**ristique	enfant prodi**ge** / fils prodi**gue**
ésotérique / **exo**térique	**sou**scription / **su**scription

Chacun a ainsi ses paronymes. Dans un manifeste électoral, on a pu lire *Mobilisation des énergies pour la **postérité*** au lieu de *Mobilisation des énergies pour la
prospérité*.

10 Le genre permet souvent de résoudre les problèmes d'orthographe. Connais-
sant le féminin, on trouvera l'écriture de la finale du masculin de la grande majorité
des adjectifs, mais pas pour *frais, coi, bénin, esquimau / fraîche, coite, bénigne,
esquimaude.*

froid/e	sanguin/e	petit/e	**et même**
blond/e	mondain/e	conscient/e	
paillard/e	plein/e	fort/e	bon / bonne
chaud/e	commun/e	coupé/e	vif / vive
laid/e	mormon/e	élu/e	partiel / partielle
grand/e	délicat/e	vrai/e	léger / légère
campagnard/e	prêt/e	moisi/e	sec / sèche
lourd/e	béant/e	ambigu/ë	**mais** mû / mue !

11 Le -e muet final est un symptôme du féminin, mais il n'est pas décisif :
Entre *rai* et *raie*, *avaloir* et *avaloire*, *but* et *bute*, *ru* et *rue*, *gaz* et *gaze*, *sol* et
sole, *moi* et *moie*, on choisira la seconde graphie pour le mot féminin.

Féminin :	bile	malle	requête	œillère	goutte
Masculin :	exil	choc	ténor	loisir	journal

Mais pour *foi* et *foie*, c'est l'inverse qui convient ! Le collectionneur et l'observateur savent qu'il ne faut pas être présomptueux dans ce domaine ; en effet, on note dans les deux genres la présence et l'absence de -e final :

Masculins :	repère	lampadaire	verre	renne	lycée
Féminins :	enchère	file	guerre	benne	corvée
Masculins :	fer	dompteur	déboire	scandale	cliché
Féminins :	mer	teneur	histoire	rafale	beauté

Il y a également les erreurs classiques de genre :

| Masculins : | épicycle épithélium | épiderme épithème | épilogue | épimère | épisode |
| Féminins : | épiglotte | épiphyse | épitaphe | épitase | épithète |

Sans parler des pronoms : *le leur* (le train) / *la leur* (l'adresse) !

12 Le caractère essentiellement graphique du pluriel réduit le problème du pluriel à une question de grammaire (cf. l'accord, *Bescherelle 3*). On n'a généralement qu'à ajouter un **s** sauf dans les cas du type **-al**/**-aux**. Le **-s** et le **-x** du pluriel ne s'entendent pas, ils s'écrivent. Mais Il y a bien des mots qui ont dès le singulier un **-s** ou un **-x** final, prononcé ou non (cas le plus fréquent) :

atlas	blocus	crocus	hiatus	vis
bis	corpus	cumulus	sinus	volubilis
bras	jus	pays	poids	talus
corps	lilas	pertuis	souris	tracas
hapax	larynx	latex	silex	thorax
choix	croix	poix	portefaix	prix

LES ÉCUEILS DE LA RECHERCHE

13 La recherche opérationnelle doit donc se garder de prendre des indices pour des preuves.

Que faut-il donc faire pour résoudre un problème d'orthographe ?

— Consulter les *Bescherelle,* fréquemment, inlassablement ;
— Réfléchir, raisonner, analyser ;
— Être sensible aux bonnes analogies et se méfier des mauvaises.

14 Pour une forme verbale, on consultera le *Bescherelle 1* ; pour l'orthographe d'usage, le *Bescherelle 2* ; pour l'orthographe d'emploi, la grammaire et la ponctuation, ainsi que pour les « mots composés », le *Bescherelle 3*.

Il faudrait toujours avoir les ***Bescherelle*** sous la main, et, à chaque consultation, recopier le mot, l'écrire plusieurs fois, car la **main** participe à la décision, au moins autant que l'œil. En revanche, la mémoire auditive est peu secourable, et conduit bien souvent à multiplier les questions, si du moins l'on n'est ni naïf ni présomptueux.

15 Il faut réfléchir, examiner l'environnement, notamment pour faire surgir les consonnes devenues muettes en position finale :

brigand(**age**)	guet(**teur**)	océan(**ique**)
débarras(**ser**)	lot(**erie**)	parrain(**age**)
flot(**ter**)	magistrat(**ure**)	pin(**ède**)

16 Les difficultés n'augmentent pas avec la longueur du mot. Car le « mot » peut souvent se décomposer et ses morceaux peuvent alors ne pas poser de problèmes :

baisemain	correspondancier	pneumogastrique	tirelire
bénévolement	croquembouche	portefeuille	transplantation

Mais tous les mots ne sont pas transparents aux yeux du profane :

courcaillet	tallipot	téocalli	tupinambis
mercaptan	tamanoir	toboggan	vasistas

C'est le cas de mots étrangers, de mots techniques, de mots altérés, de néologismes et de contractions. La coexistence de mots tels que *péroné*, *erroné* et *péronnelle* n'est pas faite pour dissiper le trouble.

17 Néanmoins, l'existence de nombreuses familles régulières permet de reconnaître des parentés et de prévoir l'orthographe, p. ex. pour *barrage, barre, barreau, barrette, barreur, barrière, débarras, embarras*. Mais certaines familles sont désunies, « irrégulières », parfois pour des raisons accidentelles :

siffler	sifflet	siffloter	**ff/f**	persifler
souffle	souffleter	essouffler	**ff/f**	boursoufler
collet	décolleté	collier	**ll/l**	colis
homme	hommage	hommasse	**mm/m**	homicide
consonne	résonner	malsonnant	**nn/n**	résonance
donnée	donneur	pardonnable	**nn/n**	donataire
honneur	honnêteté	malhonnête	**nn/n**	honorable
tonnerre	étonnant	étonnement	**nn/n**	détoner
charrue	charrette	charron	**rr/r**	chariot
courir	coureur	parcourir	**r/rr**	courrier

patte	empattement	**tt/t**	pataud	patin	épatant

L'existence de quelques familles irrégulières fait que le risque de l'exception ou la crainte de l'accident pèsent sur le raisonnement.

18 La difficulté la plus connue, et la moins maîtrisée, c'est le redoublement de certaines consonnes, ce qu'on appelle la **gémination**. La gémination est rarement prononcée (p. ex. dans *nous courrons plus vite*). Mais on dispose souvent d'indications « fortes », p. ex. dans *enneigement*, *glass*, *innovation*, *maisonnette*, *resserre*, *rondelle*, il faut donc demeurer vigilant :

agressivité	adoucissement	cale	clientèle	opossum
agglomération	adduction	dalle	vaisselle	oppidum

19 La technique principale de la « recherche opérationnelle » de l'orthographe demeure la **mémoire**. Il s'agit tantôt de souvenirs isolés, précis, abrités, et tantôt de souvenirs répertoriés, catalogués, cimentés. Les deux principes ordinairement respectés dans ces regroupements sont l'organisation **du mot** et l'analogie **des mots**. Lorsque ces principes entrent en conflit, les troubles naissent, croissent et se multiplient. Dans un grand quotidien du soir, on a relevé en première page, dans le même article, *la non-ingérance dans les affaires intérieures* et *le déclanchement des opérations*, alors qu'*ingérence* ne doit pas s'écrire comme *gérance*, et que *déclencher* et *enclencher* contiennent **clenche** (du picard *clenque* qui adopta et adapta le francique *klinka*) et n'ont rien à voir avec *engranger*, *enchanter*, *enfanter* ou *embrancher,* ni avec *cran* ou *clan* !

20 Il faut comprendre que **l'orthographe française** n'est pas un code de notation des sons, mais un **système d'écriture et de lecture des mots enraciné dans l'histoire de la langue**. De ce point de vue, elle remplit assez bien son office. Apprendre l'orthographe et la respecter, c'est quitter dans une certaine mesure le monde des sons pour l'univers du langage. Si l'orthographe française était une écriture phonétique, elle serait désastreuse : pour [ã] : *-an*, *-am*, *-en*, *-em*, *-ans*, *-ant*, *-end*, *-emps*, etc. ; pour [r] et [s] : *r*, *rr*, *rh*, *rrh* ; *s*, *ss*, *sc*, *c*, *ç* ! Et si quelqu'un s'avisait de ne plus écrire les mots, mais de noter les sons : *On prendrait un so, on ferait un so, le garde des so prendrait la ligne de so ; tout cela est-il vraiment si so ?*

La reconnaissance des fautes chez autrui (dans la vie sociale plus encore qu'à l'école) en apprend autant sur les difficultés internes du système que sur les capacités de leur auteur (connaissances, pouvoir de concentration, raisonnement, esprit critique). Ignorance, négligence ou fantaisie surréaliste ? Dans une copie de bachelier, on a pu lire *la pensée cartésienne est une fosse septique*, au lieu de *fausse sceptique*, et *la recrue d'essence de la violence*, au lieu de *recrudescence*. Mais toutes les fautes ne sont pas aussi peu tristes.

L'expérience révèle l'existence d'un trésor commun de « pièges », c'est-à-dire de difficultés tellement partagées qu'on peut les appeler objectives ; elles ont toutes leurs raisons, mais ces raisons ne sont pas toujours bonnes. Dans le chapitre suivant, on trouvera un choix de pièges classiques en matière d'orthographe d'usage, sans commentaires. Le correcteur qui analyse les fautes cas par cas s'interroge constamment sur leur cause : négligence, mauvaise habitude, erreur d'analyse, défaut de transparence, proximité excessive ? Tout lecteur est amené spontanément à juger un auteur à ses fautes, c'est une raison supplémentaire de ne pas se moquer de l'orthographe, outre sa convenance et sa nécessité.

Les pièges de A à Z

LA SÉLECTION DU BESCHERELLE 2

L'orthographe d'un mot peut présenter simultanément plusieurs difficultés. Par reclassement des types de difficultés, on obtient les « pièges ». Leur grand nombre n'a au fond rien d'étonnant.

Les difficultés pratiques ont bien souvent un caractère subjectif : souvenirs déformés, inattention momentanée, préjugés et présomptions, erreurs d'analyse (pour les préfixes), connaissances confuses (pour les paronymes), relecture distraite. Toutefois, au-delà de ces difficultés subjectives, il y a piège plus ou moins prévisible lorsque l'attention portée à la **prononciation,** l'intérêt suscité par l'**analogie** et l'argumentation esquissée dans la **réflexion** risquent d'induire en erreur, lorsqu'on applique un principe qui ne devrait pas être appliqué à cet endroit, lorsqu'on se laisse tenter par un modèle inadéquat, et à la limite, lorsque menace l'homonymie. Ce dernier piège, auquel est consacrée la deuxième partie du *Bescherelle 2,* est bien singulier : commettre la faute d'écrire sans faute le faux mot, p. ex. *capitaine au long court !*

Les pièges de A à Z recensent des problèmes orthographiques classiques qui peuvent tous se poser à propos d'un seul mot, par exemple *pénicilline, permanganate, pithécanthrope, protectorat* ou *pythagoréen,* mais que l'on a avantage à poser et à traiter séparément, à savoir :

— **L'écriture des lettres muettes ;**
— **Le choix entre les différentes écritures d'un même son ;**
— **Le redoublement des consonnes ;**
— **Les accents.**

Les variantes et les subdivisions de ces pièges finissent par constituer deux centaines de types, dont chacun est identifié par la lettre de la page et le numéro de la liste d'exemples, plus ou moins longue, p. ex. D11, F4 ou V12. C'est à ces pièges que renvoient les indications de ce type qui sont fournies dans le Dictionnaire orthographique à propos de chaque mot.

MODE D'EMPLOI

Comment déjouer les pièges, puisqu'on ne peut guère les éviter ? Sauf si l'on veut se livrer à une étude systématique, ou, à la limite, à un apprentissage programmé, on consultera le **Dictionnaire orthographique** en cas d'hésitation. En suivant le renvoi, constitué d'une lettre et d'un chiffre, on trouvera une série de mots qui relèvent du même type de difficulté formant une liste. L'association du mot recherché avec les mots présentés a une grande vertu mnémotechnique, qu'il s'agisse du souvenir visuel ou de la mémoire de la main. Chaque page de pièges comporte un court texte de quelques paragraphes explicatifs pourvus d'exemples et donnant d'abord une définition générale du piège ou montrant en quoi le piège ne peut être réduit à quelques règles simples, ensuite quelques **repères** à retenir pour éviter de renouveler la même erreur (▶) et enfin les exceptions et difficultés particulières auxquelles il faut faire très **attention** (●).

Les quatre colonnes de mots de l'**Alphabet des pièges** n'abritent qu'une partie des mots du dictionnaire. Même lorsque le mot recherché dans les **Pièges** à partir d'un renvoi du dictionnaire ne figure pas «personnellement» à l'endroit indiqué, on peut l'ajouter «en esprit» à la liste. Il est très recommandé de ne pas se contenter de cette localisation abstraite de la difficulté, mais de recopier la liste correspondante, ou un extrait de cette liste, après y avoir intégré le mot qui fut la cause de la consultation du dictionnaire, ou de la consultation de l'**Alphabet des pièges** ou de l'**Index des homonymes**, la main étant le gardien le plus sûr de l'orthographe.

LÉGENDE DES SIGNES UTILISÉS

▶ repères

● attention

1, 2, 3 liste de mots

▷ Au bas de chaque page de pièges, ce signe invite à consulter également plus particulièrement tel ou tel autre piège. Il s'agit à la fois de satisfaire les curiosités nouvelles suscitées par les premiers renvois et d'élargir et d'approfondir la connaissance de l'orthographe.

CODE PHONÉTIQUE

[a] lac	[œ] peuple	[w] **oui**	[s] **si**
[ɑ] **âme**	[ø] peu	[p] **appui**	[z] maison
[e] **été**	[ə] sera	[b] **bébé**	[ʒ] cage
[ɛ] **sec**	[ɑ̃] **en**	[t] **théâtre**	[ʃ] chou
[i] **iris**	[ɛ̃] **fin**	[d] **dedans**	[l] lilas
[ɔ] bonne	[ɔ̃] non	[k] qui	[r] rare
[o] baume	[œ̃] un	[g] goût	[m] mammifère
[y] rue	[j] lion	[f] phare	[n] nénuphar
[u] coucou	[ɥ] nuit	[v] verve	[ɲ] digne

A Voyelles en finale

Les mots non féminins s'achevant par un son-voyelle (**a, ai, ou** : *bas, fait, vous*) s'écrivent généralement avec une consonne terminale non prononcée (*ba-s, fai-t, vou-s*). Un mot terminé par un son-consonne s'achève souvent sur un **e muet** : *barqu-e, lott-e, rar-e*.

▶▶ On ne peut généralement rien dériver des mots s'achevant sur -**a**, -**o** et -**u** (*1, 4, 7*). ◇ Les participes passés se reconnaissent au sens : *brûlé, puni, venu*.

● Le procédé de la dérivation est parfois trompeur : ◇ le mot dérivé aurait pu vous inciter à terminer par une consonne : *abri / abriter*; *ami / amical*; *caillou / caillouteux*; *écu / écuyer*; ◇ le radical du mot change en dérivant : *cheveu / chevelu* (*2*); *ciseau / ciseler* (*5*); *étai / étayer* (*9*); *renvoi / renvoyer* (*10*).

1 acacia	*3* abasourdi	*4* aviso	*7* absolu
agenda	abri	brasero	ardu
aléa	ainsi	cargo	bru
alinéa	alcali	casino	cossu
boa	alibi	domino	cru
camélia	ampli	duo	féru
caméra	apprenti	dynamo	glu
choléra	appui	écho	tissu
cinéma	autrui	halo	tribu
cobra	bailli	imbroglio	vertu
colza	bistouri	lavabo	
delta	canari	memento	*8* clou
extra	candi	quiproquo	écrou
gala	charivari	recto	gnou
mimosa	colibri	scénario	sou
opéra	épi	verso	
pampa	étui	virago	*9* balai
panorama	fourmi		chai
tapioca	gui	*5* bateau	déblai
tombola	ici	cadeau	délai
véranda	jeudi	coteau	essai
visa	kaki	eau	minerai
	képi	escabeau	quai
2 adieu	macaroni	fardeau	
cheveu	oui	niveau	*10* convoi
enjeu	parmi	oiseau	désarroi
épieu	pilori	peau	émoi
essieu	pli		foi
lieu	qui	*6* étau	loi
neveu	safari	fabliau	paroi
pieu	tri	gruau	pourvoi
vœu	voici	préau	tournoi

▷ Le son-voyelle de la finale n'exclut pas la présence d'une dernière lettre muette, p. ex. **e** (cf. B) ou une consonne, p. ex. **t** (cf. E) ou **s** (cf. F). Pour les mots qui se terminent sur **é(e)**, voir U.

Le **e muet** se trouve généralement en finale d'un nom féminin (*1* à *9*) ou à l'intérieur avant -**ment** (*10* à *14*).

▶ La grande majorité des mots terminés par **e muet** sont du féminin (*1* à *9*).
◇ Devant -**ment**, l'**e muet** peut être remplacé par un accent circonflexe dans les noms dérivés des verbes en -**ayer, -ier, -oyer, -uyer** (*10* à *14*).

● Quelques masculins s'achèvent par un **e muet** (*coolie, foie, génie, messie, sosie*). ◇ Quelques féminins n'ont pas d'**e muet** final (*une bru, peau, photo, tribu, véranda*). ◇ Quelques féminins se terminent par une consonne muette (*fois, nuit, paix, perdrix, souris*). ◇ Le **e** intérieur est muet devant une voyelle après **g** (*15*).
◇ Le **e** intérieur n'est pas prononcé : *rouerie, scierie, tuerie, féerie ; bouledogue, boulevard, dureté.*

1 baie	**5** avenue	**9** accalmie	**10** -aie (ou aye) ment
craie	berlue	aciérie	bégaiement
effraie	bienvenue	agonie	déblaiement
futaie	cohue	allergie	paiement
ivraie	déconvenue	amnésie	
monnaie	étendue	apoplexie	**11** -ie (ou î) ment
pagaie	fondue	aporie	licenciement
palmeraie	mue	avanie	ralliement
plaie	retenue	bougie	remerciement
raie	survenue	écurie	
roseraie	tenue	effigie	**12** -oue (ou oû) ment
sagaie	verrue	euphorie	dénouement
taie		galaxie	dévouement
	6 autarcie	jalousie	engouement
2 courroie	chiromancie	librairie	
joie	éclaircie	loterie	**13** -oîment (rare)
lamproie	pharmacie	lubie	aboiement
oie	superficie	modestie	déploiement
proie		névralgie	rudoiement
soie	**7** asepsie	nostalgie	
voie	autopsie	ortie	**14** -ue (ou û) ment
	biopsie	panoplie	dénuement
3 bajoue	catalepsie	pénurie	éternuement
gadoue		phobie	remuement
houe	**8** argutie	plaidoirie	
joue	autocratie	poulie	**15** -ge + a, o et u
moue	bureaucratie	prairie	bougeoir
proue	calvitie	tautologie	esturgeon
	facétie	théorie	gageure
4 banlieue	ineptie	toupie	geai
lieue	inertie	vigie	geôle
queue	minutie	zizanie	orangeade

▷ Pour les mots (féminins et masculins) en -**ée**, cf. U.
  Pour les adverbes en -**ment**, cf. F.

C Le e ouvert [ɛ] et sa nasalisation

Le son **è** ouvert [ɛ] peut s'écrire **ai** (*1* à *3*) ; **e** devant **-n** final (*4*) ; **ei** (*5* à *7*) ; **e** devant une consonne double (*8* à *11*).
Le son **è** nasalisé [ɛ̃] peut s'écrire **ain (t)** (*12, 13*) ; **ein (t)** (*14* et *16*) ; **en** (*15*) ; **in (t)** (*17* à *20*).

▶▶ La parenté du mot peut aider : *plaine* et *planisphère*, *peine* et *pénible*, *grain* et *granulé*, *plein* et *plénitude*. ◇ Les diminutifs en **-ette** s'écrivent toujours avec un **e**. ◇ Le féminin permet de retrouver un adjectif masculin (*fine / fin*, *maligne / malin*).

● La terminaison **en** a des prononciations différentes (*4* et *15*). ◇ La même prononciation peut s'écrire différemment (*18, 19* et *20* ainsi que *diabète, squelette, racket* et *raquette*). ◇ Attention au **t** final non prononcé (*13, 16, 20*).

1 aide	**5** beige	**12** bain	**17** butin
aigle	enseigne	gain	colin
aigre	neige	levain	déclin
aile	peigne	main	enfin
araignée	seigle	nain	engin
glaive		quatrain	escarpin
maigre	**6** baleine	sain	jardin
raide	haleine	souterrain	larcin
	peine	terrain	matin
2 aine	reine	train	raisin
aubaine	veine		ravin
fontaine		**13** contraint	romarin
gaine	**7** seize	maint	vilebrequin
migraine	treize	saint	
rengaine			**18** besoin
vingtaine	**8** aisselle	**14** chanfrein	coin
	crécelle	frein	foin
3 aise	étincelle	plein	groin
braise	querelle	rein	loin
cimaise	vaisselle	sein	témoin
falaise			
fraise	**9** dilemme	**15** aryen	**19** baragouin
glaise	gemme	doyen	bédouin
malaise	lemme	examen	pingouin
mortaise		mitoyen	
	10 antenne	rien	**20** adjoint
4 abdomen	benne		appoint
amen	persienne	**16** éteint	conjoint
dolmen		feint	contrepoint
hymen	**11** houlette	peint	embonpoint
pollen	raquette	restreint	oint
spécimen	squelette	teint	point

▷ Ne pas oublier, pour l'écriture de [ɛ], l'accent grave (cf. V), l'accent circonflexe (cf. X) et certains emplois de **y** (cf. Y).

Comment écrire [ã] : **an** ou **en** ? D

Seul l'usage commande l'orthographe. Comparer *1* à *4* et *5* à *8* : [ã] suivi d'une consonne prononcée ; *9, 10, 11* : [ã] finale ; *12, 13* : [ã] début ou milieu du mot.

▶▶ Le **n** se transforme en **m** devant **b** et **p** (*alambic, ambre, ensemble, ample, camp, tempe, temps*) **sauf** dans em**b**on**p**oint et *bonbonne.*

● Le son [ã] s'écrit parfois -**aon** : *faon, paon, taon.* ◇ Certains noms et adjectifs diffèrent du participe présent correspondant : *résident / résidant* ; *négligent / négligeant* ; *excellent / excellant* ; *différent / différant.* ◇ Attention aux homonymes : *tante / tente* ; *amande / amende* ; *sang / sans / cent* ; *camp / quant / quand.* ◇ Attention aux consonnes muettes finales : *10* et *11,* ainsi que *banc, chaland, goéland, étang, rang.*

1 commande	**5** commende	**9** artisan	**12** ancre
contrebande	dividende	cardan	antre
demande	légende	divan	avalanche
guirlande	prébende	écran	banque
offrande	provende	océan	calandre
		ruban	céans
2 amiante	**6** attente	slogan	chanvre
bacchante	charpente	volcan	dans
brocante	descente		esclandre
dilettante	détente	**10** aimant	handicap
épouvante	entente	auparavant	langage
jante	fente	carburant	manche
plante	pente	croissant	manque
soixante	trente	fabricant	méandre
variante	vente	piquant	rançon
		stimulant	scaphandre
3 abondance	**7** absence	volant	
alliance	adhérence		**13** attention
ambiance	affluence	**11** absent	calendrier
assistance	concurrence	argent	cendre
circonstance	contingence	arpent	centre
croissance	décence	dent	commentaire
distance	différence	divergent	entité
finance	évidence	équivalent	envie
nuance	indigence	expédient	gendre
substance	influence	insolent	menthe
tolérance	urgence	négligent	penderie
		précédent	pervenche
4 danse	**8** dense	récipient	tendre
ganse	dépense	relent	tension
panse	immense	urgent	ustensile
transe	intense	violent	ventre

▷ Pour l'écriture de la finale [ã] pour les noms, voir B ; et pour les adverbes, voir F.

E Les lettres **s** et **x** en finale

Généralement, on ne prononce ni **-s** (*dans, hormis, verglas*) ni **-x** (*mieux, prix*) : **1** à **8**. Mais dans bien des mots, **-s** se prononce (*as, cactus, lis* ou *lys, os* au singulier, *sinus, tous* pronom, *virus*) ainsi que **-x** (*furax, index, latex*).

▶ La finale **-ss** n'est jamais muette (*loess, mess, schuss, strass, stress*). ◇ L'**-s** et l'**-x** du pluriel ne se prononcent pas (*aléas, gens, égaux, yeux*).

● Attention à la liaison (*deux̮hommes̮illustres*). ◇ On prononce [s] final pour **-x** dans *coccyx*. ◇ Ne pas confondre *exprès* (**-s** muet) et e*xpress*.

---

1 bras
  cabas
  canevas
  cas
  chas
  choucas
  contrebas
  coutelas
  débarras
  échalas
  embarras
  fatras
  fracas
  frimas
  galetas
  glas
  lilas
  matelas
  repas
  sassafras
  taffetas
  trépas

2 abus
  inclus
  intrus
  jus
  obtus
  obus
  pus
  refus
  talus

3 dos
  enclos
  endos
  héros
  propos
  repos
  tournedos

4 anglais
  biais
  dais
  désormais
  engrais
  jais
  jamais
  laquais
  mais
  marais
  niais
  rabais
  relais

5 anchois
  autrefois
  bois
  bourgeois
  chamois
  fois
  minois
  mois
  quelquefois
  toutefois

6 appentis
  avis
  brebis
  buis
  cambouis
  colis
  coloris
  compromis
  coulis
  devis
  éboulis
  frottis
  hachis
  huis
  lacis
  lavis
  logis
  mépris
  paradis
  parvis
  permis
  pertuis
  pilotis
  puis
  radis
  roulis
  rubis
  salmigondis
  salmis
  semis
  souris
  sursis

7 aurochs
  corps
  fonds
  legs
  mets
  poids
  remords
  temps

8 afflux
  choix
  croix
  deux
  époux
  faix
  faux
  flux
  houx
  influx
  mirepoix
  noix
  paix
  perdrix
  poix
  portefaix
  prix
  queux
  redoux
  saindoux
  taux
  toux
  voix

▷ Pour le redoublement éventuel du **-s** final et pour le traitement du **-x** dans la formation du féminin, voir Q.

Les **t** et **d** en finale sont muets (*1* à *18* et *B 10* à *15* pour les substantifs en -ment).

● Le **t** se prononce dans les mots comme : *brut, chut !, déficit, dot, exeat, fat, huit, mat, prétérit, prurit, rut, spot, transit, zut !.* ◇ Le son [t] final s'écrit diversement : **-te** (*comète, culbute, litote, névrite, rate*) ; **-tte** (*aigrette, botte, lutte, mélitte, natte*) ; **-th** (*bismuth, luth, mammouth, vermouth, zénith*) ; **-the** (*acanthe, cœlacanthe, jacinthe, menthe, plinthe*). ◇ Attention à la formation du féminin et à la conjugaison : *idiot / idiote* mais *sot / sotte ; acheter / achète* mais *jeter / jette.* ◇ Noter l'orthographe de l'avant-dernière syllabe des adverbes (*12* à *17*).

1 achat	*4* attrait	*8* acabit	*12* diversement
candidat	bienfait	appétit	frugalement
carat	extrait	circuit	tellement
climat	fait	conflit	
format	forfait	crédit	*13* assurément
grenat	portrait	débit	carrément
lauréat	retrait	délit	uniformément
magistrat	souhait	édit	
magnat		fortuit	*14* gentiment
odorat	*5* alphabet	fruit	polliment
plagiat	bouquet	gabarit	quasiment
plat	budget	lit	
reliquat	chevet	produit	*15* éperdument
résultat	couplet	profit	prétendument
scélérat	filet		résolument
syndicat	guet	*9* argot	
thermostat	guichet	complot	*16* couramment
	muguet	escargot	notamment
2 artichaut	pamphlet	lingot	nuitamment
assaut	quolibet	matelot	
défaut	rivet	rabot	*17* ardemment
saut	volet	sabot	patiemment
soubresaut		tricot	prudemment
sursaut	*6* adroit		
	détroit	*10* chahut	*18* bond
3 bout	endroit	début	crapaud
debout	exploit	institut	friand
égout	toit	raffut	gland
embout		statut	gond
faitout	*7* affront	tribut	nid
partout	amont		nœud
surtout	entrepont	*11* défunt	pied
tout	front	emprunt	réchaud

▷ Pour le redoublement éventuel du **t** dans la conjugaison, on consultera le *Bescherelle 1*. Pour la formation du féminin et le redoublement éventuel, cf. Q *19* et *20*.

G Le r final sonore

La lettre **r** est prononcée à la fin du mot. Les mots en -**er** font toutefois exception : le **r** final après **e** n'est généralement pas prononcé : *atelier, boucher, danger, ménager, panier.*

➡️ Les mots en -**ar** (*1*), -**ir** (*3*), -**ur** (*7, 8*), -**or** (*9*) sont tous du masculin, mais les mots en -**er** (*5*), -**air** (*6*), -**eur** (*12, 13, 14*), **œur** (*4*), et -**our** (*11*) peuvent être masculins ou féminins (*le fer / la mer, le flair / la chair, le cœur / la sœur, le tour / la tour*).

⬤ Le son [r] final peut être suivi d'un **e muet** ou d'une consonne muette. Voir ▷.   ◊ Tous les mots masculins en -**eur** ne font pas leur féminin en -**eure** : *vendeur / vendeuse, vengeur / vengeresse.*

1 avatar	**5** amer	**9** butor	**13** masculins
bar	cancer	castor	assureur
bazar	cher	corridor	auteur
car	enfer	décor	bonheur
cauchemar	éther	essor	compteur
caviar	fier	major	échangeur
hangar	hier	quatuor	écouteur
millibar	hiver	stentor	fauteur
nectar	mer	ténor	malheur
nénuphar	reporter	toréador	radiateur
	revolver	trésor	remorqueur
2 masculins	ver		sauveur
arrosoir		**10** saur	sculpteur
couloir	**6** chair		tailleur
dépotoir	clair	**11** contour	vecteur
embauchoir	éclair	détour	veneur
entonnoir	flair	four	
espoir	impair	labour	**14** féminins
éteignoir	pair	pourtour	fraîcheur
miroir	vair	séjour	frayeur
peignoir		tambour	fureur
	7 azur	vautour	grosseur
3 désir	deleatur		horreur
loisir	fémur	**12** -eur → -eure	lenteur
plaisir	futur	antérieur	lueur
soupir	imprimatur	extérieur	odeur
tir	mur	inférieur	pesanteur
	obscur	majeur	peur
4 chœur	sur	meilleur	primeur
cœur		mineur	rigueur
rancœur	**8** mûr	postérieur	stupeur
sœur	sûr	supérieur	vigueur

▷ La lettre -**r** qui correspond au son [r] peut être suivie d'un **e muet** (cf. H) ou d'une consonne muette (cf. I *1* à *9*).
   Pour les féminins des mots en -**eur**, cf. Q *27* à *29*.

18

Les mots terminés en -re sont aussi bien féminins que masculins (**1** à **7**). Il ne faut donc pas se fier au genre du mot pour mettre ou non un **e muet**. Ainsi sont masculins : *hectare, square, empire, navire, mercure, parjure, calcaire, corollaire, store, pandore.*

▶ Les mots en **-oir** sont tous du masculin. Les mots en **-oire** sont soit des adjectifs (**8**), soit des noms masculins (**9**) ou féminins (**10**).

● Le son [r] en finale peut s'écrire **r, rre, rrhe,** ou **r** + une consonne : *voire* n'a rien à «voir» avec *voir; paire, père / pair, perds, pers; cire, sire / cirrhe; faire / fer / ferre.*

1 are	**4** a**core**	**6** aug**ure**	**8 adjectifs**
av**are**	anaph**ore**	bord**ure**	dilat**oire**
carr**are**	b**ore**	capt**ure**	illus**oire**
cith**are**	carniv**ore**	carb**ure**	libérat**oire**
cur**are**	chl**ore**	chlor**ure**	mérit**oire**
fanf**are**	commod**ore**	coiff**ure**	opérat**oire**
g**are**	fl**ore**	ép**ure**	probat**oire**
guit**are**	folkl**ore**	fluor**ure**	provis**oire**
isob**are**	incol**ore**	gage**ure**	respirat**oire**
m**are**	inson**ore**	gerç**ure**	
ph**are**	matam**ore**	incult**ure**	**9 masculins**
r**are**	métaph**ore**	iod**ure**	audit**oire**
squ**are**	météore	lém**ure**	débo**ire**
sudorip**are**	omniv**ore**	lev**ure**	direct**oire**
vivip**are**	passifl**ore**	mange**ure**	exut**oire**
	phosph**ore**	merc**ure**	grim**oire**
2 cachem**ire**	sémaph**ore**	mes**ure**	infus**oire**
emp**ire**		murm**ure**	interrogat**oire**
hég**ire**	**5** aliment**aire**	nerv**ure**	iv**oire**
l**ire**	annivers**aire**	ord**ure**	laborat**oire**
m**ire**	dent**aire**	parj**ure**	pourbo**ire**
nav**ire**	émiss**aire**	pel**ure**	réfect**oire**
p**ire**	estu**aire**	rogn**ure**	territ**oire**
r**ire**	fauss**aire**	saum**ure**	vomit**oire**
sat**ire**	lapid**aire**	sci**ure**	
sour**ire**	mol**aire**	sil**ure**	**10 féminins**
tirel**ire**	nucléaire	sinéc**ure**	baign**oire**
vamp**ire**	ov**aire**	soud**ure**	balanç**oire**
	pol**aire**	sulf**ure**	échappat**oire**
3 cent**aure**	sal**aire**	verge**ure**	écrit**oire**
dinos**aure**	scal**aire**		nage**oire**
roquel**aure**	sol**aire**	**7** dem**eure**	préhist**oire**
t**aure**	volont**aire**	h**eure**	vict**oire**

▷ Pour les finales en **-rre,** cf. I **10**.

r prononcé + consonne muette et redoublement du r

Les consonnes qui suivent le [r] final prononcé sont **d** (*1* à *3*), **t** (*4* à *6*), **s** (*7* à *9*).
◇ Pour le [r] à l'intérieur d'un mot, la connaissance des préfixes (cf. *Bescherelle 3*) aide à choisir entre **r** et **rr** (*12* à *16*).

➡ Pour identifier la consonne muette qui suit le [r] final, recourir à d'autres mots de la même famille : *hasard / hasarder ; accord / accorder ; écart / écarter ; expert / expertise ; tors / torsion ; recours / course.*

● Différencier les mots en **-rre** (*10*) et **-rrhe** (*11*). ◇ Le redoublement du **r** s'entend rarement, même dans les formes verbales (cf. *Bescherelle 1*).

1 brouill**ard**	*7* div**ers**	*12* ama**rr**age	*17* i**r**ascible
can**ard**	env**ers**	a**rr**angement	mi**r**age
doss**ard**	perv**ers**	a**rr**ière	o**r**acle
épin**ard**	ti**ers**	a**rr**osoir	pano**r**ama
has**ard**	univ**ers**	ca**rr**ière	pa**r**age
léz**ard**		débа**rr**as	
stand**ard**	*8* al**ors**	emba**rr**as	*18* bé**r**et
	deh**ors**	na**rr**ation	bu**r**eau
2 acc**ord**	dét**ors**		di**r**ect
b**ord**	ret**ors**	*13* de**rr**ière	hé**r**édité
désacc**ord**	t**ors**	e**rr**eur	inté**r**êt
rec**ord**		fe**rr**aille	pa**r**enté
	9 conc**ours**	pe**rr**uche	vé**r**eux
3 bal**ourd**	disc**ours**	sie**rr**a	
l**ourd**	parc**ours**	te**rr**ible	*19* ca**r**illon
s**ourd**	sec**ours**	ve**rr**ou	co**r**iace
	touj**ours**		dé**r**ision
4 **art**	vel**ours**	*14* ci**rr**us	i**r**is
dép**art**		i**rr**espect	sou**r**ire
éc**art**	*10* ama**rre**	i**rr**itable	
ess**art**	babeu**rre**		*20* ca**r**otte
plup**art**	baga**rre**	*15* co**rr**ect	co**r**olle
remp**art**	beu**rre**	co**rr**élatif	dé**r**oute
	biza**rre**	co**rr**ida	fé**r**oce
5 conc**ert**	bou**rre**	ho**rr**ible	hé**r**on
dés**ert**	esca**rre**	lo**rr**ain	i**r**onie
dess**ert**	leu**rre**	to**rr**ent	pa**r**ole
transf**ert**	mou**rre**	to**rr**ide	zé**r**o
	se**rre**		
6 conf**ort**	tintama**rre**	*16* bou**rr**ade	*21* cé**r**umen
eff**ort**		fou**rr**é	fé**r**u
supp**ort**	*11* cata**rrhe**	fou**rr**ure	fé**r**ule
t**ort**	ci**rrhe**	su**rr**énal	pa**r**ure

▷ Pour les familles de mots dont certains membres seulement redoublent la lettre **r**, cf. P *7* et *14*.

Le [f] se transcrit par **ff** (*1*), **f** (*2*) ou **ph** (*3*) tandis que les redoublements du **d** (*5, 6*) et du **g** (*7, 8*) sont rares.

▶ Le son [f] s'écrit **ph** dans les mots ou composants de mots tirés du grec (*3*) (cf. *Bescherelle 3*). Cependant on écrit *fantaisie* et *fantastique* et, indifféremment, *phantasme* ou *fantasme*.

● Le son [f] s'écrit **v** dans *leitmotiv* (origine allemande). ◊ La prononciation du **d** incite souvent à écrire **-de** (*raide*), au lieu de **-d** (*raid*) (*4*).

1	2	3	4
a**ff**aire	a**f**ricain	amor**ph**e	caïd
a**ff**ection	agra**f**e	am**ph**ibie	celluloïd
a**ff**luent	bala**f**on	am**ph**itryon	fiord
a**ff**reux	bala**f**re	am**ph**ore	fjord
a**ff**ront	cali**f**e	a**ph**one	lad
a**ff**ût	cara**f**e	apocry**ph**e	stand
blu**ff**	che**f**	bibliogra**ph**ie	tweed
bou**ff**on	défai**t**	biblio**ph**ile	
bu**ff**le	défun**t**	calligra**ph**ie	**5** a**d**option
chau**ff**age	esbrou**f**e	catastro**ph**e	co**d**e
chi**ff**on	fantassin	dory**ph**ore	édi**t**
chi**ff**re	fantastique	em**ph**ase	pou**d**ingue
co**ff**re	fau**f**il	géogra**ph**e	re**d**ite
di**ff**us	fi**f**re	mor**ph**ologie	
e**ff**acement	fil**t**re	néo**ph**yte	**6** a**dd**enda
e**ff**et	gau**f**re	œso**ph**age	a**dd**ition
e**ff**igie	gi**f**le	o**ph**talmie	a**dd**uction
e**ff**ort	gira**f**e	paragra**ph**e	ha**dd**ock
éto**ff**e	giro**f**le	para**ph**e	pa**dd**ock
étou**ff**oir	infâme	**ph**alange	pu**dd**ing
ga**ff**e	infamie	**ph**armacie	re**dd**ition
gou**ff**re	mu**f**le	**ph**ase	
gri**ff**e	nè**f**le	**ph**ilatélie	**7** a**g**randissement
o**ff**ense	neu**f**	**ph**onographe	a**g**régat
o**ff**ice	œu**f**	**ph**oque	a**g**ression
o**ff**rande	pantou**f**le	**ph**rase	ba**g**age
ra**ff**iné	para**f**e	**ph**ysique	ba**g**uage
ski**ff**	ra**f**le	polymor**ph**e	
sou**ff**le	soi**f**	por**ph**yre	**8** a**gg**lomération
sou**ff**rance	sou**f**re	si**ph**on	a**gg**lutiné
sta**ff**	ta**f**ia	stro**ph**e	a**gg**ravation
su**ff**isant	tari**f**	triom**ph**e	le**gg**in(g)s
tru**ff**e	veu**f**	ty**ph**on	**suggestion**

▷ Pour le **-d** final muet, cf. F *18*.
  Pour les familles de mots dont certains membres seulement redoublent la lettre **f**, cf. P *2* et *9*.

K Comment écrire le son [k]

Seule l'étymologie permet de s'orienter un peu dans les très nombreuses transcriptions du son [k] : c (*1* et *6*) ; qu (*2, 10* et *14*) ; k (*4, 11* et *12*) ; ch (*3, 8, 9*) ; cc (*7*) ; ck (*5, 13*) ; cqu (*acquis, grecque*).

▶ La lettre **q** est toujours suivie par un **u** non prononcé (*qui, que, quoi, quant, 14*), sauf en finale, où le **q** s'écrit seul (*coq, cinq*), ou dans *piqûre*, qui se décompose en *piq-ûre*. ◇ Le **ch** signale presque toujours des mots ou composants d'origine grecque (*8* et *9*). ◇ Le son [k] n'est jamais transcrit par la lettre **c** devant **e** et **i**.

● Après **c** il faut écrire **-ueil** au lieu de **-euil** : *accueil, cueillette*. ◇ Dans certains noms et adjectifs dérivés de participes présents on a **c** au lieu de **qu** : *fabricant / fabriquant*.

1 avec	**6** acabit	**9** chaos	**11** kaléidoscope
chic	acacia	chitine	kangourou
fisc	acajou	chiton	kermesse
foc	acoustique	chlore	kilo
lac	bicorne	chœur	kimono
pic	bucolique	cholémie	kiosque
plastic	écaille	choléra	kyrielle
	écorce	cholestérol	kyste
2 chique	oculaire	chorale	
disque	sacoche	chorégraphe	**12** ankylose
évêque	vacant	chrome	kaki
laque	vacarme	chronique	moka
phoque		chrysalide	
pique	**7** accablement	chrysanthème	**13** cocker
plastique	accord		cockpit
roque	accroc	**10** quadrillage	cocktail
ventriloque	accusation	quai	gecko
	baccalauréat	qualité	jockey
3 krach	bacchanale	quand	nickel
loch	bacchante	quant	teckel
looch	ecclésial	quart	ticket
mach	occasion	quasi	
moloch	occulte	quenelle	**14** antiquaire
	saccade	quenouille	attaquant
4 anorak	succursale	question	carquois
batik		quinine	délinquant
mark	**8** archange	quiproquo	moustiquaire
souk	écho	quoi	piquant
	fuchsia	quolibet	pratiquant
5 bifteck	ichtyosaure	quorum	reliquaire
bock	orchestre	quotidien	reliquat
stick	orchidée	quotient	remarquable
stock	psychiatre	quotité	trafiquant

▷ Pour la transformation de **-euil** en **-ueil** après **c**, cf. L *13*.
Pour le **c** à valeur de [s], cf. S.

L

Il est difficile de savoir comment écrire le son [l] : en finale, on peut trouver -l (*1*), -le (*2*), -lle (*3* et *4*) ; à l'intérieur des mots, on trouve tantôt -ll (*11*), tantôt -l (*12*) ; aux deux extrémités des mots, ll ne se rencontre que dans quelques rares mots étrangers (*llanos, lloyd ; atoll, hall, pull, troll, football*).

▶ Les mots en -ail (*5*), -eil (*7*), -euil (*9*) et -ueil (*13*) sont masculins. ◇ Les mots en -aille (*6*), -eille (*8*), -euille sont féminins, sauf *chèvrefeuille, millefeuille, portefeuille*.

● Les finales en -illier (*coquillier, groseillier, joaillier, marguillier*) sont plus fréquentes que les finales en -iller (*conseiller, poulailler*). ◇ Le l simple final est prononcé dans : *col, exil, mal, nul, sel, seul* mais non dans *fusil* et pas toujours dans *soûl*. ◇ Noter l'orthographe -ueil (*13*) concurrençant -euil (*9*).

1 alcool	2 alvéole	5 ail	11 alliance
baril	babiole	bail	allitération
bol	cabale	bétail	allô !
calcul	cymbale	soupirail	ballast
campagnol	domicile	vitrail	belladone
cil	fiole		belliqueux
civil	fossile	6 bataille	callipyge
consul	frivole	faille	cellier
cordial	gaule	maille	cellophane
crawl	gracile	taille	cellule
criminel	pétale	volaille	collation
cul	rafale		collège
cumul	timbale	7 appareil	collision
égal		éveil	colloque
formol	3 balle	orteil	fallacieux
fournil	barcarolle	pareil	palliatif
gentil	bulle	réveil	pellicule
journal	colle		pollution
label	corolle	8 abeille	sollicitation
légal	dalle	corneille	tellurique
licol	halle	groseille	trolley
linceul	idylle	oreille	
menthol	intervalle	treille	12 balai
naturel	malle		coloris
pastel	pupille	9 cerfeuil	hélas !
péril	sibylle	chevreuil	palier
pistil	stalle	fauteuil	rouleau
pluriel	tranquille	seuil	
poil	vaudeville	treuil	13 accueil
rituel			cercueil
sial	4 aiguille	10 chèvrefeuille	écueil
total	fille	feuille	orgueil
vitriol	pupille	millefeuille	recueil

▷ Pour les familles de mots dont certains membres seulement redoublent la lettre l, cf. P *3* et *10*.

M m ou mm, n ou nn?

Les formes **m** (**1**) et **mm** (**2**), **n** (**3**) et **nn** (**4**) sont toutes aussi fréquentes.

▶ Après un **i** initial, on trouve plus souvent **mm** et **n** que **m** et **nn**.

● Attention aux familles irrégulières de mots fréquents, cf. P (*homme / homicide*). ◊ Attention aux féminins des adjectifs, cf. Q (*sain/saine, bon/bonne*). ◊ Se garder des pièges de la prononciation : *ennemi* s'ouvre sur [ɛ] mais *ennobli* et *enivré* sur [ɑ̃]. ◊ Le **e** qui précède **mm** et **nn** se prononce parfois [ɑ] (*femme, solennel* mais *gemme*). ◊ Dans *automne* le groupe **mn** se prononce [n] alors que les deux consonnes s'articulent dans *hym-ne* et *indem-ne*. ◊ Attention aux finales en **me** ou **ne** prononcées comme si la consonne était double, notamment dans le midi de la France : *La bonne mère !*.

1	**2**	**3**	**4**
amertume	ammonite	angine	abonnement
axiome	commandement	anodin	anneau
azyme	commentaire	anomalie	année
brome	commerçant	anormal	annexe
brume	commère	arcane	annonce
centime	comminatoire	artisanal	annotation
coma	commis	avoine	annulation
comédie	commissure	banal	antenne
comestible	commode	cabine	antienne
comète	commotion	canal	bonnet
comité	dommage	canonique	canne
costume	emmagasinage	carbone	colonne
crime	emménagement	chicane	connaissance
drame	gemme	douane	connecteur
économie	gramme	énergie	connétable
écume	hammam	enivré	connexion
émanation	immanence	énormité	connivence
escrime	immangeable	épigone	connotation
estime	immédiat	finance	ennemi
hématite	immémorial	fortune	fennec
hémisphère	immense	gentiane	finnois
hémorragie	immergé	idoine	géhenne
idiome	immérité	liane	henné
image	immeuble	minois	honni
imitation	immigration	mutinerie	inné
légume	imminent	profane	innocent
mamelle	immobile	prune	innocuité
mamelon	immuable	romanesque	innombrable
omelette	mammaire	routine	maldonne
omission	mammifère	tisane	mannequin
primevère	nummulite	trombone	panne
pseudonyme	pomme	volcanique	tennis
rhume	somme	zone	vanneau

▷ Pour **m**, devant **b** et **p**, cf. D.
Pour les familles de mots dont certains membres seulement redoublent la lettre **m**, cf. P **4** et **11**; ou le **n**, cf. P **5** et **13**.

On entend le même son pour **t** et **tt**. Le **t** final est très fréquemment muet : *agent, brillant, debout, défaut, écart, emprunt, filet, fruit, mont, odorat, portrait, rebut, toit, tricot,* adverbes en *-ment,* verbes conjugués (cf. *Bescherelle 1*).

▶ On a toujours **t** après **é**, **i**, **o** à l'initiale (*6*). ◇ On a presque toujours **tt** après **a** à l'initiale (*7*). ◇ Le choix entre **at-** et **att-** est facilité par la connaissance de la structure du mot (cf. *Bescherelle 3*).

● La lettre **t** ne note pas toujours le son [t] (par exemple : *initiation, partielle*). ◇ Attention aux difficultés particulières des finales en **-tte** (*5*) et en **-te** (*6*).

1 abject	**4** chott	**6** acolyte	**7** acquittement
aspect	watt	alphabétique	attachant
compact		aromate	attaque
contact	**5** biscotte	atavisme	atteinte
correct	blatte	atelier	attelage
direct	bouillotte	atonal	attente
distinct	butte	atours	attirail
exact	cagnotte	âtre	attitude
impact	calotte	atrophie	attraction
inexact	carotte	banditisme	attrayant
intact	chatte	butoir	attribut
intellect	crotte	cahute	attristant
irrespect	culotte	culbute	ballottage
respect	flotte	dispute	buttoir
strict	gavotte	égoutier	confetti
suspect	goutte	étanche	coquetterie
	griotte	éternel	dilettante
2 abrupt	hotte	étymologie	égouttoir
concept	hulotte	faillite	flatterie
exempt	hutte	gargote	flatteur
prompt	latte	hirsute	flottaison
rapt	marmotte	italique	guetteur
transept	mascotte	itinéraire	guttural
	mélitte	note	lettre
3 ballast	menotte	otage	littéral
compost	natte	otarie	lutteur
est	polyglotte	otite	netteté
lest	quenotte	pamphlétaire	nettoyage
ouest	quitte	pelote	pittoresque
test	roulotte	quitus	quittance
toast	sciotte	savate	robinetterie
trust	sotte	strate	setter
whist	vieillotte	utopique	sottise

▷ Pour le **-t** muet après voyelle, cf. F.
Pour les familles de mots dont certains membres seulement redoublent la lettre **t**, cf. P *8* et *15*.

O p ou **pp**, b ou **bb** ?

Entre **p** et **pp** le choix est souvent facilité par la connaissance de l'étymologie : *a-praxie*, *apo-logie*, *épi-phénomène* ; *sup-pôt*, *ap-pétit* ; *hippo-potame*, *hypo-crite* (cf. *Bescherelle 3*).

▶ Les voyelles initiales **é** et **i** sont toujours suivies d'un **p** simple (*épatant*, *ipéca*).
◇ Devant un **-e** muet en finale on trouve aussi bien **pp** (*3*) que **p** (*4*). A l'intérieur des mots on trouve tantôt **p** (*6*) tantôt **pp** (*5*).

● Le **-p** final est tantôt prononcé (*1*) tantôt muet (*2*).
◇ Le **-b** final n'est pas prononcé dans *plomb*, mais il l'est dans *club*, *job*, *nabab*, *radoub*, *snob*, *toubib*, *tub*. ◇ Dans certains mots on écrit **b** tout en prononçant [p] : par exemple, *absent*, *absolu*, *obscur*, *obsession*, *obsidienne*, *obtention*, *obtus*.
◇ **bb** est très rare (*abbaye*, *abbé*, *rabbin*, *sabbat*).

1 ca**p**	**4** antilo**pe**	**5** a**pp**areil	**6** a**p**anage
ce**p**	ca**pe**	a**pp**arence	a**p**arté
cli**p**	cou**pe**	a**pp**arition	a**p**athie
crou**p**	crou**pe**	a**pp**artement	a**p**atride
gallu**p**	du**pe**	a**pp**ât	a**p**epsie
hana**p**	éco**pe**	a**pp**endice	a**p**éritif
handica**p**	éta**pe**	a**pp**étit	a**p**ex
ketchu**p**	grou**pe**	a**pp**lication	a**p**iculture
scal**p**	ju**pe**	a**pp**ort	a**p**lomb
vam**p**	myo**pe**	a**pp**osition	a**p**ogée
	pi**pe**	a**pp**renti	a**p**oplexie
2 beaucou**p**	poly**pe**	a**pp**rêt	a**p**orie
cam**p**	pom**pe**	a**pp**robation	a**p**ostrophe
cou**p**	pou**pe**	a**pp**roche	a**p**othéose
dra**p**	princi**pe**	a**pp**roximation	é**p**argne
lou**p**	râ**pe**	a**pp**ui	é**p**ée
siro**p**	satra**pe**	hi**pp**ique	é**p**i
tro**p**	soucou**pe**	hi**pp**odrome	é**p**ineux
	sou**pe**	hi**pp**ophagique	é**p**ique
3 ci**ppe**	stéréosco**pe**	hi**pp**opotame	é**p**ouvante
écho**ppe**	synco**pe**	hou**pp**elande	é**p**uisant
envelo**ppe**	tau**pe**	ma**pp**emonde	i**p**éca
fra**ppe**	télesco**pe**	o**pp**idum	la**p**in
gra**ppe**	tem**pe**	o**pp**ortun	la**p**on
gri**ppe**	trem**pe**	o**pp**osition	o**p**ale
hou**ppe**	trom**pe**	o**pp**ression	o**p**aque
li**ppe**	tro**pe**	o**pp**robre	o**p**éra
ni**ppe**	trou**pe**	su**pp**lice	o**p**inion
scha**ppe**	tuli**pe**	u**pp**ercut	o**p**ulent
ste**ppe**	ty**pe**		su**p**erbe
tra**ppe**	va**pe**		su**p**erficie
vara**ppe**	varlo**pe**		ta**p**ioca

▷ Pour les familles de mots dont certains membres seulement redoublent la lettre **p**, cf. P *6* et *13*.

Les pièges de la ressemblance P

La ressemblance aiderait si elle était simple : un mot peut s'écrire autrement que d'autres mots de la même famille, un mot peut s'écrire comme un mot d'une autre famille. Ainsi on a d'une part *tonal, entonner, monotone* et *détonner* (chanter faux) et d'autre part *tonner, tonnerre, tonitruant* et *détoner* (exploser).

▶ Il n'y a pas d'accent circonflexe sur les mots de la liste **1**. ◇ Faut-il ou non redoubler la consonne : **f** (*2* et *9*), **l** (*3* et *10*), **m** (*4* et *11*), **n** (*5* et *12*), **r** (*7* et *14*), **t** (*8* et *15*) ?

● Exigeant / exigence ; volatile / volatil (adj.) ; soierie mais plaidoirie et voirie.
◇ Les verbes en **-ier** donnent ralliement, reniement, licenciement à l'exception de **châtiment,** tandis que les verbes en **-ir** donnent blanchiment, fourniment.

Pas de ^ ?	Doubler ou ne pas doubler la **consonne** ?		
1 acrimonie	**2** boursouflure	**6** attrape	**11** bonhomme
aromate	persiflage	escalope	hommage
assurance			renommée
bagou(t)	**3** accolade	**7** barème	
bateau	annulation	baril	**12** cantonnier
chalet	balai	chariot	débonnaire
chapitre	balance	coureur	donneur
cime	colis	guère(s)	honnête
conique	encolure		honneur
coteau	folie	**8** bataille	millionnaire
crue	grivèlerie	chaton	monnaie
déjeuner	oculaire	combatif	patronnesse
diplomate	polaire	courbatu	rationnel
drolatique		gratin	savonneux
due	**4** bonhomie	pataud	sonnerie
égout	homicide	patin	tyrannie
encablure	nominal	potier	
fantomatique	nomination		**13** enveloppe
futaie		**9** sifflement	trappeur
futaille	**5** bonification	sifflet	
futé	cantonade	soufflerie	**14** barrage
gracieux	cantonal	soufflet	barrique
infamie	donateur		charretier
intronisation	honorable	**10** ballade	concurrent
mue	honoraire	ballet	courrier
polaire	limoneux	collier	
raffut	millionième	follement	**15** batterie
ratissage	monétaire	médullaire	battoir
symptomatique	patronat	moellon	bottier
tatillon	rationalité	nullement	cachotterie
tempétueux	résonance	nullité	grattoir
zone	sonore	stellaire	pattu

▷ Pour le comportement des consonnes finales dans la formation du pluriel, cf. R. Pour les accents circonflexes corrects, cf. W.

Q Les formes du féminin des adjectifs

On obtient le féminin des adjectifs en ajoutant un -e (ou le masculin en retranchant ce -e) (*1*, *2*, *3*, *4*, *11*, *19*, *21*, *23*, *24*). Cependant un très grand nombre d'adjectifs se terminent déjà par un -e au masculin : *calme, fossile, morne, rude, troisième, vivace.*

● Le -e prend un tréma pour conserver le son [gy] (*3*). ◇ *4* : -er devient -ère avec un accent grave. ◇ -et devient -ète (*19*) ou -ette (*20*). ◇ Les adjectifs en -s, -t, -l, -n, peuvent doubler leur consonne finale (*14*, *15*, *20*, *22*, *25*, *26*). ◇ Noter les féminins irréguliers et notamment *12* (*andalou*), *18* (*beau, fou, vieux*), *13*, *16*, *17* (*-aux, -eux, -oux*), *27*, *28*, *29* (*-eur*), ainsi que *bénin / bénigne, malin / maligne, bref / brève, coi / coite, favori / favorite, frais / fraîche, tiers / tierce.*

1 gai	**6** grec	**13** heureux	**19** ardent	**24** brun
gaie	**grecque**	**heureuse**	**ardente**	**brune**
nu		jaloux	droit	latin
nue	**7** blanc	**jalouse**	**droite**	**latine**
poli	**blanche**		idiot	mormon
polie	franc	**14** bas	**idiote**	**mormone**
	franche	**basse**	inquiet	plein
2 dur	sec	épais	**inquiète**	**pleine**
dure	**sèche**	**épaisse**		roman
lourd		gros	**20** muet	**romane**
lourde	**8** long	**grosse**	**muette**	sain
majeur	**longue**		net	**saine**
majeure		**15** métis	**nette**	
	9 explosif	**métisse**	sot	**25** ancien
3 aigu	**explosive**		**sotte**	**ancienne**
aiguë	neuf	**16** faux		bon
exigu	**neuve**	**fausse**	**21** décimal	**bonne**
exiguë	sauf	roux	**décimale**	
	sauve	**rousse**	seul	**26** gentil
4 amer			**seule**	**gentille**
amère	**10** naïf	**17** doux		
dernier	**naïve**	**douce**	**22** annuel	**27** → -euse
dernière			**annuelle**	ment-eur
étranger	**11** gaulois	**18** (beau)	nul	tromp-eur
étrangère	**gauloise**	bel	**nulle**	
	gris	**belle**	pareil	**28** → -trice
5 ammoniac	**grise**	(fou)	**pareille**	séduct-eur
ammoniaque	ras	fol		tentat-eur
caduc	**rase**	**folle**	**23** subtil	
caduque		(vieux)	**subtile**	**29** → -eresse
franc	**12** andalou	vieil	volatil	chass-eur
franque	**andalouse**	**vieille**	**volatile**	veng-eur

▷ Pour **-eur** → -euse, cf. G *12*.
Pour les mots qui ne s'emploient qu'au pluriel, cf. R *10* pour le masculin et R *11* pour le féminin.
Pour les mots en **-eur** et leur genre, consulter G *13* et G *14*.
Pour les mots en **-oire** et leur genre, consulter H *9* et H *10*.

La plupart des noms et des adjectifs prennent un **-s** au pluriel.

▶ Les mots s'achevant par **-s** (*1* et *3*), **-x** (*2* et *4*), **-z** (*5*) ne changent pas au pluriel.

● Certains mots ne sont utilisés qu'au pluriel, du moins pour certaines de leurs acceptions (*10* et *11*). ◇ Certains mots ont deux pluriels : *aïeuls/aïeux* ; *ails/aulx* ; *ciels/cieux* ; *œils/yeux* ; *travails/travaux*.

◇ Font leur pluriel en **-x** :
Quelques mots en **-ail** (**-aux**), *6* ; quelques mots en **-ou** (**-oux**), *7* ; les mots en **-al** (**-aux**), sauf quelques-uns (**-als**), *8* ; les mots en **-au** et en **-eu** (**aux** et **eux**), sauf quelques-uns (**-aus** et **-eus**), *9*.

◇ **Chaque** n'a pas de pluriel ; pris comme adjectif, **tout** a pour pluriel **tous** (*tout usage* / *tous usages*).

---

1 adjectifs	**3 noms**	**6 → -aux**	**10 masculins**
abscons	avis	bail	agissements
bas	bois	corail	agrès
clos	bras	émail	aguets
confus	enclos	soupirail	alentours
dispos	fils	travail	appointements
divers	minois	vantail	arrérages
exprès	prospectus	vitrail	bestiaux
gros	radis		confins
niais	secours	**7 → -x**	décombres
métis	succès	bijou	dépens
précis	talus	caillou	ébats
ras	univers	chou	effluves
relaps	vers	genou	gravats
tors		hibou	mânes
vaudois	**4 noms**	joujou	pourparlers
	choix	pou	sévices
2 adjectifs	cortex		vivres
chanceux	époux	**8 → -als**	
crasseux	flux	bal	**11 féminins**
doux	freux	cal	affres
ennuyeux	lux	carnaval	alluvions
épineux	lynx	chacal	arrhes
fameux	poix	festival	calendes
faux	prix	pal	doléances
hargneux	télex	régal	entrailles
harmonieux	thorax	**idéals / idéaux !**	guenilles
minutieux			hardes
noueux	**5 noms**	**9 → -aus, -eus**	immondices
orageux	ersatz	bleu	mœurs
précieux	gaz	landau	obsèques
roux	hertz	pneu	prémices
savonneux	riz	sarrau	ténèbres

▷ Pour les mots en **-s** et en **-x**, voir aussi E, ainsi que I *7* à *9*.

S Les sifflantes sonores (s, z) et sourdes (s, ss, sc, c, ç)

Au son [z] correspondent les lettres :
z : *zéro, azur, bazar, fez, muezzin* (**1**) ; s intérieur : *aise, blason, hasard* (**2**), et même x entre deux voyelles : *deuxième*.

Le son [s] peut s'écrire :
s au début d'un mot (*soleil*) ; s à l'intérieur d'un mot après une nasale (*chanson*), un l (*impulsif*), un r (*course*) ; s dans des composés, même s'il se trouve entre deux voyelles (*aseptique, contresens, cosinus, havresac, parasol, présalé, soubresaut, tournesol, vraisemblable*) ; c devant e et i (**4** et **7** à **11**) ; ç devant les autres voyelles (**4**) ; sc (**3**) ; ss (**6** et **12** à **18**) ; t devant i (*essentiel*) (**5**).

● Il reste des orthographes originales : *tocsin, loess, isthme, spatial.*

1 alizé
amazone
azote
azur
bazar
bizarre
bronze
byzantin
colza
dizaine
gaz
gaze
gazelle
gazette
gazon
horizon
lézard
luzerne
onze
rizière
topaze
zoo

2 bisannuel
blasé
busard
cousette
disette
musée
myosotis
raison
risible
visage

3 adolescent
conscient
convalescence
descendance
discipline
faisceau
fascicule
irascible
piscine
plébiscite

4 ceci
concert
façade
leçon
merci
océan
soupçon
tronçon

5 argutie
captieux
partial
partiel
ration

6 boisson
esseulé
essor
issue
osseux
tissu
tressaillement

7 audace
besace
contumace
efficace
fugace
perspicace
préface
race
sagace
vorace

8 appendice
bénéfice
caprice
indice
notice
préjudice

9 atroce
féroce
négoce
précoce

10 astuce
capuce
prépuce
puce

11 once
pince
ponce
pouce
sauce

12 bécasse
bonasse
brasse
cocasse
crevasse
impasse
liasse

13 baisse
bouillabaisse
encaisse
graisse

14 adresse
détresse
gentillesse
promesse

15 écrevisse
esquisse
pelisse
saucisse

16 brosse
colosse
cosse

17 russe

18 brousse
causse
secousse
trousse

▷ Pour l'écriture -**èce**, cf. V.
 Pour la lettre **c** prononcée [k], voir K.

La finale [sjõ] se transcrit soit par **-sion** (*1* et *2*), soit par **-ssion** (*3* à *5*), soit par **-tion** (*6* à *10*), tandis que la finale [ksjõ] se note **-ction** (*16*) ou **-xion** (*17*).

▶ Après **l** on écrit toujours **-sion** (*11*). ◇ On écrit toujours **-tion** après **au** et **o** (*13* et *14*) et après **p** (*15*) ainsi qu'après **a** sauf dans *passion* et ses composés (*compassion, dépassionner*). ◇ Pour la finale [sjø] on peut se reporter au **nom** correspondant : *minutieux/minutie, consciencieux/conscience* (et non *conscient*). ◇ La finale [zjõ] se transcrit par **-sion** : *évasion, incision, lésion, vision...* sauf dans *chalazion* !

● Orthographes particulières : *succion, suspicion, alcyon*.

1 ascension	**6** attention	**11** convulsion	**18** ambitieux
dimension	convention	émulsion	captieux
extension	intention	expulsion	contentieux
pension	mention	propulsion	facétieux
recension	prétention	pulsion	factieux
tension	prévention	révulsion	infectieux
			minutieux
2 aversion	**7** assertion	**12** adjudication	prétentieux
contorsion	désertion	fondation	séditieux
conversion	insertion	glaclation	superstitieux
excursion	portion	indication	
version	proportion	ration	**19** chassieux
3 agression	**8** concrétion	**13** caution	**20** astucieux
digression	discrétion	précaution	audacieux
impression	indiscrétion		capricieux
obsession	réplétion	**14** lotion	fallacieux
procession	sécrétion	notion	gracieux
sécession	sujétion		judicieux
		15 absorption	licencieux
4 concussion	**9** destitution	inscription	malicieux
discussion	diminution	option	officieux
fidéjussion	exécution	perception	pernicieux
percussion	locution		précieux
répercussion	solution	**16** action	sentencieux
		miction	silencieux
5 admission	**10** abolition	perfection	soucieux
émission	apparition	section	spacieux
fission	coalition		spécieux
omission	inanition	**17** annexion	tendancieux
scission	nutrition	connexion	vicieux
soumission	position	flexion	cieux

▷ Pour la formation du féminin **-ieux** → **-ieuse**, cf. Q *13*.

U L'accent aigu

L'écriture **é** correspond presque toujours à la prononciation [e], mais la prononciation [e] ne correspond pas toujours à l'écriture **é** : *pied de nez, j'ai, les.*

▶️ Pour distinguer les participes en **é** des infinitifs en -**er** (*jeté-jeter, volé-voler*), remplacer ce verbe par un verbe du troisième groupe (*mordre, prendre*, etc.), exemple : *j'ai* **volé**/**mordu** *une* pomme, *il ne faut pas* **voler**/**prendre** *une pomme*. ◇ Ne jamais mettre d'accent sur un **e** suivi d'une consonne double *(10)*

⚫ Certains mots s'écrivent avec un **é** alors qu'on attendrait **ê** *(12)* ou **è** *(13)*. ◇ Dans certains mots figurent plusieurs **e** portant le même accent ou des accents différents *(5* à *8)*. ◇ Ne pas se fier au genre des noms pour la terminaison des mots : l'été, le lycée, la faculté, la dragée *(1* à *4)*.

1 masculins	**3 féminins**	**5 plusieurs é**	**9 é-à l'initiale**
alizé	acidité	bénédicité	éclat
aparté	acné	célébrité	éclectique
attaché	beauté	déréglé	éclipse
chimpanzé	cherté	désespéré	écrin
chiqué	communauté	déshérité	épreuve
comité	faculté	ébriété	éthique
comté	fierté	éméché	
côté	gaîté	généralité	**10 e- = [e]**
fourré	piété	hébété	effarant
gré	pitié	récépissé	effroi
gué	primauté	témérité	ellipse
maté	qualité		
pâté	quantité	**6 fée**	**11 e- = [ɛ]**
pavé	quotité	féerie	eczéma
pré		féerique	ennemi
soluté	**4 féminins**	téléscripteur	espace
thé	bouchée	téléspectateur	ethnie
traité	bouée	**télescopique**	examen
velouté	buée		
	chaussée	**7 é - è**	**12 é d'alternance**
2 masculins	cuvée	délétère	bétail
apogée	durée	démantèlement	conquérant
caducée	épée	ébène	crépu
coryphée	fusée	élève	extrémité
lycée	idée	hétérogène	mélange
mausolée	marée		
musée	orchidée	**8 é - ê**	**13 é inattendu**
périgée	pâtée	arrêté	allégrement
périnée	percée	démêlé	hébétement
propylée	plongée	dépêche	prévenance
pygmée	potée	évêché	réglementation
scarabée	risée	intérêt	sécheresse

▷ Pour l'alternance **ê**/**é**, cf. P *1*.

Il y a un accent grave sur le **e** devant une syllabe finale terminée par un **-e muet** (*plèbe, espèce, sèche*; **3** à **19**). ◇ L'accent grave peut faciliter la distinction de mots homophones : *dès/des; lès/les*. Il peut également être mis sur **a** et **u** : *à/a; où/ou* (**1, 2**).

▶▶ Il n'y a jamais d'accent grave sur le **e** devant une lettre double (*benne, pelle, verre, vessie*), une consonne finale (*bec, mer*) et devant certains groupes de consonnes (*geste, herbe, verve*). ◇ Noter les accents graves devant **-s** final, muet ou prononcé (**20, 21**).

● Remarquer les transcriptions du son [ɛ] : — par **é** : *céleri, émeri, événement, réglementaire*; — par **ai, aî, ei, ê, ë** : *caisse, fraîche, neige, forêt, Noël*.

1 à (qui ?)	**6** espèce	**12** arène	**17** ascète
çà (et là)	nièce	ébène	athlète
déjà	pièce	gangrène	comète
holà		homogène	diabète
là	**7** brèche	hygiène	diète
pietà	crèche	obscène	exégète
voilà	flèche	oxygène	interprète
cela !	mèche	pathogène	poète
		phénomène	prophète
2 où	**8** pinède	scène	
	remède	sirène	**18** fève
3 nèfle	tiède		grève
siècle		**13** cèpe	relève
trèfle	**9** liège	nèpe	sève
	piège		
4 algèbre	siège	**14** bibliothèque	**19** mélèze
cèdre	solfège	chèque	trapèze
chèvre		pastèque	
fièvre	**10** clientèle		**20** abcès
intègre	fidèle	**15** artère	accès
lèpre	modèle	chimère	après
lèvre	stèle	critère	cyprès
mètre	zèle	mystère	excès
orfèvre		naguère	progrès
piètre	**11** anathème		succès
polyèdre	blasphème	**16** dièse	
urètre	crème	diocèse	**21** aloès
zèbre	emblème	genèse	cacatoès
	poème	hypothèse	ès
5 éphèbe	stratagème	obèse	faciès
glèbe	système	parenthèse	palmarès
plèbe	théorème	synthèse	xérès

▷ Pour les finales en **-aine, -aise, -eine, -eize, -elle, -en, -esse** et **-ette**, cf. C **2** à **11**.

W L'accent circonflexe

L'accent circonflexe se marque parfois par l'allongement d'une voyelle (**a, 1** ; **e, 2** ; **i, 3** ; **o, 10** ; **u, 8**). Il est souvent le témoignage d'un son disparu : **s** dans *hôpital* / *hospitalier*, *épître* / *épistolaire*, **e** dans *indûment* / *de manière indue*.

▶ L'accent circonflexe peut faciliter la distinction de mots très voisins : *nôtre* / *notre* ; *dû* / *du*. Il sert aussi dans la conjugaison (cf. *Bescherelle 1*).

● L'accent circonflexe ne se met pas nécessairement sur tous les mots d'une même famille (*diplôme* / *diplomatie* ; *suprême* / *suprématie*). ◊ Il y a un accent circonflexe sur la terminaison des mots en **-âtre** (*opiniâtre, pâtre, théâtre, verdâtre*) alors que la terminaison **-iatre** (du grec = médecin) ne prend pas d'accent circonflexe (*pédiatre, psychiatre*).

1 acariâtre	**2** alêne	**3** abîme	**8** assidûment
âcre	ancêtre	bélître	continûment
albâtre	apprêt	dîme	crûment
âme	arête	dîner	dûment
âne	arrêt	épître	goulûment
âpre	baptême	gîte	
âtre	bêche	huître	**9** jeûne
bâbord	benêt	île	
bâillement	bête	presqu'île	**10** allô
bât	carême	puîné	apôtre
bâtiment	champêtre		arôme
bâton	chêne	**4** aîné	aussitôt
blâme	conquête	chaîne	bientôt
câble	enquête	faîte	chômage
câpre	extrême	maître	clôture
châssis	fêlure	traîne	cône
châtain	fenêtre	traître	contrôle
château	fête		côte
crâne	forêt	**5** reître	dépôt
débâcle	frêle		enjôleur
gâche	frêne	**6** boîte	fantôme
grâce	genêt	cloître	geôle
hâte	grêle	noroît	hôte
infâme	guêpe	surcroît	icône
mâchefer	hêtre		môle
mâle	honnête	**7** coût	monôme
pâture	pêche	croûte	pôle
râle	prêt	dégoût	pylône
râteau	prêtre	goût	rôdeur
relâche	rêve	moût	rôle
saumâtre	revêche	ragoût	rôti
tâche	salpêtre	soûl	symptôme
théâtre	trêve	voûte	tôle

▷ Pour la perte de l'accent circonflexe, cf. P **1**.

Le **h** intérieur ou final, la rencontre des voyelles et le tréma **X**

On trouve souvent la lettre **h** dans des mots issus du grec (*panthéon*, *synthèse*) et du latin (*inhumer*) ; d'autres mots s'écrivent avec un **h** intérieur : *menhir* (bas breton), *souhait* (vieux français), *dahlia* et *silhouette* (noms propres).

▶▶ Noter le **-h** final après voyelle des interjections (**8**) et quelques combinaisons rares énumérées ci-dessous (**3** et **4**).

● La rencontre de deux voyelles est relativement rare (**5**). Elle peut exiger un **tréma** — sur la seconde voyelle — pour distinguer leur prononciation : ainsi il faut une intervention du tréma pour empêcher la fusion de **o** et **in** en **oin**, de **a** et **i** en **ai**, de **gu** et **e** en **gue** : *coïncider*, *haïssable*, *aiguë* (**6** et **7**). Cette fusion peut également être évitée par un **h** intérieur (**2**).

1	**2**	**5**	**6**
adhérent	ahan	accordéon	aïeul
adhésif	ahuri	aérophagie	ambiguïté
antipathie	appréhension	annuaire	capharnaüm
arithmétique	bohème	aorte	ciguë
arthrite	cahot	archéologie	coïncidence
athée	cahute	aréopage	cycloïde
athlète	cohabitation	auréole	exiguïté
authentique	cohérent	baobab	faïence
bonheur	cohorte	bioxyde	glaïeul
déshonneur	cohue	brouette	haïkaï
esthétique	déhanché	cacao	haïssable
exhalaison	déhiscent	chaotique	héroïque
exhibition	ébahi	cruel	inouï
exhortation	envahi	décaèdre	laïcité
gentilhomme	méhari	déontologie	maïs
inhabité	préhensile	éolien	mosaïque
inhabituel	préhistoire	éon	naïf
inhérent	prohibitif	européen	ouïe
inhibition	prohibition	fluide	païen
inhospitalier	réhabilitation	immuable	stoïque
inhumain	répréhensible	méandre	
kinésithérapie	trahison	muet	**7** féminins
lithiase	véhément	néant	aiguë
malhabile	véhicule	néon	ambiguë
malheur		pléonasme	contiguë
malhonnête	**3** flash	poème	exiguë
menhir	rush	poésie	
mythique	shampooing	polyèdre	**8** ah !
mythologie		préambule	bah !
posthume	**4** kirsch	prouesse	eh !
silhouette	putsch	séide	euh !
synthétique	schéma	tonitruant	peuh !
transhumance	schisme	truand	pouah !

▷ Pour **-uë**, cf. aussi A **7** et la légende de Q.

Y Les rencontres avec les y

La lettre **y** peut transcrire le son [i] : *lycée, jury* (*1, 4, 5, 6*) ou la rencontre de deux **i** : *nettoi-ieur = nettoyeur, attrai-iant = attrayant* (*7* à *11*).

▶ Le pronom **y** vient du latin *hic* (ici). ◇ La lettre **y** se trouve le plus souvent dans des mots d'origine grecque (*1, 5, 6*). Elle est parfois combinée avec un **a** ou un **e** dans des mots d'origine anglaise (*2, 3* et *4*, sauf *tokay* et *puy*). Elle peut venir d'autres langues : *geyser, pyjama*.

● Certaines prononciations semblables correspondent à des orthographes différentes : *seyant / malveillant* ; *balayeur / veilleur,* etc. Comparer les listes *7* à *11* aux listes *12* à *16*. ◇ Certains mots anglais en *-y* font leur pluriel en *-ies* (*ladies, penalties, tories*), d'autres en *ys* (*jurys, tilburys*).

1 anhydre	*2* tokay	*7* attrayant	*12* accueillant
ankylose	tramway	bruyant	croustillant
apocalypse		clairvoyant	détaillant
apocryphe	*3* hockey	effrayant	grouillant
bombyx	jersey	payant	malveillant
cataclysme	poney	seyant	scintillant
collyre	trolley		
cycle		*8* balayeur	*13* aiguilleur
ecchymose	*4* derby	employeur	fouilleur
gypse	hobby	frayeur	gaspilleur
hydravion	penalty	mareyeur	resquilleur
hyperbole	puy	nettoyeur	tailleur
hypertension	rugby	payeur	veilleur
hypoténuse			
hypothèque	*5* hémicycle	*9* débrayage	*14* effeuillage
larynx	hiéroglyphe	essayage	empaillage
martyr	hybride	essuyage	feuillage
martyre	hygiène	nettoyage	habillage
myrrhe	hypocrisie	voyage	maquillage
mythe	idylle		
onyx	labyrinthe	*10* crayeux	*15* broussailleux
oxyde	libyen	ennuyeux	écailleux
paroxysme	lyrique	joyeux	orgueilleux
polygone	panégyrique	soyeux	sourcilleux
porphyre	sibylle		
pseudonyme	tricycle	*11* abbaye	*16* caille
psychose		crayon	fille
style	*6* hydrolyse	doyen	grille
symphonie	hyperglycémie	maya	maillet
syncope	hypophyse	moyen	nouille
thym	hypostyle	moyeu	oreille
tympan	psychanalyse	pays	taille
xylophone	synonyme	rayon	veille

▷ **i** ou **y**? Consulter aussi A *3, 9, 10* ; B *6* à *9* et *11* ; L *4* à *10* et *13*.

Les redoublements multiples de consonnes et les originaux irréductibles **Z**

Il est particulièrement difficile d'écrire correctement des mots qui comprennent une ou plusieurs consonnes pouvant ou non être redoublées. L'étymologie des mots permet souvent de savoir s'il faut ou non redoubler telle ou telle consonne.

▶▶ Les mots types présentés ci-dessous sont classés d'après le nombre de syllabes et en fonction du redoublement de la consonne (1 = consonne simple, 2 = consonne redoublée). ◇ Les mots très complexes (de plus de quatre syllabes) peuvent être ramenés à des mots plus courts : *atterrissage* = *atterrir* = *terre* (**15**).

● Il y a des mots irréductibles et n'appartenant à aucune famille (**16**).

1 —1— alors direct émoi quitus remous	**5** —2—1— appareil essentiel littoral netteté occasion	**9** —1—2—1— colonnade corollaire emballage nivellement palissade	**13** —2—2—1— accommodant affaissement ballottage millionnaire occurrence
2 —2— correct ennui nenni scellé tollé	**6** —2—2— assaillant atterrant charrette commission successif	**10** —1—2—2— concurremment épaississant incessamment maisonnette professionnel	**14** —2—2—2— cressonnette grassouillette mollassonne passionnelle possessionnel
3 —1—1— combatif intérêt minimal solaire uniment	**7** —1—1—1— antidote aromate émérite intolérant numéraire	**11** —2—1—1— assidûment cellulaire enneigement immensité millénaire	**15** plus complexes arrondissement atterrissage démissionnaire désappointement développement intérimaire involontairement paresseusement pénicilline rémunératoire rudimentaire vitaminique
4 —1—2— amarre libelle prémisse promesse rationnel	**8** —1—1—2— clarinette élégamment enveloppe parabellum tyrolienne	**12** —2—1—2— attentionné différemment innocemment occasionnel suffisamment	

16 Certains mots sont à retenir pour eux-mêmes, soit qu'ils constituent des bases originales, soit qu'ils ne se laissent pas réduire. Les premiers sont souvent très simples, p. ex. *timbre*, *tombe*, *torche*, *tornade*, et ne créent guère d'occasions de se tromper. Les seconds sont généralement surprenants, p. ex. *ersatz*, *systyle*, *toboggan*, *volapük*, même s'ils sont assez connus, p. ex. *barème*, *caoutchouc*, *farniente*, *pouls*, *saynète* et *vilebrequin*. Les mots du répertoire qui renvoient à Z 16 sont donc traités comme des irréductibles : halte à l'analogie ! Voir aussi les remarques préliminaires p. 75 et 76.

▷ A propos de Z **16** : Pour le -**s** muet suivant une consonne, voir la collection hétéroclite E **7**. Exemple de difficulté : *aurochs* et *mastoc* proviennent tous deux de *ochs* (= bœuf) prononcé [ɔks], puis [ɔk] !

L'index des homonymes

Cet index présente les homonymes signalés dans le Dictionnaire orthographique par un numéro de renvoi. **Il s'agit des mots qui se prononcent de la même manière, mais qui ont des sens et s'écrivent en général différemment.** Selon les régions et les milieux, on ne distingue pas la prononciation du **a** de **sabord** de celui de **sablon**, du **o** de **ballot** de celui de **programme**, du **e** de **touché** de celui de **progrès**. Il fallait donc négliger certaines variantes de prononciation et réunir par exemple non seulement **ra** et **rat** d'une part et **ras** et **raz** d'autre part, mais les quatre mots, et ce en vertu de la proximité éventuelle de la prononciation. Le *Bescherelle 2* n'a d'autre ambition que de permettre la consultation à partir de la prononciation présumée d'un mot connu.

Lorsque le consultant connaît un seul mot parmi les homonymes, par exemple **pélagien** ou **pélasgien**, il doit trouver dans l'Index de quoi choisir : **pélagien** comme **pélagique** pour ce qui est relatif à la haute mer ; **pélagien** pour ce qui dérive, comme le **pélagianisme**, des doctrines du moine breton du Ve siècle, Pélage ; mais **pélasgien** ou **pélasgique** pour ce qui concerne les Pélasges, un peuple de l'Antiquité préhellénique.

Donner la définition des deux mille homonymes retenus eût rempli le livre et dépassé sa finalité. En revanche, il fallait mettre **des mots en situation** pour permettre de reconnaître l'identité de ce que l'on cherche, et de retenir son orthographe. C'est pourquoi l'Index fournit, de la manière la plus économique, des emplois qui se retiennent aisément.

Les verbes et leurs formes étant présentés par le *Bescherelle 1*, l'Index se limite à une brève anthologie des verbes homonymes, mais évoque avec plus de prodigalité la rencontre de formes verbales avec des mots autres que des verbes, par exemple **le bois** et **il boit**, sans oublier **tu bois** !

Les homonymes dus au genre et au nombre ne sont évoqués dans le Dictionnaire orthographique du *Bescherelle 2* que pour les féminins et les pluriels rares et irréguliers.

Exemple : [kur]

verbe	adjectif	nom
je ⎫ cours tu ⎭	court	la cour pavée
	courts	la Cour de justice
que je ⎫ coure il ⎭		la chasse à courre
		le cours d'eau
que tu coures		le cours d'orthographe
qu'ils courent		le capitaine au long cours
cours !		le court de tennis

On trouvera dans les **88 rubriques** divers types de regroupement d'homonymes, par exemple selon la présence ou non d'une syllabe muette (45) à l'intérieur du mot, ou selon l'existence d'un -e en finale (33). Dans les cas simples, un titre donne la clef de la rubrique (9, 60). Si, souvent, les familles d'homonymes paraissent dépareillées, c'est qu'on a voulu favoriser au maximum la mémorisation, fût-ce en sautant du coq à l'âne.

1

Les verbes homonymes sont rares. En voici cependant quelques-uns :

aurifier une dent
horrifier et terrifier

buter contre un gros caillou
butter les carottes
(*au sens d'assassiner ou de viser à,*
on peut écrire **buter** *ou* **butter** !)

caner devant l'obstacle
canner un fauteuil
(*au sens populaire de mourir,*
on rencontre **caner** *et* **canner** !)

chaumer après la moisson
chômer en période de crise

choper un rhume
chopper, comme achopper, heurter

compter les coups
conter fleurette

dégoûter les convives
dégoutter de la voûte

délacer les chaussures
délasser le public

desceller une grille
desseller un cheval
(*mais* **déceler** *une inexactitude* !)

détoner avec un bruit inouï
détonner dans un décor discret

enter un arbre fruitier
hanter les mauvais lieux

épicer la matelote
épisser deux cordages

fréter un cargo
fretter un tube

goûter la soupe
goutter comme un robinet

lacer une chaussure
lasser ses admirateurs

panser une plaie
penser à l'avenir

pauser sur les finales
poser des jalons

taler les pommes
taller comme une mauvaise herbe

sceller une amitié
seller une mule
(*celer une tare, mais attention :*
il scelle, il selle, il cèle !)

teinter une feuille de papier
tinter le glas

vanter les mérites
venter et pleuvoir

2

Dans certains cas, on observe de légères différences de prononciation :

aller et venir
hâler la peau au soleil
(*haler, dans* **haler** *une péniche,*
s'entend avec a antérieur
ou postérieur !)

la **bailler** belle
bayer aux corneilles
(**bâiller** *d'ennui,* **baîller** *comme une*
huître, *confusion fréquente* !)

exaucer des prières
exhausser une digue

mater la mutinerie
mâter une frégate

pécher par omission
pêcher au harpon

résonner sourdement
raisonner lourdement

roder les soupapes
rôder dans les parages

tacher un pantalon
tâcher de le nettoyer

3 _____

Quelques rares verbes différents s'écrivent et se prononcent de la même manière, et se conjuguent pareillement :

mater aux échecs	**ravaler** sa salive
mater (*aussi matir*), dépolir	**ravaler** une façade

4 _____

Au sein de la conjugaison, certaines « formes différentes » s'écrivent et se prononcent de la même manière :

finissions	à l'imparfait ou au subjonctif présent
finit	au présent ou au passé défini
viens	à la première ou à la deuxième personne

5 _____

Plus fréquentes sont les « formes différentes » d'un même verbe qui se prononcent de la même manière, mais qui s'écrivent différemment :

fais / fait	**ferais / ferait / feraient**	**ferons / feront**
bu / bus / but	**eu / eue / eus / eues / eus / eut / eût**	
fermer / fermé(s) / fermée(s) / fermai		
voire **fermais / fermait / fermaient**		

6 _____

Peuvent se rencontrer ainsi des formes différentes de verbes différents :

es / est	**ai / aie / aies / ait / aient**	**hais / hait**

Ces homonymes partiels ou accidentels ne posent guère de problèmes dans la mesure où on peut retrouver l'infinitif par simple transformation et consulter alors le *Bescherelle 1*, par ex. **font** mal → *vont faire mal* et **fond** au soleil → *va fondre au soleil* :

allaite (< allaiter)	**poliçaient** (< policer)
halète (< haleter)	**polissaient** (< polir)
cru (< croire)	**serre** (< serrer)
crû (< croître)	**sert** (< servir)
dore (< dorer)	**sucent** (< sucer)
dort (< dormir)	**sussent** (< savoir)
lie (< lier)	**teint** (< teindre)
lit (< lire)	**tint** (< tenir)
pare (< parer)	**vainc** (< vaincre)
part (< partir)	**vint** (< venir)

Il arrive que des formes différentes de verbes différents aient même écriture et même prononciation :

murent (< murer ou < mouvoir)   **visse** (< visser ou < voir)

7

Lorsque le verbe est utilisé comme un nom, ce peut être l'infinitif ou l'un des participes qui est « substantivé », p. ex. *le **lever** et le **coucher** du soleil*, on peut apporter son ***boire** et son **manger**, l'**être** et l'**avoir**, le **sourire*** est-il de la famille de ***rire*** ? Oui, mais ce n'est pas le cas pour :

le **boucher** / **boucher** un trou dans le plafond
le **cocher** / **cocher** un article sur une liste
le **noyer** / **noyer** le poisson
le **pêcher** / **pêcher** au filet

Attention :
le **carrier** / **carier**
le **palier** / **pallier**
houiller / **ouiller**

8

Dans de nombreux noms et adjectifs, on reconnaît le verbe (participe) :

haché	armée	allant	aiguisé	agaçant
inné	dictée	battant	associé	angoissant
intitulé	entrée	démaquillant	cité	barbant
négligé	fumée	exploitant	consolidé	chantant
obligé	jetée	habitant	fourré	consistant
opéré	levée	levant	léché	harassant
passé	montée	négociant	rabattu	insultant
préjugé	pensée	passant	sacrifié	parlant
réfugié	portée	remplaçant	surmultiplié	probant
tracé	tranchée	restant	tassé	tonitruant

Mais les finales en **-é, -ée** et **-ant** ne renvoient pas toutes à un verbe. *Le **carré*** et *la **carrée*** remontent à un ancien participe passé, de même que *le **curé***, contrairement à *la **curée***. Mais *le **musée*** et *la **cité*** n'ont rien à voir avec les verbes ***muser*** et ***citer**,* pas plus que les mots ***fossé, côté, beauté, athée*** et ***ailé*** avec les verbes ***fausser, coter, botter, hâter*** et ***héler.***

9

En revanche, certains participes présents ont subi une transformation en devenant nom ou adjectif :

le verbe à l'infinitif	au participe présent	le nom	l'adjectif
affluer	affluant	affluent	
exceller	excellant		excellent
expédier	expédiant	expédient	
précéder	précédant	précédent	précédent
présider	présidant	président	
somnoler	somnolant		somnolent
négliger	négligeant		négligent
communiquer	communiquant		communicant
fabriquer	fabriquant	fabricant	
suffoquer	suffoquant		suffocant
vaquer	vaquant		vacant
fatiguer	fatiguant		fatigant

10 ──

Sur le modèle de *piquet / piquais, piquait, piquaient*, par rapport à des verbes en **-er** :

boulet	couplet	hochet	piquet	sommet
braquet	croquet	jouet	ricochet	tiret
briquet	fausset	livret	rivet	tranchet
cabriolet	flageolet	maillet	rouet	troquet
cornet	fumet	muret	signet	volet

Mais ne relèvent pas de ce modèle : *le foret* et *la forêt/forais ; le sonnet/saunais* et *sonnais ; le beignet/baignais ; le lacet/ laçais* et *lassais*.

11 ──

Sur le modèle de *le pinçon* (marque sur la peau pincée), homonyme du passereau (*le pinson*), par rapport à *nous pinçons* (du verbe *pincer*), avec ou sans parenté de sens :

agression nocturne	quelle **mission**	un **glaçon**	une **somme**
nous **agressions**	que nous **missions**	nous les **glaçons**	nous y **sommes**
un **avion** à réaction	une **passion** fatale	du **savon** noir	le **tien**
nous **avions** peur	nous **passions**	nous le **savons**	**tiens** donc !

12 ──

Sur le modèle de la *joue/il joue, tu joues, ils jouent* ou de *le chiffre/il chiffre, tu chiffres, ils chiffrent*, qu'il s'agisse de noms masculins ou de noms féminins, qu'il y ait ou non parenté sémantique entre le nom et le verbe :

abîme	chicane	enseigne	happe	pince
adresse	chope	enveloppe	hâte	pioche
agence	cloche	esquisse	hausse	porte
aide	colle	étoffe	jeûne	pose
amarre	concurrence	étrenne	lance	pratique
amorce	contrôle	fabrique	latte	prêche
attrape	cote	finance	leurre	presse
avance	crotte	flotte	lie	prône
balafre	dalle	force	mise	râle
balance	date	frappe	nappe	râpe
baratte	débauche	gâche	natte	rime
bascule	dispute	gaine	nippe	romance
bêche	distance	gare	note	rouille
blâme	divorce	gêne	œuvre, *m*	sape
botte	donne	gifle	œuvre, *f*	scie
brosse	dupe	gîte, *m*	pause	souffle
bûche	ébauche	gîte, *f*	paye	tonne
cale	échoppe	goutte	peigne	traite
capote	écope	graisse	peine	tremble
censure	enquête	grippe	pilote	vote

On trouve des homonymes de même statut parmi les adjectifs, par exemple : *corse(s)/corse, corses, corsent ; intègre, inverse, lâche, pratique.*

13

Sur le modèle de *le pleur / il pleure, tu pleures, ils pleurent,* on a par exemple :

ajour	clou	entour	labour	transit
appui	dot	flair	lof	tri
bluff	éclair	fleur	soupir	trou

14

On ne confondra pas :

la semaine du **cuir**
cuire un œuf

les miens, **voire** les tiens
voir le jour

le **visa** expiré
quoi qu'il **visât**

hum ! et **hem** !
hume et **aime**

tous et **but**
tousse et **bute**

le **verrat**
il **verra** bien

le **soir** venu
seoir qui donne sied

15

Dans les paires d'homonymes qui suivent, on n'a pas tenu compte des variantes de la conjugaison des verbes (*réveillent*) ou du pluriel des noms (*réveils*) :

une gousse d'**ail**
qu'il y **aille**

une **arête** de poisson
le train s'**arrête**

une **boîte** de carton
ce cheval **boite**

un **site** historique
il le **cite** à tout propos

dyne (unité de force)
qui dort **dîne**

un **emploi** inespéré
il **emploie** vingt personnes

du **flou** artistique
il **floue** son partenaire

le **four** électrique
il y **fourre** tout

le **loup** est là
elle **loue** une voiture

un **métis** brésilien
il **métisse** des plantes

du **nard** indien
il **narre** son enfance

une **noix** de coco
il s'y **noie**

de la **peille** à papier
on la **paye**

de la **perse** délicate
il **perce** la foule

un **plaid** écossais
il **plaide** coupable

un **pouf** confortable
il **pouffe** de rire

un saut de **puce**
pusse (de *pouvoir*)

le **réveil** sonne
la sonnerie **réveille**

le **soufre** se sent
on en **souffre**

un(e) **tachine** (*mouche*)
on te **taquine** ?

le **trafic** intense
est-ce qu'il **trafique** ?

l'économie de **troc**
on **troque** et on rêve

43

Parfois, l'homonymie ne met en jeu qu'une seule forme verbale, p. ex. *la lyre du poète/lire un livre, bioxyde de chlore/clore le bec aux importuns;* parfois, on rencontre des variantes d'un côté, par ex. *le chat et la souris/tu me souris* et *je te souris, il leur sourit, ils lui sourient.* Assez souvent, il se présente des variantes du nom et du verbe, par ex. en face de *air, airs, aire, aires, erre, erres, haire, haires, hère* et *hères ; erre, erres, errent* !

ne pas bouger le petit **doigt**	il prit la **faux** avec son air **faux**
il te **doit** une fière chandelle	il **faut** éviter les fautes
il n'y a **plus** rien à faire	**on** n'en peut plus
il **plut** comme au déluge	ils n'**ont** plus de force
quel en est le **prix** de revient	le **riz** bien cuit ne colle pas
on leur **prit** tous leurs livres	la vache ne **rit** pas
le fameux petit chapeau **rond**	**son** sac de **son** pesait lourd
on ne **rompt** pas un serment	les bons exemples **sont** brefs
une **taie** d'oreiller brodée	le **tapis** volant des légendes
son ara se **tait** rarement	la lionne se **tapit** dans les herbes
le **vernis** montrait des craquelures	il fit le **vœu** de ne plus boire
le temps ne **vernit** pas tout	il ne **veut** plus rien boire

Les homonymes sont évidemment plus fréquents au sein des familles de mots, par ex. entre des noms et adjectifs issus de verbes et des formes verbales :

exclu	exclut	fini	finit	mue	mût	produit	produis
extrait	extrais	inclus	inclut	oint	oins	rôti	rôtit
fait	fais	joint	joins	ouïe	ouïs	rôtie	rôtis

Parfois, la provenance verbale est voilée, par ex. le participe passé dans *le recru de la dernière coupe* et *recru de fatigue ;* parfois cependant la compréhension n'évite pas la confusion, par ex. *bien mal acquis* et *par acquit de conscience.* La différence de sens aide parfois à retenir une différence d'écriture : *la suie peut s'enflammer/je suis inquiet. Saie,* au féminin, peut signifier *un tissu* ou *une brosse,* ce sont deux mots différents, *je le sais.* L'assemblage mnémotechnique peut aider : *un pan du drap pend par terre.*

Les difficultés concrètes croissent lorsqu'en face de formes verbales d'un seul verbe, on a déjà tout un groupe de mots homonymes, ou inversement, des formes verbales issues de verbes différents en face d'un mot non verbal. Enfin l'embarras du choix devient extrême lorsque plusieurs formes de divers verbes s'opposent à divers mots et à leurs variantes. Les trois tableaux suivants présentent des regroupements de ce genre, mais sans offrir de contexte, les homonymes non verbaux étant repris plus bas. Voici cependant trois exemples explicites :

mauvais **signe** }
cygne noir } ils **signent**   l'**ais** du relieur { qu'il **ait** ce qu'il demande
                                                                { il **est** temps de terminer

un bon petit **cru** }   on n'en **crut** pas un mot }
la **crue** du Nil }   moi aussi, j'ai **cru** cela } (*< croire*)
la viande **crue** }   la rivière **crût** encore   (*< croître*)

atèle attelle	attellent	gauss gosse	gausse	pic pique	piquent
bah ! bas bât	bat	lai laid lais lait	laye	plaid plaie	plais
bourg bourre	bourrent	lice lis lisse lys	lissent	plastic plastique	plastiquent
boue bout	bous			pli plie	plient
sain saint sein seing	ceint	maître mètre	mettre	rauque roc roque	roquent
chaud chaux show	chaut	mi mie	mis	roue roux	rouent
cou coup coût	couds	maure mors mort	mord	sang sans cent	sent
crac crack craque krak	craquent	mou moue moût	mouds	soi soie	sois
		ni nid	nie	saur sore sort	sors
étain éteint	éteins	noue nous	nouent	ter terre	taire
faîte fête	faites	haute hôte	ôte	tan tant taon temps	tend
face fasce	fasse	parti partie	partit		
faim feint fin	feins	peine pêne penne	peine	tic tique	tiquent
fil file	filent	pain peint pin	peins	taure tors tort	tord
for fors fort	fore	pair paire père pers	perds	vaux veau vos	vaut
frai frais fret	fraye	peu peuh !	peut	van vent	vend
				voie voix	voit

20

croix	**croit** (croire) **croît** (croître)		**prix**	**prie** (prier) **pris** (prendre)
étang	**étend** (étendre) **étant** (être)		**pus**	**pue** (puer) **put** (pouvoir)
fer	**faire** (*infinitif*) **ferre** (ferrer)		**teinte**	**teintes** (teindre) (teinter) **tinte** (tinter)

21

bail **baille**	**baillent** (bailler) **bâillent** (bâiller) **bayent** (bayer)		**mur** **mûr** **mûre**	**murent** (mouvoir) **murent** (murer)
but **butte**	**butes** (buter) **bûtes** (boire) **buttes** (butter)		**par** **part** *m* **part** *f*	**pare** (parer) **part** (partir)
cerf **serre** **serf**	**serre** (serrer) **sert** (servir)		**celle** **sel** **selle**	**cèle** (celer) **scelle** (sceller) **selle** (seller)
compte **comte** **conte**	**comptent** (compter) **content** (conter)		**teint** **tin** **thym**	**teins** (teindre) **tins** (tenir)
fond **fonds** **fonts**	**fonds** (fondre) **font** (faire)		**vain** **vin** **vingt**	**vaincs** (vaincre) **vînt** (venir)
lut **luth** **lutte**	**lutent** (luter) **luttent** (lutter)		**vice** **vis**	**visses** (visser) **visses** (voir)

22

Le jeu des variations de forme selon le temps, le mode, la personne, le genre et le nombre conduit à des identités orthographiques fortuites, qu'il y ait ou qu'il n'y ait pas parenté de sens :

la vogue du **bois** blanc <br> je ne **bois** que de l'eau et du lait

est-ce un vrai kilt **écossais** ?
 j'**écossais** des petits pois

une sauce **prête** à servir
 prête-moi ce livre !

une **serre** tropicale <br> ce ceinturon me **serre** trop

de la cendre de **soude**
 il **soude** les fils

un bruit **sourd** à la cave <br> l'eau **sourd** doucement de la paroi

la **souris** et le rat <br> est-ce que tu **souris** de la fable ?

le vol à la **tire**
 il se **tire** mal d'affaire

la **voie** était enfin libre <br> mes lunettes, que je **voie** mieux !

à **tu** et à toi <br> il s'est **tu**

perdre une fortune au **baccara**
boire dans des flûtes de **baccarat**

l'heure de **ta** chance
un **tas** d'ennuis

une énorme **tache** noire
la **tâche** quotidienne

le premier concerto en **fa** majeur
on prononce parfois le **t** de **fat**

et voici le paon et sa **paonne**
tomber régulièrement en **panne**

l'hérésie **pélagienne** du vᵉ siècle
des vestiges **pélasgiens** préhelléniques

bah ! la chance finira bien par tourner !
le plafond des nuages était bien **bas**
l'économie du **bas** de laine
c'est là que le **bât** blesse !

une robe de **bal** d'il y a cent ans
on écrit **bale** ou **balle** d'avoine
saisir la **balle** au bond
défaire une **balle** de coton

le **cal** de la paume (> callosité)
traverser à fond de **cale**
mettre une **cale** sous les roues

le **fard** a au moins l'âge des pyramides
le bon **fart** dépend de la neige
le **phare** d'Ouessant est puissant

le **gal** mesure l'accélération (< Galilée)
on dit mauvais comme une **gale**
la noix de **galle** est riche en tanin

car le **car** n'avait pas attendu
la **carre** du ski
un **quart** de litre

le chat de **ma** voisine **m'**a griffé
un **mas** provençal (*-s parfois prononcé*)
le **mât** ne résista pas à l'ouragan

un fort en **math**, ou en **maths** !
échec et **mat**, en trois coups !
le fard **mat** fait la peau **mate** !

bien **mal** acquis ne profite jamais !
la politique du pire est un **mal**
les secrets de la **malle** du grenier
un vieux **mâle** solitaire

lire dans le **marc** de café
les canards avaient leur **mare**
« Y en a **marre** ! » est familier

aux échecs, le **pat** entraîne la nullité
une **pâte** plus ou moins molle
traîner la **patte** les jours de pluie

ça, c'est vilain (= *cela*)
çà et là, des arbres abattus
le regret de **sa** vie
le **sas** du satellite était bloqué

une bonne **cache**
un **cache** de photographe
payer **cash**

on dit parfois **flache** pour flaque
une **flache** dans le pavé
un **flash** électronique

l'enfant de **la** balle
je ne **la** vois pas arriver
elle ne vient pas par **là**

lacs et entrelacs
las d'avoir tant hésité
un **la** bémol

le **norois** (ou **noroît**) soufflait
un texte **norois** (ou **norrois**)

ici, cela va de **soi** : on reste chez **soi**
un ruban de **soie**
soi-disant se compose de **soi** et de **disant**
une tonne, **soit** mille kilogrammes

nous, **toi** et moi
un **toit** de chaume à refaire

une **voie** à sens unique
une **voix** éraillée et rauque

c'est **moi** qui vous le dis !
la fin du **mois** sera difficile
la **moye** (ou **moie**) de la pierre

il gardait la **foi** du charbonnier
son **foie** le faisait souffrir
il était une **fois**

dans le sens du **poil**
les cordons du **poêle**
la **poêle** à frire
le **poêle** à mazout
aussi : le **poêle** à mazout

fermer le **ban**
mettre au **ban** de la nation
un **banc** de sable
un **banc** d'essai
un **banc** d'huîtres
un **banc** de jardin
publier les **bans**

un **pan** de son manteau
le **paon** faisait la roue

l'**autant** est un vent orageux
travaillez **autant** qu'il le faudra !

le **cadran** de l'horloge
le **quadrant** est un quart de cercle

avoir un **plan** en tête
le **plan** de la localité
un miroir **plan**
un **plant** de tomates

le **k(h)an** fit lever le **camp**
quand les animaux parlaient
quant à moi, je m'en vais !

le **flan** est encore au four
en rester comme deux ronds de **flan**
deux goélettes, **flanc** à **flanc**
à **flanc** de coteau
le **flanc** gauche de la brigade
prêter le **flanc** aux critiques
un tire-au-**flan**

un **radian** est une unité de mesure
l'astronome scrutait le **radiant**
un ciel **radiant** (= *rayonnant, radieux*)

ce **tyran** semait la terreur
le **tirant** d'eau

le **varan** est carnivore
le **warrant** est un effet de commerce

le **tan** sert à préparer le cuir
le **taon** ne pique pas, il mord
tant s'en faut
tant pis ou **tant** mieux ?
en aura-t-on le **temps**
le **temps** s'améliorait
le **temps** du verbe

29

une **mante** religieuse
une **menthe** à l'eau

un **différend** les opposait
un aspect **différent**

payer **comptant**
il avait l'air **content**

un **marchand** forain
le prix **marchand**
en **marchant** lentement

le (ou la) **sandre** du Rhin
le feu sous la **cendre**

il voulait lire un **roman** historique
un chapiteau **roman**
le pays **romand** sur la rive du Léman

un vieux peintre **flamand**
le **flamant** est rose, écarlate ou noir

l'**ordinant** ordonne l'**ordinand**

30

en l'**an** mille
han ! fit le bûcheron

lever l'**ancre**
une tache d'**encre**

un **antre** de bête féroce
entre deux portes

passer **commande**
il avait une abbaye en **commende**

un **pante** absolument quelconque
un toit en **pente** douce

une vieille **tante** charmante
planter sa **tente** le **tente** toujours

un **vantail** d'armoire tout vermoulu
le **ventail** laisse passer l'air, le vent

l'**amande** est riche en huile
faire **amende** honorable
être mis à l'**amende**
payer une bonne **amende**

le premier dimanche de l'**avent**
les roues **avant**
l'**avant** du navire
avant l'orage

une **danse** populaire
un brouillard très **dense**

un manoir au centre de son (sa) **manse**
la **mense** abbatiale n'était pas maigre

le **van** du cheval de course
on vannait avec un **van** en osier
le **vent** se leva derechef

31

le **champ** de bataille
le **chant** du cygne

les bonnes **gens**
les **gens** heureux
la **gent** ailée
un **jan** de trictrac

sans doute **cent** centilitres de **sang**

demander l'**aman** à l'**amman**
l'**amant** et sa maîtresse

à son grand **dam**
il a perdu une **dent**
il la retrouva **dans** l'assiette

un **lob** superbe décida du set
le **lobe** de l'oreille

un **raid** aérien
tomber **raide** mort
une pente très **raide**

on arrêta le cerveau du **gang**
la **gangue** des épaves

un **fan** est toujours fanatique
la **fane** de radis ne se mange pas

un **group** avait disparu du sac postal
le **groupe** de tête ralentit

au quatrième **top**
tope ! j'accepte le pari

chut ! murmura-t-il
en **chute** libre
la **chute** des cheveux

le vent d'**est**
este se dit parfois pour estonien

les réserves de **gaz** naturel
l'infirmier demandait de la **gaze**

chaque cheval avait son **box**
les **boxes** de l'écurie de course
la **boxe** française

au terme **préfix**, nota le greffier
le **préfixe** s'oppose au suffixe

l'appareil **reflex** est plus précis
son **reflex** a deux objectifs
c'était un mouvement **réflexe**
il a eu un bon **réflexe**

le **mess** des officiers
une **messe** basse

le **strass** miroite au soleil
une poupée bourrée de **strasse**

un robre se dit parfois un **rob**
le **rob** a la consistance du miel
une **robe** de mariée

jouer au **golf**
le port se trouve au fond du **golfe**

tram est l'abréviation de tramway
un tapis usé jusqu'à la **trame**

maintenir le **cap**
une **cape** de matador

on mourait facilement du **croup**
la **croupe** du cheval

du champagne **brut** ou du sec ?
une véritable **brute**, cet ivrogne !
en poids **brut** ou en poids net ?

un **digest** peut être indigeste
les jurisconsultes discutaient du **digeste**
la bouillie d'avoine est **digeste**

lâcher du **lest**
avoir la main **leste**

le **rot** est une maladie de la vigne
la **rote** est un tribunal ecclésiastique
les cordes de la **rote** étaient pincées

1 **lux** = 1 lumen par mètre carré
avec un grand **luxe** de détails
le commerce des articles de **luxe**
les lois somptuaires combattaient le **luxe**

le **boss** avait perdu l'initiative
la **bosse** du dromadaire
une **bosse** de ris

un coureur de **cross** (-country)
la **crosse** de l'évêque
à qui cherches-tu des **crosses** ?

un **mas** à restaurer
une **masse** de documents

un argument **capital**
la peine **capitale**
le **capital** souscrit
la **capitale** fédérale

un **étal** de boucher
le vent **étale**
l'**étale** de la marée
la mer était **étale**

cela ne tient qu'à un **fil**
une longue **file** d'attente

le manteau **impérial**
une barbe à l'**impériale**
un autobus à **impériale**

le **vol** à voile
le **vol** à la tire
réussir la **vole** aux cartes

un produit **volatil**
un **volatile** lourdaud

le **spath** fluor
une **spathe** gauloise

faire un point **consol**
la **console** de l'orgue

le **drill** est un grand singe
un joyeux **drille**
forer à la **drille**

le **merl** se dit aussi maërl
siffler comme un **merle**

un vrai **régal**
l'eau **régale**
le **régale** de l'orgue (voix humaine)
la **régale** temporelle

un **troll** de légende
chasser le cerf à la **trolle**

le **viol** des consciences
un joueur de **viole** de gambe

un ressort **spiral**
un **spiral** de montre
la **spirale** d'Archimède
grimper en **spirale**

le **tir** à l'arc
la **tire** du blason
une **tire** en mauvais état

vingt litres de **super**
l'ovaire **supère** du lis

réciter un **pater** (noster)
une **patère** comme portemanteau

un **martyr** est un témoin
souffrir le **martyre**

un **polissoir** de bijoutier
une **polissoire** de coutelier

la **féerie** des jardins illuminés
une **férie** était un jour férié

le **heurt** (*cf. heurter*) inévitable se produisit en moins d'une **heure** (*cf. horaire*) : il n'avait pas l'**heur** (*cf. bonheur, malheur*) de leur plaire et ne pouvait servir leurs desseins.

de la **javel** = de l'eau de **Javel**
des **javelles** mises en gerbes

du coton **jumel**
une sœur **jumelle**
une **jumelle** marine
des **jumelles** de spectacle

un **label** de qualité
le **labelle** est un pétale

le vieux jeu de **mail**
une **maille** qui file
sans sou ni **maille**

des grains de **mil**
le **mille** marin
mille neuf cent soixante-dix-huit
je vous le donne en **mille**

le sept **ter** après le sept bis
la **terre** promise

pour rondeau, on disait aussi **rondel**
une **rondelle** de saucisson

le chef **tribal**
une **triballe** de fer

à **vil** prix
un **vil** suborneur
la vieille **ville**

le **col** enneigé
le **col** marin
la **colle** forte
passer une **colle**

un **gram** positif ou négatif
un **gramme** et demi de trop

leur patience a des limites
il ne **leur** parlait plus
leurs idées ne concordaient pas
ce programme n'est qu'un **leurre**

l'**as** de pique
une **asse** (*ou aissette*) est un outil

un docteur **ès** lettres ou **ès** sciences ?
une **esse** est un crochet en S
l'**esse** bloque la roue sur l'essieu

le **rumb** ou **rhumb** est une mesure
d'angle
le **rhombe** est un losange

pas d'ailloli sans **ail**
au pluriel : les **ails** ou les aulx
aïe ! cela fait mal

le **goal** de l'équipe anglaise
la **gaule** du pêcheur

le **kermès** vit sur un chêne
la **kermesse** du village

las ! = hélas !
de guerre **lasse**
avoir les jambes **lasses**

il a perdu une **vis**
l'horreur du **vice**
le **vice**-président

l'**abbé** de la paroisse
l'**abée** du moulin

ce **tramp** ne trouvait plus de fret
la **trempe** de l'acier

le rivage du **lac**
la **laque** est tirée du laquier
le ou la **laque** de Chine

la porte claqua, **clac** !
un chapeau **claque**
en avoir sa **claque**
une tête à **claques**

flac ! le voilà à l'eau
une **flaque** d'eau

avoir le **trac**
tout à **trac**
la **traque** du grand gibier

au mort de ramasser le **trick**
sec comme un coup de **trique**

le **foc** faseillait
le **phoque** plongea

ce n'est que du **toc**
une **toque** de fourrure

du dernier **chic**
mâcher sa **chique**
la **chique** est une variété de puce

le **pic** épeiche
à coups de **pic**
le **pic** du Midi
tomber à **pic**
la **pique** du picador

un **tic** nerveux
la **tique** est un insecte parasite

le **brick** appareilla
de **bric** et de broc
le **bric-à-brac**
une **brique** romaine
un teint **brique**

le **soc** de la charrue
le **socque** et le cothurne

l'économie du **troc** est rudimentaire
la **troque** (*troche*) est un coquillage

le **pâté** du chef
la **pâtée** du chien

un **jeté** battu
épaulé et **jeté**
un **jeté** de table imprimé
la **jetée** du port
une **jetée** flottante

le **pavé** de l'ours
tenir le haut du **pavé**
avoir un **pavé** sur l'estomac
la **pavée**, digitale (< *papyrus* !)

ne tirez qu'au **visé** !
la ligne de **visée**
ses **visées** rendaient sceptique

le **curé** de village
sonner la **curée**

la diagonale du **carré**
la **carrée** du lit
la **carrée** valait deux rondes
vingt mètres **carrés**
des voiles **carrées**

un petit verre de **poiré**
les côtes de **poirée** étaient trop cuites

la nouveauté du Salon : un **coupé**
sobre
le marin grimpa l'échelle de **coupée**

un petit **rosé** de Provence bien frais
la **rosée** des beaux matins d'automne

sa cousine **germaine**
le **germen** s'oppose au soma

émail de gueules à **pairle** d'azur
une **perle** de culture

la région **palmaire** interne de la main
mesurer une épaisseur au **palmer**

il ne fait pas encore **clair**
le **clerc** de notaire

laitance se dit parfois **laite**
un mot **lette** (= *letton*, *lettique*)

une **marraine** de guerre
les **marennes** sont élevées à
Marennes

il passait pour un mauvais **maître**
le **mètre** cube est une unité de
volume

la **plaie** s'est infectée
le **plaid** se transforma en querelle

ce spectacle est vraiment **surfait**
le **surfaix** du harnais était usé

le visage **défait** (la mine défaite)
le second tirage comportait un **défet**

une **taie** d'oreiller brodée
un **têt** à rôtir de chimiste (ou *test*)

un morceau de **craie** de couleur
l'éboulement d'un **crêt** pourri

au mois de **mai**
de la pâte pétrie dans la **maie**
mais quel **mets** délicieux !
la **maye** débordait d'huile

la mode des casaques copie le **sayon**
le **seillon** est un baquet peu profond

le relief **glaciaire**
fermer hermétiquement une **glacière**

un vrai **repaire** de brigands
le clocher servait de point de **repère**

tout **trait** n'est pas pertinent
très n'accompagne jamais un verbe

apprécier l'**épair** à contre-jour
l'araignée des jardins s'appelle **épeire**

la morne **plaine** de Waterloo
la coupe n'était pas **pleine**

un **saigneur** de porcs
à tout **seigneur** tout honneur

une tentative probablement **vaine**
la **veine** porte conduit au foie
une **veine** de quartz

être sûr de son **fait**
un **fait** divers
c'est une question de **fait**
succomber sous le **faix** des charges

les ormes de l'**ormaie** (ou *ormoie*)
l'**ormet** est comestible *(haliotide)*

une **chaîne** d'arpenteur
le **chêne** de la fable

être toujours à la **traîne**
la **traîne** du manteau impérial
le **thrène** des funérailles de Périclès

c'est la saison du **frai**
le **frai** ôtait leur poids aux écus
allez prendre le **frais**
du poisson **frais**
on déchargeait l'avion de son **fret**

ne dire **amen** qu'à bon escient
un ton peu **amène**

son rire était **amer**
la brume lui cachait l'**amer**
une déception **amère**

un os de **seiche**
la **seiche** ridait le lac
la marée recouvrit la **sèche**
rester en panne **sèche**

la **seime** handicapait son cheval
quel **sème** distingue soupe de
potage ?

la **guerre** et la paix
il n'y avait **guère(s)** d'espoir

la Vénus callipyge = aux belles **fesses**
les **fèces** se déposent comme la lie

le **yen** est une monnaie forte
une **hyène** rôdait dans les parages

il prit le train **express**
la lettre **exprès** se perdit en route

le **brai** est un sous-produit du pétrole
les Romains ne portaient pas de
braies

le **genet** est un cheval de petite taille
le **genêt** sert à faire des balais

un **balai** de bruyère
les reflets violacés d'un rubis **balais**
une étoile du corps de **ballet**

la **bête** ne lâcha pas prise
la **bette** *(ou blette)* est un bon légume

boire un bock d'**ale**
elle admirait l'**aile** de l'hirondelle

la **velte** faisait dans les huit litres
le **veld(t)** est une steppe

éprouver de la **gêne**
le **gène** récessif

une toile sans **apprêt**
après l'orage

une **forêt** de haute futaie
un **foret** à mèche de tungstène

le **cep** avait résisté au gel
le **cep** (ou **sep**) maintient le soc
le **cèpe** (ou **ceps**) est comestible

le **serf** maudissait le **cerf**
la **serre** tropicale du jardin botanique
les **serres** de l'aigle

tel maître, **telle** classe
ce **tell** intriguait les archéologues

se mettre en **selle**
ceux et **celles** qui hésitent à vivre
un régime sans **sel**

la **mère** du **maire** est en **mer**

j'ai vu un **geai** à un **jet** de pierre
d'un noir luisant de **jais**

la **fête** des têtes bien **faites**
il grimpa au **faîte** de l'arbre

l'**alêne** du cordonnier
on dit **allène** pour allylène (C_3H_4)
l'**haleine** fétide

un **bel** oiseau et une **belle** fleur
recommencer de plus **belle**
Venise nomma un nouveau **baile**
un **baïle** se dit parfois un **bayle**

faire de la **lèche** est méprisable
on appelle **laiche** ou **laîche** le carex

la **reine** tenait les **rênes** du **renne**

[ɛ] = e ouvert (air)	[e] = e fermé (été)
un brouillard **épais**.	un coup d'**épée** dans l'eau
le parfum de la reine des **reinettes** cette pomme s'écrit aussi **rainette**	le bourrelier avait égaré sa **rénette**
mon grand-père avait le cœur **gai** avoir l'œil et l'oreille au **guet** il fit frire un hareng **guai(s)**	il suffit de passer le **gué**, ô **gué**!
la fin de la **pairie** héréditaire	le **péri** est un génie, la **péri** une fée la **paierie** générale de Périgueux
une simple **claie** entre deux jardins	il avait perdu la **clé** à molette il cherchait en vain la **clef** du mystère on peut écrire **clef** ou **clé** partout
un fruit **blet** n'est pas appétissant	manger le **blé** en herbe
le **grès** rose des Vosges	au **gré** de sa fantaisie
près de la frontière toujours **prêt** un **prêt** d'honneur	les perce-neige émaillaient le **pré**
la visite des **chais** donne soif	tout près de **chez** nous
la niche écologique des **marais**	à chaque siècle sa **marée**
un **palais** d'allure vénitienne le **palet** fut détourné du but	un écu **palé** sable et argent
un **raisonnement** déductif	on dit plutôt résonance que **résonnement**

[ɛ] = e ouvert (air)	[e] = e fermé (été)
l'**archet** du violoniste	l'**archée** des alchimistes l'**archer** d'avant l'arbalète
un **cochet** est un coquelet ou cochelet	un **cocher** de fiacre de Vienne
une roue à **rochet** un **rochet** de cérémonie	à flanc de **rocher** un **rocher** énorme barrait le sentier
c'était un **gourmet** gourmand	le candidat avait un maintien **gourmé**
un fidèle **valet** de chambre	une **vallée** fertile
le **goulet** de la rade	boire une bonne **goulée** au goulot
un **feuillet** était imprimé à l'envers	creuser les **feuillées** aux manœuvres
un assemblage de menuiserie en **onglet**	à l'aube, il avait l'**onglée**
à la force du **poignet**	la **poignée** de la fenêtre une **poignée** de mécontents
un **sachet** de graines	une **sachée** (= un sac) de thé

44

une âme bien **née**
le **nez** de Cyrano

tirage de luxe sur **vergé**
le **verger** en fleurs

le **phénix** est un oiseau fabuleux
le **phœnix** est un palmier ornemental

té ! marque la surprise *(comme* **tiens** !)
tracer ses parallèles au **té**
un fer à double **té** (ou T)
une tasse de **thé**

l'enfant **chéri** du destin
le **cherry** est une liqueur de cerise
le xérès se dit en anglais le **sherry**

45

un ours en **peluche**
la corvée de **pluches**

la feuille de la capucine est **peltée**
la dernière **pelletée** de terre

le **serment** de Strasbourg
un **serrement** de la gorge

le **ferment** lactique
ferrement (< *ferrer)* = ferrage
ou ferrure

46

mettre le **lieu** (*colin*) en **lieu** sûr
il y a du **lieu** à une **lieue** marine

un **pieu** de fondation
un homme **pieux** et loyal

peuh ! c'est bien trop **peu** !

faire **feu** de tout bois
les **feux** du firmament
feu la mère de Monsieur
la **feue** princesse

une **queue** de poisson
sans **queue** ni tête
à la **queue** leu leu
Maître **queux** s'est surpassé
aiguiser le couteau sur la **queux**

euh ! vous le savez ! mais **eux** ?
heu ? une demi-douzaine d'**œufs**
suffiront ?

tu **ne** veux pas défaire ce **nœud** ?

non, **je** ne joue pas à ce **jeu** !

47

le cuir **bouilli** est plus résistant
c'est de la **bouillie** pour les chats

on se l'arrachait à l'**envi**
il ne résista pas à l'**envie** de s'enfuir

le hasard le tira de l'**oubli**
l'**oublie** est faite sans levain

il ne savait pas ne pas dire **oui**
il n'avait pas l'**ouïe** très fine

un **rôti** de veau dans la noix
un œuf poché sur **rôtie**

un **parti** unique est une contradiction
avoir affaire à forte **partie**

une fois que le **pli** est pris !
la **plie** est un poisson plat

on ne peut pas jouer au **rami** sans joker
il s'était tissé une bâche en **ramie**

48

ni l'un **ni** l'autre
un vrai **nid** d'aigle

une barbe bien **fournie**
le **fournil** était encore chaud
vivre et couvert **fournis**

qui sait encore lire le **pali** ?
un **palis** est un pieu de palissade

un **coolie** affamé, mais digne
préparer un **coulis** d'écrevisses
le vent **coulis** est traître

un guépard **tapi** dans les herbes
un accroc au **tapis** de billard

le **vernis** avait terni le portrait
est **verni** ce qui est enduit de **vernis**

un pan de la façade était **décrépi**
un clochard prématurément **décrépit**

l'ex-champion était tombé en **décri**
un paysage souvent **décrit**

un joug trop longtemps **subi**
un renversement **subit** de la tendance

l'**acquis** de la Réforme
par **acquit** de conscience

un **bit** est une unité d'information
un **byte** se compose souvent de 8 bits
une **bitte** d'amarrage

le **cadi** tranchera définitivement
la cliente avait rempli son **caddie**
on fabrique le **cadis** à Cadix

un **cil** s'était glissé sous la paupière
une poterie antique en **sil**
la **scille** ressemble à la jacinthe

prendre un **ris** par précaution
les jeux et les **ris**
la poudre de **riz**
du **ris** de veau
on n'avait jamais tant **ri**

aujourd'**hui** ou dans **huit** jours ?
à **huis** clos

un **li** chinois valait environ 576 m
boire la coupe jusqu'à la **lie**
un **lit** à baldaquin

le **lori** est un perroquet des Indes
le **loris** est un petit singe des Indes
un **lorry** était resté dans le tunnel

un **mir** était une communauté rurale russe
elle était le point de **mire** de l'assemblée
l'or, l'encens et la **myrrhe** des Rois mages

do ré **mi** fa sol
du pain de **mie**
de l'argent **mis** de côté
ma **mie** ou m'amie !

le nombre π (pi) est incommensurable
la **pie** est jacasseuse et voleuse
de mal en **pis**, de **pis** en **pis** !
le **pis** de la vache

un **puits** creusé par le puisatier
à droite, **puis** à gauche, **puis** tout droit
un **puy** volcanique du Massif central

on enfonça les pilotis à la **hie**
hi ! **hi** ! riait-elle ou pleurait-elle ?
il **y** en aura assez

l'hérésie **arienne**
l'Inde **aryenne**

la **cime** de l'arbre
la **cyme** du myosotis

le **silphe** s'attaque aux betteraves
le **sylphe** était le génie de l'air

la **satire** politique
le **satyre** des bois

un libelle **satirique**
une danse **satyrique**

un avenir **mirobolant**
du **myrobolan** d'apothicaire

51

plus une seule **mite** dans le placard
les **mythes** ont la vie dure

un **piton** d'alpiniste
un **piton** rocheux
un **python** réticulé de huit mètres

le **site** offrait une vue panoramique
l'art **scythe** ou scythique

un **signe** des temps
un **cygne** noir

un **whisky** écossais
il avait bu deux **whiskies** de trop
on attela la jument au **wiski**

entrer en **lice**
une fleur de **lis** (ou de **lys**)
une tapisserie de haute **lice**
la **lice** (ou **lisse**) du tisserand
polir le cuir à la **lisse**
un muscle **lisse**

ci-inclus la facture
celui-**ci**
sol la **si** do
que **si** !
si la terre s'arrêtait !
faire la **scie**
sis à flanc de coteau
six francs soixante-six
il ne faut pas **s'y** fier

52

un café **maure** (ou **more**)
en prosodie, une **more** vaut une brève
prendre le **mors** aux dents
le renard fait vraiment parfois le **mort**

jeter par-dessus **bord**
le **bore** est un métalloïde
le **bort** est un diamant

le **coq** du poulailler
le **coke** de la chaufferie
la **coque** du navire

la **maurelle** donne un colorant brun
une jument **morelle**
tomate et aubergine sont des
morelles

une côtelette de **porc**
un **pore** obstrué
expédier en **port** dû
rentrer au **port** d'attache

en son **for** intérieur
tout était perdu, **fors** l'honneur
un **fort** en thème
un **fort** des Halles
un gouvernement **fort**
un savant **fort** inquiet
il en doutait **fort**
un **fort** désarmé

une **laure** orthodoxe désaffectée
le Premier **lord** de l'Amirauté
dès **lors** que vous le dites !
lors de son départ à la retraite

le **loch** accusait neuf nœuds
le pharmacien prépara un **looch**
il n'était plus qu'une **loque**
sa pèlerine était en **loques**

un hareng **saur**
les sporanges forment une **sore**
le **sort** lui fut fatal

mettre du **baume** dans le cœur
fixer une retenue de **bôme**

le **bosco** dirigeait la manœuvre
le **boscot** cachait mal sa bosse

l'écorce de **bouleau**
un pain de campagne **boulot**
chercher du **boulot**

la pêche au **cabillaud**
un **cabillot** d'amarrage

la saison du **chaumage**
la réduction du **chômage**

le **chemineau** vagabondait
le **cheminot** vérifiait la voie

une **clause** de sauvegarde
trouver porte **close**

un **cuisseau** de veau
un **cuissot** de chevreuil

le **do** de la clarinette
un **dos** d'âne

une **fausse** couche
la **fosse** aux lions

une voix de **fausset**
tirer du vin au **fausset**
un **fossé** d'irrigation

les eaux se mêlent dans le **grau**
gros comme le poing

Sa **hautesse** le sultan
une **hôtesse** avenante

le **héraut** d'armes
un **héros** de légende

lods et vente rapportaient beaucoup
un **lot** de consolation

recto **verso**
le **verseau** était assez pentu

la **pause** de midi
une **pose** avantageuse

la **peau** de l'ours
la poule au **pot**

le **pineau** des Charentes
du **pinot** noir

jouer du **pipeau**
un candidat **pipo**

le **pureau** humide était friable
un **purot** rempli de purin

la lettre grecque **rhô** s'écrit ρ
bébé doit faire son **rot**
rôt voulait dire rôti

danser un **rondeau** de l'ancien temps
la sonate s'achève sur un **rondo**
enlevé

un **taraud** en acier trempé
tirer les **tarots**

le **tau** grec (τ) s'oppose au thêta (θ)
s'abriter sous le **taud** du bateau
à quel **taux** emprunter ?
il est encore trop **tôt** pour le dire

aller en **taule** (ou en **tôle**)
de la **tôle** ondulée

une course de **trot** attelé
trop d'abondance nuit

le **saut** de carpe
un **seau** d'eau
un **sceau** indélébile
bien **sot** qui se croit sage

confiture de **sureau**
un cheval atteint du **suros**

du **turbot** à l'oseille
une coquille de **turbo**

vos projets vont à **vau**-l'eau
des **veaux** élevés dans les **vaux**

[ɔ] = o ouvert (fort)	[o] = o fermé (l'eau)
une **cosse** de pois	les avens du **causse**
un sale **gosse**	le symbole du **gauss** est Gs
notre seule chance	cette cause est la **nôtre**
ne demandez pas **votre** reste !	à la bonne **vôtre** !
une **pomme** d'api	la **paume** de la main
une **pomme** d'arrosoir	le jeu de **paume**
une petite **sotte** arrogante	une **saute** d'humeur imprévisible
ne pas être prêt au **top**	creuser un tunnel à la **taupe**
tope ! c'est d'accord	myope comme une **taupe**
tope là et compte sur moi !	une classe de **taupe**
il adorait le rythme **hot**	la **haute** société
une **hotte** de vendangeur	un **hôte** encombrant
le **heaume** cachait son visage	l'**homme** du moyen âge
un **home** d'enfants	parole d'**homme** !
un **ohm** est une unité de résistance	
une pâte **molle**	le **môle** du port
une **molle** résistance	la **môle** est un poisson-lune
une **mole** (= *molécule-gramme*)	
le **sol** était détrempé	
sol dièse	
il n'avait plus un **sol**	
l'aérosol est un **sol**	un **saule** pleureur
des filets de **sole**	
une **sole** de charpente	
une **sole** en friche	
le **col** du fémur	
le **col** de l'utérus	des yeux peints au **khôl** (*kohol, koheul*)
la peinture à la **colle**	
une **côte** mal taillée	une **côte** de bœuf
une **cotte** de mailles	une **côte** escarpée

un **bond** d'un **bon** mètre	les **compteurs** Geiger individuels
mon excursion du **mont** Blanc	un **conteur**-né, ce berger !
sortir de ses **gonds** au coup de **gong**	
non, je n'en connais pas le **nom**	le **comte** et la comtesse
	il avait son **compte**, celui-là !
le **fond** et la forme	un vrai **conte** de fées
une épreuve de **fond**	
un **fonds** de commerce	un **comté** de Franche-**Comté**
les **fonds** publics	ses jours étaient **comptés**
les **fonts** baptismaux	le **comté** était en deuil

Dom Pérignon fut **donc** chargé par l'abbé d'Hautvillers d'appliquer ses **dons** à la fabrication du mousseux, ce **dont** la Champagne d'Épernay profite depuis.

un **but** inespéré
une **butte**-témoin

le **lut** protège du feu
la **lutte** romaine
l'Occident doit le **luth** aux Arabes

la lettre grecque **mu** s'écrit μ
Mars est **mû** comme Vénus est **mue**
effrayé à la vue de la **mue** d'un serpent
ce petit chanteur approchait de la **mue**
poser une **mue** sur le lapin

un **mur** préhistorique, dit païen
le fruit **mûr** tombe tout seul
de la confiture de **mûres**

un acteur chauve, mais **barbu**
la **barbue** ressemble au turbot

nue peut signifier nuée ou nuage
la lettre grecque **nu** s'écrit ν
mettre son cœur à **nu**
voir les planètes de Jupiter à l'œil **nu**
la vérité est toute **nue**

une **statue** équestre au milieu de la place
le *statu quo (ante)* n'arrangeait personne
le nouveau **statut** des professeurs

le pied fourchu d'un diable **cornu**
la **cornue** sert à distiller

les **canuts** et les canuses de Lyon
le langage **canus** est pittoresque

la **tribu** dut payer son **tribut**

le **recrû** animait les souches
recru de fatigue, il dormait debout
l'instruction des nouvelles **recrues**

ne plus trouver d'**issue** honorable
des cousins **issus** de germains

l'impôt sur le **revenu**
la **revenue** du taillis était plus claire

le premier **venu**
la **venue** du printemps

un **ru** est un ruisselet que l'on trouve surtout dans les mots croisés ; le -t de rut se prononce ; quant à **rue**, il s'agit soit d'une voie au sein d'une agglomération, soit d'une plante à fleurs jaunes de la famille des rutacées.

un bain de **boue**
un **bout** de ficelle

une **joue** enflée
le **joug** de l'occupation

être laid comme un **pou**
le **pou** peut transmettre le typhus
tâter le **pouls**

peu ou **prou**
la **proue** de la caravelle
une figure de **proue**

la **roue** tourne
le paon fait la **roue**
préparer d'abord un **roux** blanc
un cheval **roux**

un tempérament **mou**
faire la **moue** par principe
la chaptalisation du **moût**

tendre le **cou**
accuser le **coup**
sans **coup** férir
produire à moindre **coût**

le problème de l'œuf et de la **poule**
les résultats de basket en **poule** B
le u de **pull** est prononcé [y] ou [u]
le **pool** du charbon et de l'acier

la **soue** se trouvait **sous** le grenier
il était complètement **soûl** (ou **saoul**)
pas un **sou** vaillant !

ô mortel, souviens-toi !
oh ! la belle eau limpide
ho ! ho ! vous là-**haut** !

s'adresser **au** président et **aux** députés
il n'a que la peau sur les **os**
l'ancien pluriel d'ail donnait **aulx**

un gobelet en **étain**
un volcan **éteint**

une glace sans **tain**
le **tain** est un bain d'étain
un tissu grand **teint**
avoir le **teint** éclatant
un **tin** de chantier naval
du **thym** et du laurier

le **plain**-chant
de **plain**-pied
tremper les peaux dans le **plain**
faire le **plein** d'essence
le **plein**(-)emploi

supplier en **vain**
un espoir **vain**
vingt mille lieues
soutirer le **vin**

se serrer la **main**
la **main**-d'œuvre abondante
maint(s) complot(s)

le climat **marocain**
un portefeuille en **maroquin**

s'en tirer **sain** et sauf
le **saint** patron de la corporation
les lieux **saints** de Jérusalem
serrer contre son **sein**
au **sein** de l'alliance
de faux **seins**
sous **seing** privé
les reins **ceints**
une thune fait **cinq** francs

un cheval **aquilain** *(fauve)*
un nez **aquilin**

la galerie débouchait sur un **crain**
un oreiller de **crin**
à tous **crins** ou à tout **crin**

que cachait cet air **hautain** ?
une vigne plantée en **haut(a)in**

provoquer quelqu'un à **dessein**
un **dessin** à la plume

mener grand **train**
le **train** d'atterrissage
un **train** de marchandises
trin a le sens de trinitaire

une charrette **peinte**
une **pinte** de bière

le ciel était **serein**
le **serin** chantait dans sa cage

tenaillé par la **faim**
la **fin** de la représentation
l'once d'or **fin**
un **fin** limier

c'est un type **dingue**
le virus de la **dengue**

le **succin** est un ambre jaune
un traité plutôt **succinct**

porter **plainte**
la **plainte** du vent d'automne
la **plinthe** cachait les fils

le meilleur restaurant du **coin**
de la gelée de **coing**

avoir du **pain** sur la planche
une pomme de **pin** parasol
un bahut en bois **peint**

faire le coup de **poing**
un joli **point** de vue
ne forçons **point** notre talent !

✗	**h-**

il n'y **a** qu'**à** regarder **ah** ! l'orthographe…	pousser des **ho** ! et des **ha** ! **ha, ha, ha** ! laissez-moi rire !
l'**acné** juvénile	la baronne montait une **haquenée**
la communauté réduite aux **acquêts**	un **haquet** attelé de mules
le pli de l'**aine**	un cri de **haine**
l'**alêne** du sellier l'**allène** est un hydrocarbure	courir à perdre **haleine**
l'**allaitement** prolongé	le **halètement** des asthmatiques
allô ! qui demandez-vous ?	le **halo** de la pleine lune
un **amas** de décombres	faire la sieste dans un **hamac**
l'**anche** du saxophone	une luxation de la **hanche**
l'**anse** du panier	la **hanse** était un modèle d'association
l'**arrêt** de l'autobus	le chat **haret** craint l'homme
l'**aster** a des fleurs en étoiles	le **hastaire** lança son javelot
elle aimait la robe du cheval **aubère**	le **haubert** était exposé à la rouille
l'**auteur** de ses jours	la **hauteur** d'un cylindre
l'**auspice** rituel du magistrat sous de fâcheux **auspices**	l'**hospice** des vieillards
le maître-**autel**	le maître d'**hôtel**
un prunier **enté** un écu **enté**	un manoir **hanté**
l'**erse** de la poulie la civilisation **erse**	la **herse** suit le semeur
on dit l'un **et** l'autre :	**Hé** oui ! **Eh** quoi !
les fruits rouges de l'**if**	l'**hyphe** des champignons
il vivait sur une **île**	le **hile** du rein était enflammé
un **obi** pourpre du Japon	on ne lui connaissait pas de **hobby**
un ou une **ope** dans les murs	**hop** ! c'est le moment !
une **ombre** le suivait pêcher un **ombre**	ne pas avoir de matador à l'**hombre**
un **os** à moelle	la **hausse** des salaires
où aller en **août ou** en septembre ?	**hou** ! vous croyez me faire peur ? biner à la **houe** à main une haie de **houx**
ouille ! (**ouïe** !) encore vous !	la **houille** blanche
une vigne en { **ouillère** **ouillière** **oullière**	une **houillère** réouverte
un complot **ourdi** de longue date	un **hourdis** de fortune sous les combles
la lune à la **une** d'**une** revue	grimper au mât de **hune**
en solfège, le do se disait l'**ut**	coucher dans une **hutte** de trappeur

les **cahots** de la diligence texane
l'organisation du **chaos** de la révolution
un boxeur complètement **K.-O.**

au **cœur** des débats
les **chœurs** des tragédies grecques

le bétail était parqué dans le **corral**
les **chorals** de Bach
(coraux < corail !)
la **chorale** de la paroisse

crac ! la branche cassa net
le **crack** de l'écurie se disqualifia
il raconte des **craques**
le **krak (crac)** des Croisés en Palestine
le **krach** gigantesque de 1929

chacun paya son **écot** sans rechigner
il faudrait mieux élaguer cet **écot**
les **échos** des couloirs du Palais-
Bourbon

un cheval **étique** et un chien famélique
finalement, les **éthiques** convergent

un pied de vigne bien fourni en **talles**
le **thalle** des champignons

elle était d'humeur **taquine**
la larve du (ou de la) **tachine**

une **chape** de brocart
une **chape** de plomb défectueuse
récupérer le (ou la) **schappe**
fils de **schappe** (déchets de soie)

un **chèque** barré sans provision
les 4 orthographes du **(s)cheik(h)**
arabe

un **poids** insuffisant
le **pois** chiche
enduire de **poix**
pouah ! que c'est vilain !

le **termite** vit en société
l'aluminothermie utilise la **thermite**

ton partenaire s'est trompé de **ton**
la pêche au **thon** de Méditerranée

les **trombines** des camarades de la
session
la **thrombine** intervient dans la
coagulation

un **filtre** en papier
le **filtre** à air
un **philtre** d'amour

fi (donc) ! vous récidivez ?
je faisais **fi** de ses conseils
la lettre grecque **phi** s'écrit φ

le **chas** d'une aiguille
le **chat** de la voisine
en persan, **chah (schah, shah)**
signifie roi

un **chérif** du désert d'Arabie
un **shérif** du Colorado

l'alchimie précéda la **chimie**
danser le **shimmy**

le **shilling** (anglais) valait douze pence
le **schilling** est une monnaie
autrichienne

un printemps exceptionnellement
chaud
prendre un **chaud** et froid
un **chaud** partisan de l'écologie
ne buvez pas trop **chaud** !
bâtir à **chaux** et à sable
la **chaux** vive ne contient pas d'eau
tout **show** est-il spectaculaire ?

la **brise** de mer les ramena
le **brise**-bise
le **brise**-jet
la **brize** est sensible au vent

le **bar** est souvent appelé loup
1 **bar** = 1 million de dynes par cm²
le **bar** s'appelait « Ici ou ailleurs »
porter des colis encombrants sur un
bard
de l'or en **barre**
donner un coup de **barre** au bon
moment

le **beccard** (poisson) s'écrit aussi
bécard
le **bécarre** abolit le dièse comme le
bémol

le médecin s'inquiétait de son
catarrhe
la spiritualité **cathare** (< *catharos, pur*)

les **coquillards** s'attaquaient aux
pèlerins
les cérithes du **coquillart** parisien

le **dard** du scorpion
arriver **dare-dare**

l'**épar(t)** était mal ajusté
les cheveux **épars**

des joues de **poupard**
un **poupart** est un gros crabe très fin

les bancs de **jar(d)** de la Loire
jargonner en **jar(s)**
le **jars** est très irritable
couper les **jar(re)s** d'une fourrure
une grande **jarre** d'huile d'olive

du **lard** fumé à l'ancienne
un dieu **lare**
vénérer ses **lares** domestiques

son **mari** en était tout **marri**

par ailleurs
par-ci, **par**-là
ne rien savoir **par** cœur
de **par** la loi
c'était **par** trop tentant
à **part** entière
la substitution de **part**
de toute(s) **part(s)**
un faire-**part** de mariage

rancard (ou **rencard**) = rendez-vous
bon à mettre au **rancart**

un **r** roulé ou apical
les mois en **R**
prendre l'**air**
un **air** connu
l'**air** de rien
l'**aire** de vent
l'**aire** de stationnement
l'**ère** tertiaire
l'**erre** du pétrolier
l'**ers** est une plante fourragère
un drap en **haire**
un pauvre **hère**, vraiment !
un **hère** de huit mois sans dagues

avoir la **chair** de poule
la **chaire** du prédicateur
faire bonne **chère**
cher cousin et **chère** cousine !

la **fureur** du **führer**

un nombre **pair**
travailler au **pair**
une **paire** de jumelles
un bon **père** de famille
les yeux **pers** de Minerve

la pantoufle de **vair**
une fourrure d'écu en contre-**vair**
le **ver** de terre
un **verre** de bière
se mettre au **vert**
un drapeau **vert**
un dépôt de **vert**-de-gris
un **vers** de douze syllabes
marcher **vers** la vérité

l'**accord** du piano
la signature de l'**accord**
une côte **accore**
les **accores** d'étambot
un page fort **accort**
la fleur d'un **acore**

la ruée vers l'**or**
la poule aux œufs d'**or**
or introduit la mineure du syllogisme
d'**ores** et déjà
les **hors**-la-loi se sont mis **hors** la loi

sonner du **cor**
le cerf (de) dix **cors**
à **cor** et à cri
un **cor** au pied
le **corps** de bataille
le **corps** et l'esprit

le **record** du monde tomba
le **recors** accompagnait l'huissier

la **spore** mâle et la **spore** femelle
un **sport** d'équipe

un **gaur** de Malaisie d'une tonne
le **gord** menait le poisson dans le filet

une **taure** est une génisse
la **tore** d'une colonne de marbre
un fil **tors**

un cachet de **cire**
les **cirr(h)es** du lierre
un triste **sire**

le **tors** du fil
on n'a pas toujours **tort**
à **tort** ou à raison

le marché du **bourg**
une **bourre** de laine

la **cour** du roi
la **cour** de parlement
une **cour** des miracles
il lui faisait une **cour** assidue
le **cours** d'orthographe
le **cours** des événements
au **cours** du jour
aller par le plus **court** chemin
un **court** de tennis couvert
la chasse à **courre** ou à bruit

un poids **lourd**
danser une **loure** paysanne

le **tour** de main
les créneaux de la **tour**
le **tourd** est une grive (oiseau)
le **tourd** est un labre (poisson)

[e] un **dé** à coudre
[e] un **dé** pipé
[e] **des** temps difficiles
[ɛ] **dès** le lendemain
[ɛ] un **dais** de feuillage
[ɛ] la politique du **dey** d'Alger

[ɛ] la **paie** (**paye**) de la semaine
[ɛ] la **paix** des chaumières
[ɛ] les gardiens de la **paix**
[ɛ] le baiser de **paix**
[ɛ] cela ne vaut pas un **pet** de lapin

[e] rester bouche **bée**
[ɛ] un cheval **bai**
[ɛ] le rivage de la **baie**
[ɛ] une **baie** vitrée
[ɛ] la politique du **bey** de Tunis

[ɛ] un **rai(s)** de lumière
[ɛ] porter la **raie** à gauche
[ɛ] une **raie** au beurre noir
[ɛ] installer un **rets** dans le bief
[e] do **ré** mi
[e] au **rez**-de-chaussée

le **cantique** des **cantiques**
la physique **quantique**

une **carte** maîtresse
la **carte** du ciel
la fièvre **quarte**
la **quarte** juste do-fa

ce **cartier** réédite les tarots classiques
le premier **quartier** de la lune
le commissariat du **quartier**

tant de désinvolture ? on en reste **coi**
quoi de neuf chez vous ?

le gaz **ammoniac** ou l'**ammoniaque** (m)
dégraisser à l'**ammoniaque** (f)

un attentat au **plastic**
les arts **plastiques**
une carrosserie en **plastique**

ce n'est pas possible ! il y a un **truc** !
la plate-forme du **truc(k)**

plainte contre X pour **racket**
une **raquette** de tennis

un **cric** hydraulique
une **crique** abritée du mistral

le **jack** était faussé, l'aiguille coincée
le **jaque** est un ancien justaucorps
le ja(c)quier produit le **jaque**

les grimaces d'un **maki** malicieux
prendre le **maquis** ne résout pas tout
le **maquis** de la procédure

un **mark** vaut cent pfennigs
à vos **marques**... prêts ?... partez !
une **marque** indélébile
cela porte la **marque** du bon sens

qui ne sait pas que le **khi** grec s'écrit 〉

une voix **rauque**
solide comme un **roc**
l'oiseau **roc(k)** légendaire
le **rock** (and roll)
le petit **roque** est plus fréquent que le grand

le **picage** sévissait dans le poulailler
le **piquage** à la machine

un **placage** de bois précieux
un **plaquage** de rugby

la visite des **bagages**
le **baguage** des oiseaux

[e] **les** quatre saisons
[e] un **lé** de toile
[e] **lez** ou **les**
[e] **lez** ou **les**
   dans les noms de lieux = « près de »
[ɛ] *ou* **lès**
[ɛ] **les** vers du **lai** étaient courts
[ɛ] un frère **lai** tenait les comptes
[ɛ] des **lei** roumains *(pluriel de leu)*
[ɛ] **lais** est la forme ancienne de **legs**
[ɛ] une **laie** et ses marcassins
[ɛ] la **laye** de l'orgue était vermoulue
[ɛ] c'est un coin **laid** et quelconque
[ɛ] le **lait** de brebis
[ɛ] un frère de **lait**

la dévaluation de la **lire**
une tire**lire**
la **lyre** du poète
l'oiseau-**lyre**
un livre à **lire**
les causes de l'**ire** du roi

un **ra** de tambour
un **rat** d'égout
un chien à poil **ras**
à **ras** de terre
un **raz**(-)de(-)marée

ce plat **se** mange froid

le maître de **céans**
se dresser sur son **séant**
ce comportement n'est pas **séant**

de la salade de **céleri**
la bourrellerie et la **sellerie**

il n'y a plus de vin au **cellier**
le **sellier** travaille le cuir

l'abolition du **cens** électoral
le **sens** unique
le bon **sens**

on est **censé** connaître la loi
que sait un homme **sensé** ?

vous avez **certes** raison !
la **serte** = le sertissage

ces perspectives l'effrayaient
douter de **ses** propres idées

un acte de **cession** de bail
la **session** parlementaire

la baleine est un **cétacé**
un poil **sétacé**

le pénitent portait le **cilice**
le quartz est de la **silice** pure

la musique du **cistre** et celle du **sistre**
le **cistre** ressemblait à la mandoline
le **sistre** était un instrument à
percussion

cinq hommes
un **scinque** du Sahara

un hurlement de **cyon**
un **scion** de peuplier

de l'acide **acétique**
une vie **ascétique**

une fosse **septique**
une attitude **sceptique**

faire des **siennes**
la chair de la **sciène** est très estimée

le **sieur** Untel
le **scieur** de bois

la **Cène** du jeudi saint
une vie **saine**
une **scène** de théâtre
un **sen** japonnais
traîner une **seine** (ou **senne**)

une **bonace** d'avant tempête
un air **bonasse**

une couche de **glace**
boire un **glass**

un muscle **peaucier**
le **peaussier** fournit le tanneur

donner un coup de **pouce**
une **pousse** de bambou

le **poucier** protège le pouce
un coup de **poussier** dans la mine

les **pinçons** s'effacent lentement
gai comme un **pinson**

mettre un tonneau en **perce**
la religion **perse**

perdre la **face**
un écu à **fasce** d'argent

on dit plutôt vents que **vesse**
du fourrage de **vesce**

71

le **mécano** s'affairait sur le moteur
une grande boîte de **meccano**

l'**adition** en droit romain
l'**addition** est une opération simple

faire une belle **balade** dans les Vosges
une **ballade** de douze couplets

un **galon** d'argent
un **gallon** d'essence

sale comme un peigne
la **salle** d'attente

entrer dans le **coma**
un **comma** sépare sol dièse et la
bémol

la **somation** biologique des caractères
faire la troisième **sommation**

un dictionnaire en huit **tomes**
une **tomme** aux raisins bien à point

être le premier en **date**
un régime de **dattes**

un cornet de **frites**
la **fritte** sert à fabriquer du verre

la gracilité d'un **atèle** du Brésil
l'**attelle** du collier du cheval

l'**arcane** de l'alchimiste
les **arcanes** de la psychanalyse
un trait rouge tracé à l'**arcanne**

le canard et sa **cane**
un pommeau de **canne**
une **canne** pleine de lait

une **nonne** arriva en retard à **none**

une escalope **panée**
pannée comme une fauchée !

les pâtons prennent la forme du
paneton
le **panneton** de la clé agit sur le pêne

le **penon** indiquait des vents variables
un **pennon** de chevalier à la lance
un **pen(n)on** généalogique

une hanche **bote**
une **botte** de paille
avoir du foin dans ses **bottes**
pousser une **botte**

la **mélitte** (mélisse des bois) est
mellifère
la **méllite** (remède) contient du miel

la **différenciation** des cellules
la **différentiation** donne la
différentielle

72

le stade **anal** de la petite enfance
les archivistes consultent les **annales**

l'**appât** du gain
les poissons mordaient aux **appâts**
elle croyait ses **appas** irrésistibles

une **prémisse** hypothétique
les **prémices** de l'hiver

un jardinet d'un **are**
l'**ars** meurtri du cheval
les règles de l'**art**
l'**art** pour l'**art**
donner des **arrhes** à la commande
une **hart** à fagots

l'été fut **torride**
l'astronome observait les **taurides**

73

jouer cartes **sur** table
être **sûr** de son affaire
un fruit **sur**(et)

être **du** cru
payer son **dû**
la somme **due**

une **acre** faisait un bon demi-hectare
l'odeur **âcre** des feux d'automne

l'**age** central de la charrue
l'**âge** de ses artères

le **capre** en fut démâté en pleine course
la **câpre** est un condiment apprécié

un rendez-vous de **chasse**
la **châsse** des reliques

une **tache** d'encre indélébile
une **tâche** difficile, mais noble

verser la vendange dans le **conquet**
le **conquêt** a été acquis en commun

l'**empattement** d'une voiture
l'**empâtement** de son tour de taille

faire la **grasse** matinée
la **grâce** présidentielle

le langage des **halles**
le **hâle** lui donne bonne mine

le supplice du **pal**
les **pales** de l'hélice
la **pal(l)e** liturgique
être **pâle** de peur ou de froid

celui-ci lui fit de la **peine**
en être pour sa **peine**
la **penne** de la plume
le **pêne** de la serrure

la **tette** de la lionne
à la **tête** de l'État

cueillir des **arums**
l'**arôme** (ou **arome**) d'un vin

les premiers **colons** du nouveau monde
l'inspection du **colon**(el)
une inflammation du **côlon**

il était bien **coté** dans l'entreprise
les gens d'à **côté**

les **jeunes** sont dispensés de **jeûne**

personne dans le refuge ni **alentour**
les **alentours** étaient déserts

un **canot** de sauvetage
les **canaux** de dérivation

l'**eau** est irremplaçable
n'avoir plus que les **os** et la peau

une **harde** de daims
des **hardes** de clocharde

pêcher un **ide** pourpre
les **ides** de mars

une **île** inhabitée
la région des **iles** (ou iliaque)

attendre la **manne** du ciel
invoquer les **mânes** des ancêtres

un **mot** malheureux
des **maux** de tête

tirer le bon **numéro**
les adjectifs **numéraux**

au **terme** de sa carrière
les **thermes** gallo-romains
les **termes** du contrat

le **leader** du mouvement
des **lieder** de Schubert

l'**être** et le non-**être**
un **être** humain
connaître les **êtres** de la maison
(on écrit les **êtres** ou les **aîtres**)
une forêt de **hêtres**

la **troche** a une forme de toupie
le vigneron attache les **troches**

un verre de **fine** de trop
charger le feu de **fines**

une faute **grave**
préférer le **grave** à l'aigu
la famille des **graves** du Bordelais

la **gueule** du loup
fort en **gueule**
le rouge **gueules** de l'écu

la végétation **chiote** (mer Égée)
la corvée de **chiottes** à la caserne

clic ! le coffre s'était refermé
faire un **click** avec la langue
la **clique** du régiment
un régime de **cliques** et de clientèles
prendre ses **cliques** et ses claques

la **lunette** arrière
une **lunette** d'approche
des **lunettes** de plongée

une photo du **limbe** solaire
le **limbe** de la feuille de nénuphar
être encore dans les **limbes** des
promesses

la fièvre **miliaire**
les bornes **milliaires** des voies
romaines

trier sur le **volet**
sortir les **volets**
jouer au **volley**

s'éclairer d'une **loupiote**
les loupiots et les **loupiottes** du coin

le **watt** (W) est une unité de puissance
on prend de l'**ouate**
ou de la **ouate**, cela revient au même

c'était un type **rigolo**
se faire poser des **rigollots**

moi, faire cela ? **nenni** !
la mélopée triste des **nénies**

la **panicule** du maïs
un **pannicule** gênait sa vue

échec et **mat** !
un teint **mat**
le prof de **math(s)**
les vapeurs piquantes de la **matte**

le **laiton** est ductile et malléable
le peuple **letton** parlait le **letton**

le **beau** temps reviendra
le maître **bau** gémissait
le **baud** est une mesure de vitesse
un cheval pied **bot**

l'**au(l)ne** aime l'humidité
à quelle **aune** mesurer l'histoire ?

le **cotier** de l'hippodrome
un fleuve **côtier**

un **barreau** rouillé
être inscrit au **barreau**
un **barrot** d'anchois
le **barrot** du pont avait cédé

ramasser des **vignots** (**vigneaux**)
sur la grève
au milieu du jardin se dressait un
vigneau

tout le monde ne sait pas **tout**
tous les jours, bref, toujours
la **toux** le reprit en automne

avoir une **foi** de charbonnier
une tranche de **foie** de veau
il était une **fois**...

cette énigme, cette nuit
cet animal, cet hercule
les sept nains, sept ans
une balle de set

le **pépé** et la mémé
une jolie **pépée**

un **ara** de la forêt tropicale
un **haras** de percherons

la **cérite** est un minerai
les **cérit(h)es** fossiles du tertiaire

un homme **colérique**
un vibrion **cholérique**

houp ! s'emploie comme hop !
Riquet à la **houppe**
une **houppe** de cheveux

il répondit **O.K.**
avoir le **hoquet**
le **hoquet** de la polyphonie médiévale
des crosses et un palet de **hockey**

installer un **canar** d'aération
lever un **canard** sauvage

ils arrivèrent beaucoup trop **tard**
il y manquait le poids de la **tare**

lancer des **brocards** ironiques
des rideaux de **brocart**
un jeune chevreuil est un **brocard**
l'animal s'écrit parfois **broquard**
certains l'écrivent aussi **broquart**

la grande civilisation **maya**
un **maïa** est une araignée de mer

s'enfoncer dans la **lise** (= *s'enliser*)
cet(te) enzyme provoque la **lyse**

mettre les **poucettes** au pickpocket
pousser la **poussette**

les **ormets** (*ormeaux, ormiers*) de la grève
les ormes de l'**ormaie** (*ormoie*)

Je ne vous attendais pas aussi **tôt**.
Aussitôt que j'aurai une minute, je vous recevrai.

Cet auteur se met bien **tôt** à son ouvrage, avant même le lever du soleil.
Cet auteur se mettra **bientôt** au travail, il n'attend plus que l'idée.

Ce jour-là, il était parti plus **tôt** que d'habitude.
Plutôt partir une heure avant qu'une heure après !

Ils marquèrent si **tôt** que leur public en fut presque déçu.
Sitôt qu'ils eurent marqué un but, ils jouèrent la défense.

Il y a **quelque** deux cents ans = il y a environ deux siècles.
Ils étaient **quelque** peu fâchés = ils étaient assez fâchés, pas trop.
Quelque prudents qu'ils fussent (= *peu ou prou*), à quoi bon ?
Quelle qu'en soit la raison (*telle ou telle*), le résultat est là.

Quoiqu'il se fasse tard (= *bien que*), la discussion n'est pas close.
Quoi qu'elle fasse (= *ceci ou cela*), il est trop tard pour cela.
Pour **quoi** aviez-vous pris cette pierre, pour de la serpentine ?
Pourquoi avez-vous ramassé cette pierre, pour la jeter ou pour la garder ?

les **mansions** du théâtre du moyen âge
biffer la **mention** inutile

le chirurgien s'arma du **trépan**
le **trépang** (tripang) est comestible

passer les minerais à l'**avaloire**
l'**avaloir** de l'égout est obstrué

le style **roman** des abbayes
le déclin du nouveau **roman**
le patois du pays **romand**

de l'**éclaire**, on tirait un collyre
un **éclair** l'aveugla un instant

le **marchand** forain
le bataillon **marchant**

les nuages partaient en **floches**
un **flush** de carreau gagnant

les membres **résidants** de cette
société

les paupières engluées de **chassie**
le **châssis** avait encaissé le choc

les **résidents** étrangers furent
recensés

passer le **buttoir** dans le champ
le **butoir** arrêta le wagon

du papier d'**alfa**
l'**alpha** et l'oméga

le **halage** des péniches d'antan
le **hallage** se calcule au mètre carré

une population **allogène**
un corps **halogène**

l'**intercession** de ses proches
l'**intersession** parlementaire

la **talle** du blé rapporte
le **thalle** des champignons

un **centon** satirique
les **santons** de Provence

l'**apside** supérieure de Mercure
l'**abside** romane de l'abbatiale

matin et soir
les crocs du **mâtin**

la **crème** glacée
le saint **chrême**

le symbole du **coulomb** est C
un vol de **coulons**

un **tournoi** régional de tennis
le **tournois** était frappé à Tours

le nouveau **boom** de l'or
on entendit un grand **boum** !

une cabane couverte de **bardeaux**
un **bardot** têtu

vu les circonstances
une **vue** imprenable

un **bris** de scellés délictueux
un **brie** de ferme délicieux

le symbole du **volt** est V
la **volte** du cheval de cirque

rembourré de **strasse**
du **strass** tapageur au poignet

l'arôme du **basilic**
la nef de la **basilique**

un bijou en **toc**
une **toque** en raton laveur

L'orthographe des noms propres peut perturber la mémoire. Le transfert simple ne crée aucune difficulté : **bordeaux, camembert, chine, sancerre, sèvres.** Les règles d'emploi de la majuscule sont présentées dans le *BESCHERELLE 3.* Quant aux homonymes classiques, il suffit de se souvenir de l'orthographe des noms propres, p. ex. **Caen, Laon, Lille, Lyon, Paris, Pau, Rhin, Troyes,** en faisant totalement abstraction des mots homophones (**camp, quand, quant ; lent ; l'île ; lion, lions ; pari, parie ; peau, pot ; rein ; trois**). Voir aussi plus bas, page 76, le rapport entre les noms propres et les noms communs.

Dictionnaire orthographique

Parmi les dix-sept mille mots de ce dictionnaire, on ne trouvera aucun verbe. Les verbes proprement dits figurent dans le Dictionnaire orthographique des verbes du *Bescherelle 1.* Le Dictionnaire orthographique comprend cependant les formes verbales, infinitifs et surtout participes, devenues noms ou adjectifs.

Chaque mot comporte un renvoi à l'Alphabet des pièges. Les renvois à l'Index des homonymes viennent de surcroît mais sont tout aussi importants ! (L'Index des homonymes recense des mots qui se prononcent de la même façon mais ont des sens différents et s'écrivent en général différemment.) Pour des raisons de commodité et de rapidité de consultation, les indications de genre et de nombre sont limitées aux mots à propos desquels les erreurs ou du moins les hésitations sont à cet égard classiques.

Ne sont traités de manière autonome ni les préfixes ni les suffixes qui sont présentés en détail dans le *Bescherelle 3.* La plupart des suffixes et une partie appréciable des préfixes ont une seule réalisation orthographique :

ambi-	amphi-	-ade	-ain
extra-	ana-	-age	-aire
mi-	apo-	-ail	-ais
multi-	épi-	-at	-ard
non-	hyper-	-erie	-aud
post-	hypo-	-esse	-gène
rétro-	méta-	-isse	-oïde
semi-	para-	-ose	-oire
(du latin)	**(du grec)**	**— noms**	**— adjectifs**

Mais certains affixes ont plusieurs orthographes, p. ex. :

circum- / circon-	a- / an-	-ance / -ence
entre- / inter-	ec- / ex-	-ace / -asse
par- / per-	em- / en-	
pour- / pro-	sy- / syl- / sym- / syn	tion / -sion / -xion

Inversement, certains s'écrivent de manière identique mais n'ont absolument pas le même sens ; c'est ainsi que dans **agression, amovible** et **aphasie,** on compte trois préfixes différents (qui signifient **de, vers** et **sans** !) ; et deux dans **illégal** (= *non légal*) et **illuminé** (= *envahi par la lumière qui vient dedans* !).

La diversité de forme affecte également les racines, p. ex. : **nez / nasal ; poitrine / pectoral ; pied / pédestre ; main / manuel ; corps / corporel ; cerveau / cervical ; cœur / cordial.**

▷ La signification des préfixes et des suffixes est présentée, à propos de la formation, de l'articulation et de la décomposition des mots, dans le *Bescherelle 3.*

Alors qu'il est souvent difficile de comprendre les noms propres des lieux, cours d'eau et montagnes, les noms propres des familles, les patronymes, sont souvent transparents, p. ex. : **Bouchez, Dubois, François, Lebrave, Santerre**, même lorsqu'ils sont orthographiés d'une manière originale : on accepte communément cette originalité, on la recherche même ! En revanche, beaucoup de noms communs issus de noms propres conservent — dans une certaine mesure, peu prévisible — les particularités du mot d'origine. Lorsqu'il s'agit de provenances étrangères plus ou moins accommodées ou tronquées, les difficultés s'accroissent. La meilleure méthode mnémotechnique ne consiste pas à ranger le mot dans une série, malgré lui, mais à se souvenir de ses particularités. La mémoire préfère ces deux situations extrêmes : comme les autres et pas comme les autres, la régularité et l'irréductibilité. Chacun peut du reste cultiver sa propre manière d'exercer sa mémoire en s'essayant sur les quelques mots que voici, issus de noms propres de personnes, de personnages, de divinités ou de lieux :

barème	jacquerie	tellière
eustache	pépin (parapluie)	terbine
figaro	poubelle	thibaude
florence	quassia	thulium
fontange	röntgen	tilbury
galopin	rudbeckie	tirelaine (de Tyr !)
gandin	ruolz	toluène
gibelin	silhouette	tontine
grièche	sosie	tulle
grigou	sybarite	turlupinade
grive	syène	tyndallisation
guelfe	tampico	vallisnérie
guillemet (s)	tanagra	vanadium
guillotine	tartarinade	volt
harpagon	taylorisme	voltaire

Si chacun a sa manière de retenir l'orthographe des mots, si tout le monde ne réagit pas de la même manière devant les difficultés, les renvois du Dictionnaire orthographique n'en sont pas moins les mêmes pour tous. Il est certain qu'un mot tel que **carambouillage** ou **équarrissoir** ou **ferrugineux** ou **maillechort** présente plus qu'une difficulté. Pour des raisons pratiques, il n'est fourni qu'un seul renvoi aux Pièges par mot, le renvoi aux Homonymes relevant d'autres considérations. Mais rien n'empêche, si le temps ne fait pas défaut, de se promener à travers les Pièges à partir de n'importe quel mot du Dictionnaire orthographique, au gré de la curiosité et de la réflexion.

Parmi les dix-sept mille mots du Dictionnaire orthographique, il existe un certain nombre de termes gigognes. Si l'on veut savoir comment écrire **défaillant** (est-ce avec **-ff-, -ailli-, -ay-,** ou **-ent** ?), et que l'on ne trouve que **défaillance,** on saura aisément que l'orthographe est la même. De la même manière, en lisant **luminescence,** on saura écrire correctement **luminescent.**

Certains homonymes, particulièrement rares, ne figurent pas dans la liste ci-dessous mais sont néanmoins illustrés dans l'Index des homonymes, p. 38 à 74. Autrement dit, à chaque fois qu'un mot du lexique comporte un renvoi en rouge — par exemple, **mention** ... **85**, T6 — le lecteur, averti que ce mot présente au moins un homonyme — ici, **mansion** — se reportera avec profit à l'Index des homonymes sous le numéro indiqué pour être certain de choisir l'orthographe correspondant au sens du mot utilisé.

a

a	**60**	A1
à	**60**	V1
abaissement		Z9
abandon		D12
abaque, f		K2
abats		R10
abattage		Z9
abattement		F12
abattis		R10
abattoir		G2
abbatial		Q21
abbaye		Y11
abbé	**37**	U1
abbesse		S14
abcès		V20
abdication		K6
abdomen		C4
abdominal		Q21
abduction		T16
abécédaire, m		H5
abeille		L8
aberrant		I13
aberration		I13
abîme	**12**	W3
abiotique		X5
abject		N1
abjection		T16
abjuration		T12
ablatif		Q9
ablation		T12
ablette		C11
ablution		T9
abnégation		T12
aboiement		B13
abois, pl		R10
abolition		T10
abolitionniste		M4

abominable	M3
abomination	T12
abondamment	F16
abondance	D3
abonnement	M4
abord	I2
abordage	O6
aborigène	V12
abortif	Q9
aboulie	B9
aboutissants	Z8
aboutissement	Z15
aboyeur	Y8
abracadabrant	Z15
abrasif	Q9
abrégé	U5
abrégement	U13
abreuvoir	G2
abréviation	U12
abri	A3
abribus	R3
abricot	F9
abricotier	N6
abrivent	D11
abrogatif	Q9
abrogation	T12
abrogeable	B15
abrupt	N2
abruptement	F12
abscisse, f	S3
abscons	R1
absence	D7
absent	D11
absentéisme	X5
abside, f	**86** Z16
absinthe, f	X1
absolu	A7
absolument	F15
absolution	T9
absorption	T15
absoute	N6
abstention	D13

abstentionnisme	M4
abstinence	D7
abstraction	T16
abstrait	Q19
abstrus	Q11
absurdement	F12
absurdité	U3
abus	E1
abusif	Q9
abyssal	S6
abyssin	Y5
acabit	F8
acacia	A1
académicien	Q25
académie	Z7
académique	K2
acadien	Q25
acajou, m	K6
acanthe, f	D12
acariâtre	W1
accablement	K7
accalmie	B9
accaparement	F12
accapareur	Q27
accastillage	Y24
accélérateur	Q28
accélération	T12
accent	D11
accentuation	T12
acceptabilité	U3
acceptation	T12
acception	T15
accès	V20
accession	T3
accessit, m	Z6
accessoire	Z13
accessoiriste	Z15
accident	D11
accidentel	Q22
accidentellement	Z15
acclamation	K7
acclimatation	K7

accointances	D3	achoppement	O5	adage, *m*	J5
accolade, *f*	P3	achromie	K8	adagio	J7
accommodation	M2	acide	S4	adaptateur	Q28
accommodement	Z15	acidité	U3	adaptation	T12
accompagnateur	Q28	acidulé	Z7	addenda, *m*	J6
accompagnement	F12	acier	S4	additif	Q9
accompli	Q1	aciérie	B9	addition **71**	J6
accomplissement	S6	acmé	U1	additionnel	Z12
accord **64**	I2	acné **60**	U3	adducteur	G13
accordailles	R11	acolyte	N6	adduction	J6
accordéon	X5	acompte	K6	adepte	J5
accordéoniste	M3	aconit	Z3	adéquat	Q19
accordeur	G13	acoquinement	K6	adéquatement	N6
accordoir	G2	acousticien	Q25	adhérence	D7
accorte	K7	acoustique	K6	adhérent	X1
accostage	K7	acquéreur	G13	adhésif	X1
accotement	Z11	acquêt **60**	W2	adiabatique	J5
accotoir	G2	acquiescement	S3	adieu	A2
accouchement	K7	acquisition	T10	adipeux	Q13
accoucheur	Q27	acquit	F8	adiposité	S2
accoudoir	K7	acquittement	N7	adjacent	D11
accouplement	K7	acre, *f* **74**	P1	adjectif	Q9
accoutrement	K7	âcre **74**	W1	adjoint	C20
accoutumance	D3	acrimonie	P1	adjonction	T16
accroc, *m*	K7	acrimonieux	Q13	adjudant	D10
accrochage	K7	acrobate	N6	adjudicataire	H5
accroissement	S6	acrobatie	B8	adjudication	T12
accru	Q1	acropole, *f*	L2	adjuvant	D10
accu	K7	acrostiche, *m*	K6	adjuvat	F1
accueil	L13	acrylique	Y5	administrateur	Q28
accueillant	Y12	actant	D10	administration	T12
acculturation	K7	acte	K6	admirablement	F12
accumulateur	K7	actée, *f*	U4	admiratif	Q9
accusateur	Q28	acteur	Q28	admissibilité	S6
accusatif	Q9	actif	Q9	admission	T5
accusation	K7	actinique	K2	admittance	D3
acéphale	J3	action	T16	admixtion	Z16
acerbe	S4	actionnaire	M4	admonestation	T12
acéré	U5	actionnement	M4	admonition	T10
acétate, *m*	S4	activement	F12	adolescence	D7
acétique **70**	K2	activité	U3	adolescent	S3
acétone, *f*	Z7	actuaire, *m*	H5	adonis, *m*	J5
acétyle, *m*	Y1	actualité	U3	adoptif	Q9
acétylène, *m*	U7	actuariel	Q18	adoption	T15
acharné	Q1	actuel	Q22	adorable	J5
acharnement	F12	actuellement	F12	adorateur	Q28
achat	F1	acuité	K6	adossement	Z9
ache, *f*	Z16	acuponcture	H6	adoubement	Z7
acheminement	M3	acupuncture	H6	adoucissement	S4
acheteur	Q27	acutangle	N6	adoucisseur	Z8
achèvement	V12	acyclique	Y5	adrénaline, *f*	M3

adresse **12** S14
adret F7
adroit Q2
adroitement F12
adulateur Q28
adulte Z16
adultère, *m* V15
adultérin Q24
advection T16
adventice S8
adventif Q9
adventiste D6
adverbial X5
adversaire H5
adverse S2
adversité U3
aède, *m* X5
aération T12
aéraulique X5
aérien Q25
aérobie B9
aérodrome P1
aérodynamique . . K2
aérofrein C14
aérogare H1
aéronaute P8
aérophagie X5
aéroport I16
aérosol Z3
aérostat, *m* F1
affable J1
affabulation J1
affaiblissement . . Z15
affaire H5
affaissement Z13
affalement Z11
affamé Z5
affect N1
affectation T12
affectif Q9
affection J1
affectivité U3
affectueusement . F12
affectueux Q13
afférent D11
affermissement . . Z15
afféterie U13
affiche J1
affilée U4
affiliation T12
affilié J1

affinage Z11
affine Z5
affinité U3
affirmatif Q9
affirmation T12
affixe, *m* J1
affleurement J1
affliction T16
affluence D7
affluent **9** J1
afflux E8
affolement Z11
affouage P9
affranchissement . Z15
affres, *f* R11
affrètement V17
affréteur J1
affreusement . . . F12
affreux Q13
affriolant D10
affriquée U4
affront F7
affrontement F12
affublement J1
affût J1
affûtage W8
affûtiaux R10
afghan Q24
aficionado M3
africain J2
africanisation . . . M3
afrikaans K4
afro A4
agacement F12
agacerie Z7
agape, *f* Z3
agaric K1
agate, *f* Z3
agave, *m* J7
agavé, *m* U1
âge **74** W1
âgé Q1
agence **12** D7
agencement F12
agenda, *m* A1
agenouillement . . Y16
agenouilloir G2
agent D11
aggiornamento, *m* . J8
agglomérat F1
agglomération . . . J8

aggloméré U5
aggravation J8
ag(h)a Z16
agile L2
agilité Z7
agio A4
agiotage N6
agissements R10
agitateur Q28
agitation T12
agitato Z7
agneau A5
agnelage L12
agnelet F5
agnelle C8
agnostique K2
agonie B9
agora, *f* A1
agoraphobie J3
agrafe J2
agrafeuse J7
agraire H5
agrammatical . . . Z15
agrammatisme . . . M2
agrandissement . . J7
agrandisseur Z15
agréable X5
agrégat J7
agrégation J7
agrégé U1
agrément D11
agrès R10
agresseur S6
agressif Q9
agression **11** J7
agressivité U3
agreste Z16
agricole L2
agriculture H6
agrippement F12
agrologie B9
agronomie M3
agrumes, *m* R10
aguardiente C15
aguets R10
ah ! **60** X8
ahan X2
ahuri X2
ahurissement . . . X2
aide **12** C1
aïe ! **37** X6

aïeul X6
aïeux R10
aigle C1
aigre C1
aigrefin C17
aigrelet Q20
aigrette C11
aigreur G14
aigrissement F12
aigu Q3
aiguë X7
aiguière V15
aiguillage Y14
aiguille L4
aiguillette Y16
aiguilleur Y13
aiguillon Y16
aïkido A4
ail **15 37** L5
    pl. ails, aulx
ailé **8** Q1
aileron Z3
ailette Z4
ailier C1
aillade Y16
ailleurs Y16
ailloli Y16
aimable C1
aimant D10
aimantation T12
aine **60** C2
aîné W4
aînesse S14
ainsi A3
aïoli X6
air **16 63** G6
airain C12
aire **16 63** H5
airelle C8
ais, *m* **18** E4
aisance D3
aise C3
aisément F13
aisselle C8
aîtres **75** R10
aixois Q11
ajonc Z16
ajournement F12
ajout F3
ajoute Z3
ajusteur G13

akinésie K12
akkadien Q25
alacrité U3
alaise, *f* C1
alambic K1
alambiqué K14
alanguissement . . S6
albâtre, *m* W1
albatros, *m* R3
albédo, *m* H4
albigeois B15
albinos R1
album M1
albumen Z16
albumine M3
albumineux Q27
alcade, *m* K6
alcali, *m* A3
alcalin Q24
alcaloïde X6
alcazar S1
alcène, *m* V12
alchimie B9
alcool L1
alcoolémie B9
alcoolique K2
alco(o)test Z16
alcôve W10
alcyon S4
aldostérone, *f* . . . Z15
ale, *f* **41** Z16
aléa, *m* A1
aléatoire H8
alémanique L12
alêne, *f* W3
alentour **75** G11
alentours **75** R10
aleph J3
alerte L12
alésage L12
alèse, *f* V16
aléseur G13
alevin C17
alexandrin Q24
alexie P3
alezan Q24
alfa **86** A1
algarade, *f* I17
algèbre, *f* V4
algébrique U12
algérien Q25

algérois Q11
algie B9
algol L12
algorithme, *m* . . . Z16
algue, *f* L12
alias L12
alibi, *m* A3
aliboron, *m* Z7
alicante, *m* D12
alidade, *f* U3
aliénabilité U3
aliénation T12
aliéné U5
alignement L12
aligoté U1
aliment D11
alimentaire H5
alimentation T12
alinéa, *m* A1
aliquote, *f* K14
alizé, *m* S1
allaitement . . . **60** Z11
allant **8** D10
allée U4
allégation L11
allège, *f* V9
allégeance D3
allégement U13
allégorie Z11
allègre V4
allégrement U13
allégresse U12
allegretto, *adv.* . . A4
allegro, *adv.* A4
alléluia Z5
allemand Z5
allène, *m* . . **41 60** V12
allergie B9
allergologie B9
alliage L11
alliance D3
alligator Z11
allitération L11
allô ! **60** W10
allocataire H5
allocation Z11
allochtone K8
allocution Z11
allogène **86** V12
allongement Z11
allopathie J3

allumage Z5
allumette Z12
allumeuse Z11
allure H6
allusif Q9
allusion Z5
alluvial Q21
alluvionnaire M4
alluvionnement . . Z15
alluvions, f R11
almanach, m K3
almée U4
aloès V21
alogique L12
aloi A10
alors I8
alose S2
alouate, m X5
alouette X5
alourdissement . . Z15
aloyau Y11
alpaga, m A1
alpage Z16
alpax, m Z16
alpha 86 J3
alphabet, m F5
alphabétique N6
alphabétisation . . T12
alphanumérique . . M1
alpin Q24
alpiniste M3
alsacien Q25
altaïque X6
altérable I17
altération T12
altercation T12
altérité U5
alternance D3
alternateur G13
alternatif Q9
altesse S14
altier Q4
altimètre V4
altimétrie U12
altiport I6
altiste Z16
altitude N6
alto A4
altruisme X5
aluminium Z7
alun L12

alunissage M3
alvéole, m ou f . . . L2
amabilité U3
amadou A8
amalgame, m M1
aman 31 D9
amande 30 D1
amanite, f Z7
amant 31 D10
amarante, f Z7
amareyeur Y8
amaril Q23
amarinage P4
amarrage I12
amarre 12 Z4
amaryllis, f L11
amas 60 M1
amateur G13
amaurose P1
amazone S1
amazonien Q25
ambages R10
ambassade D12
ambassadeur . . . G13
ambassadrice . . . S8
ambiance D3
ambiant D10
ambidextre D12
ambigu Q3
ambiguïté X6
ambigument F15
ambitieux T18
ambition T10
ambivalence D7
amble, m D12
ambon D12
ambre, m D12
ambroisie, f B9
ambulance D3
ambulancier Q4
ambulant D10
âme W1
amélioration T12
amen 41 C4
aménageable . . . B15
aménagement . . . M1
amende 30 D5
amendement F12
amène 41 V12
aménité U5
aménorrhée X1

amenuisement . . . F12
amer 41 Q4
amer, m G5
amèrement F12
américain Z7
américanisation . . Z15
amerloque K2
amerrissage I10
amertume, f M1
améthyste, f X1
ameublement . . . M1
amharique X1
ami Q1
amiable X5
amiante, m D2
amibe, f M1
amibiase S2
amibien Q25
amical Q21
amicalement L12
amidon Z3
amidonnage M4
amimie Z3
amine, f Z3
aminé U1
amiral I17
amirauté U3
amitié U3
amman 31 D9
ammoniac 67 Q1
ammoniaque, f . 67 K2
ammonite, f M1
ammonium Z5
amnésie B9
amnésique K2
amnios X5
amniotique K2
amnistie, f B9
amoindrissement . Z15
amoncellement . . S4
amont F7
amoral M1
amorçage M1
amorce, f 12 S14
amoroso Z7
amorphe J3
amortissement . . S6
amortisseur G13
amour G11
amourette Z8
amourettes R11

amoureux Q13
amovible P4
ampérage U12
ampère, *m* V15
amphétamine, *f* . . J3
amphi A3
amphibie J3
amphibologie . . . L12
amphigouri, *m* . . . A3
amphithéâtre . . . J3
amphitryon J3
amphore, *f* J3
ample D12
amplement F12
ampleur G14
ampli A3
ampliation T12
amplificateur Q28
amplitude D12
ampoule Z3
amputation T12
amulette, *f* Z8
amure, *f* H6
amusement F12
amusette C11
amygdale, *f* Y1
amygdalectomie . . B9
amylacé Q1
an **30** D9
anabolisant L12
anachorète, *m* . . . V17
anachronique . . . K2
anachronisme . . . K8
anacoluthe, *f* X1
anaconda, *m* A1
anaérobie B9
anagramme, *f* . . . M2
anal **72** Q21
analgésie B9
analogie M3
analogue L12
analphabète V17
analphabétisme . . U12
analyse Y1
analytique Y5
anamnèse, *f* V16
anamorphose . . . J3
ananas, *m* M3
anar G1
anarchie B9
anathème, *m* V11

anatomie Z7
ancestral S4
ancêtre W2
anche, *f* **60** D12
anchois E5
ancien Q25
anciennement . . . Z9
ancienneté U3
ancillaire L11
ancolie D12
ancrage D12
ancre **30** D12
andain Q24
andalou Q12
andante D12
andantino A4
andésite Z7
andin Q24
andorran Q24
andouille, *f* Y16
andouillette C11
androcéphale . . . J3
androgène V12
androgyne Y1
androïde X6
andropause D12
âne W1
anéantissement . . Z15
anecdote, *f* K6
anecdotique K12
anémie B9
anémique K2
anémomètre Z15
anémone, *f* Z7
anergie B9
ânerie B9
ânesse W1
anesthésie X1
anesthésiste X1
aneth X1
anévrisme P5
anfractuosité X5
ange D12
angélique K2
angelot F9
angélus R3
angevin P5
angine M3
angiome P1
anglais E4
angle D12

anglican Q24
anglicisme S4
anglomanie B9
anglophilie X1
anglophobie X1
angoisse D12
angora, *m* A1
angström, *m* Z16
anguille L4
anguillère Y16
angulaire H5
anguleux Q13
anhydre X1
anicroche, *f* M3
aniline, *f* Z7
animal Q21
animalcule, *m* . . . K6
animalier Q4
animalité U3
animateur Q28
animation T12
animiste M3
animosité U3
anis M3
anisette Z8
ankylose K12
annales **72** R11
annamite Z11
anneau M4
année U4
annelet F7
annexe, *f* M4
annexion T17
annexionniste . . . Z15
annihilation X2
anniversaire, *m* . . H5
annonce M4
annonciateur Q28
annotation M4
annuaire X5
annuel Q22
annuellement . . . Z13
annuité U3
annulable Z15
annulaire H5
annulation P3
anoblissement . . . M3
anode, *f* M3
anodin Q24
anomal Q21
anomalie M3

anomie	Z3	antimoine, *m*	Z7	aplanissement	M3

anomie Z3
ânon M3
ânonnement W1
anonymat F1
anonyme Y1
anophèle, *m* V10
anorak K4
anorexie B9
anorexique K2
anorganique Z15
anormal M3
anse, *f* **60** D4
antagonique K2
antagonisme M3
antan D12
antarctique K2
antécambrien . . . Q25
antécédent D11
antédiluvien Q25
antenne C10
antépénultième . . Z15
antéposition Z15
antérieur G12
antérieurement . . F12
antériorité U3
anthologie X1
anthracite, *m* . . . S4
anthrax Z16
anthropocentrique K2
anthropoïde X6
anthropologie . . . B9
anthropométrie . . U12
anthropomorphe . J3
anthropophage . . J3
anthropopithèque . X1
antialcoolique . . . Z15
antiatomique X5
antibiotique K2
anticipation S4
anticlinal Q21
anticoagulant . . . X5
anticonceptionnel . M4
anticorps E7
anticyclone Y5
antidérapant D10
antidote, *m* Z7
antienne, *f* M4
antigel L1
antigène, *m* V12
antillais L4
antilope, *f* O4

antimoine, *m* Z7
antinomie B9
antipathie X1
antiphrase J3
antipode, *m* O6
antiquaille, *f* L6
antiquaire K14
antique K2
antiquité U3
antirabique K2
antisémite N6
antiseptique K2
antithèse V16
antithétique . . . U12
antivol L1
antonomase, *f* . . . D12
antonymie, *f* X5
antre, *m* **30** D12
anus R3
anxiété U3
anxieux Q27
aoriste X5
aorte, *f* X5
août **60** W7
aoûtat F1
aoûtien Q25
apache P6
apaisement S2
apanage O6
aparté U1
apartheid, *m* J4
apathie X1
apathique K2
apatride O6
apepsie O6
aperçu A7
apéritif O6
aperture H6
apesanteur O6
apex R4
aphasie J3
aphone J3
aphorisme J3
aphrodisiaque . . . Z16
aphte, *m* J3
aphteux Q27
api A3
apical Q21
apicole Z7
apiculture O6
apitoiement B13

aplanissement . . . M3
aplasie B9
aplat F1
aplatissement . . . Z15
aplomb O6
apnée, *f* U4
apocalypse, *f* . . . Y1
apocope Z7
apocryphe Y1
apocryphes R10
apodictique Z15
apodose, *f* Z7
apogée, *m* U2
apolitique K2
apollinien Z9
apologie B9
apologue, *m* L12
apophonie J3
apophtegme, *m* . . J3
apophyse, *f* Y1
apoplectique K2
apoplexie B9
aporétique I18
aporie, *f* B9
apostasie O6
apostat F1
apostille, *f* L4
apostolat F1
apostolique K2
apostrophe, *f* . . . O6
apothème, *m* . . . V11
apothéose, *f* X5
apothicaire, *m* . . . H5
apôtre W10
apparat F1
apparatchik Z16
appareil L7
appareillage Y14
apparemment . . . F17
apparence O5
apparent D11
apparentement . . F12
appariement B11
appariteur O5
apparition T10
appartement O5
appartenance . . . D3
appas **72** R10
appassionato . . . A4
appât **72** W1
appauvrissement . Z15

appeau A5	aqueux Q27	architecture H6
appel L1	aquicole L12	archives R11
appellation Z13	aquiculture Z15	arçon S4
appendice, *m* . . . S8	aquifère V15	arctique K2
appendicite O5	aquilin **59** C17	ardéchois U12
appentis E6	aquilon L12	ardemment F17
appesantissement . F12	aquitain C12	ardennais M4
appétence D7	ara **80** A1	ardent Q19
appétissant Z12	arabesque, *f* K2	ardeur G14
appétit F8	arabique K2	ardoise Z16
applaudissement . Z15	arabisant Z7	ardoisier Q4
application O5	arable I17	ardu Q1
applique K2	arabophone J3	are, *m* **72** H1
appoggiature . . . J8	arachide, *f* I17	arène V12
appoint C20	arachnéen K8	aréopage, *m* X5
appointements . . . R10	araignée U4	arête **15** W2
appontement . . . F12	araire, *m* H5	argent D11
apport I6	araméen X5	argenterie B9
apposition T10	arasement S2	argentin Q24
appréciable O5	aratoire H8	argile, *f* L2
appréciation S4	arbalète, *f* V17	argileux Q13
appréhension . . . X2	arbalétrier U12	argon Z16
apprenti A3	arbitraire H5	argonaute M3
apprentissage . . . Z15	arbitre N6	argot F9
apprêt **41** W2	arborescence . . . S3	argotique N6
apprivoisement . . O5	arboricole L2	argousin S2
approbateur Q28	arboriculture Z16	argument D11
approbatif Q9	arbre Z16	argumentation . . . T12
approbation O5	arbrisseau S6	argus R3
approche O5	arbuste Z16	argutie B8
approfondissement Z15	arc K1	aria, *m* A1
appropriation . . . O5	arcade J5	aria, *f* A1
approvisionnement Z15	arcane, *m* **71** M3	arianisme M3
approximation . . . O5	arceau A5	aridité Z7
approximativement F12	archaïque K8	ariégeois B15
appui **13** A3	archaïsme X6	arien **50** Q25
apraxie O6	archange K8	ariette C11
âpre W1	arche Z16	arioso A4
après **41** V20	archéologie K8	aristocratie B8
âpreté U3	archer **43** Z16	aristotélicien Q24
apte Z16	archet **43** F5	arithmétique X1
aptitude N6	archétype, *m* K8	arlequin C17
apurement O6	archevêché U8	arlequinade M3
aquafortiste Z15	archevêque W2	arlésien Q25
aquaplanage M3	archiduc K1	armada, *f* A1
aquaplaning P5	archiépiscopal . . . X5	armagnac K1
aquarelle I18	archimandrite . . . D12	armateur G13
aquarium, *m* I19	archipel, *m* L1	armature H6
aquatique K2	architecte K6	arme Z16
aquavit F8	architectonique . . N6	armée **8** U4
aqueduc, *m* K1	architectural I17	armement D11

arménien Q25	artichaut F2	assaisonnement M4
armistice, *m* S8	article Z16	assassin S6
armoire H10	articulaire H5	assassinat M3
armoiries R11	articulation T12	assaut F2
armoricain K6	articulatoire H8	assèchement V7
armure H6	articulet F5	assemblage S6
arnaque, *f* K2	artifice S8	assemblée U4
arnica, *m ou f* A1	artificiel Q22	assentiment S6
aromate, *m* P1	artificieux Q27	assermenté S6
aromatique K2	artillerie L4	assertion T7
arôme 74 W10	artilleur G13	asservissement S6
aronde P7	artimon M1	assesseur Z6
arpège, *m* V9	artisan D9	assez S6
arpent D11	artisanat F1	assidu Q1
arpenteur Q27	artiste Z16	assiduité U3
arquebuse K14	arum, *m* [ɔm] 74 I21	assidûment W8
arrachage I12	aryen 50 C15	assiégeant B15
arrachement F12	arythmie Y5	assiette Z6
arrachis E6	as 37 R3	assiettée U4
arraisonnement I12	asbeste, *m* Z16	assignat F1
arrangement I12	ascaris I19	assignation T12
arrérages R10	ascendance D3	assimilation T12
arrestation I12	ascendant D10	assises R11
arrêt 60 W2	ascenseur S3	assistanat F1
arrêté U8	ascension T1	assistance D3
arrhes, *f* 72 R11	ascensionnel Q18	assistant D10
arrière I12	ascèse, *f* S3	association Z15
arriéré U5	ascète V17	associé 8 S4
arrimage Z11	ascétique 70 U12	assolement Z11
arrivage I12	ascorbique K2	assombrissement Z15
arrivant D10	asepsie B7	assommoir G2
arrivée U4	aseptique K2	assomption T15
arrogant D10	asexué Z3	assonance Z11
arrondi A3	ashkénaze Z16	assortiment S6
arrondissement Z15	ashram Z16	assoupissement S6
arrosage Z11	asiate S2	assouplissement S6
arrosoir G2	asiatique K2	assouvissement S6
ars 72 Z16	asile, *m* L2	assurance P1
arsenal R6	asocial Q21	assurément F13
arsenic K1	asparagus, *m* R3	assureur G13
arsouille Y16	aspect N1	assyrien Y5
art 72 I4	asperge Z16	aster, *m* 60 G5
artefact N1	aspérité U3	astérisque, *m* I19
artère V15	aspersion T2	astéroïde, *m* X6
artériel Q22	asphalte, *m* J3	asthénie X1
artériographie J3	asphodèle, *m* V10	asthme, *m* X1
artésien Q25	asphyxie Y5	asticot F9
arthralgie X1	aspic K1	astigmate N6
arthrite, *f* X1	aspiration T12	astiquage K14
arthropode X1	aspirine, *f* M3	astragale, *m* L2
arthrose, *f* X1	assainissement S6	astrakan, *m* D9

astre Z16
astreinte C16
astringent D11
astrolabe, *m* Z16
astrologie B9
astronaute M3
astronef J2
astronomie B9
astuce, *f* S10
astucieux Q13
asymétrie B9
asymétrique Z15
asymptote, *f* Y1
ataraxie B9
atavisme N6
ataxie N6
atèle, *m* . . . **19 71** V10
atelier N6
atemporel Q18
atermoiement . . . B13
athée **8** X1
athéisme X5
athénée, *m* U2
athénien Q25
athlète V17
athlétique U12
atlante, *m* D2
atlas R3
atmosphère, *f* . . . V13
atmosphérique . . . U12
atoll, *m* L11
atome Z3
atomique K2
atomiseur G13
atonal P5
atone M3
atonie B9
atours R10
atout F3
atrabilaire H5
âtre, *m* W1
atrium X5
atroce S9
atrocement F12
atrocité U3
atrophie J3
atropine M3
attachant N7
attaché U1
attachement F12
attaque N7

atteint C16
atteinte N7
attelage N7
attelle **19 71** C8
attenant Z5
attendrissement . . Z15
attendu Q1
attentat F1
attentatoire H8
attente D6
attentif Q9
attention T6
attentionné Z12
atténuation T12
atténué U5
atterrissage Z15
attestation N7
atticisme S4
attique K2
attirail L5
attirance D3
attitré N7
attitude N7
attorney Y3
attouchement . . . N7
attractif Q9
attraction N7
attrait F4
attrapade O6
attrape **12** P6
attrayant Y7
attribut F10
attributif Q9
attribution T9
attroupement . . . N7
atypique Y5
au, *pl.* aux . . . **58** A6
aubade Z3
aubaine C2
aube Z1
aubépine Z7
auberge Z16
aubergine M3
aubette C11
aubier X5
auburn, *inv* Z1
aucun K6
aucunement Z7
audace S7
audacieux Q27
audible J5

audience D7
audiovisuel Q18
audit F8
auditeur Q28
auditif Q9
audition T10
auditoire H9
auge Z16
augment D11
augmentation . . . T12
augure, *m* H6
augustin Q24
augustinien Q25
aujourd'hui A3
aulique K2
au(l)naie B1
au(l)ne, *m* . . . **78** Z16
aulx, *pl.* **58** E8
aumône W10
aumônier M3
aune, *f* **78** Z1
auparavant D10
auprès V20
auquel, *pl.* auxquels K14
aura A1
auréole, *f* X5
auriculaire H5
auricule, *f* L12
aurifère V15
aurige Z16
aurignacien Q25
aurochs E7
aurore, *f* H4
auscultation T12
auspice, *m* . . . **60** S8
aussi A3
aussitôt **83** W10
austère V15
austérité U3
austral R8
  pl. aussi austraux
australien Q25
australopithèque . Z15
autan **28** D9
autant **28** D10
autarcie B6
autel **60** L1
auteur **60** G13
authenticité U3
authentique X1
authentiquement . F12

autisme N6
autobiographie . . J3
autobus R3
autocar G1
autochtone K8
autoclave Z16
autocollant L11
autocratie B8
autodafé, m U1
autodétermination . T12
autodrome P1
autogestion Z16
autographe, m . . . J3
autolyse Y1
automate, m Z7
automatique K2
automatisation . . . T12
automnal Q21
automne N6
autonettoyant . . . N7
autonome Z7
autonomie B9
autopompe, f . . . Z7
autoportrait F4
autopsie B7
autoradio A4
autorail L5
autorisation T12
autoritaire H5
autorité U3
autoroute, f Z7
autoroutier Q4
autosatisfaction . . T12
autosuggestion . . Z15
autour G11
autre Z16
autrefois E5
autrement F12
autrichien Q25
autruche N6
autrui A3
auvent, m D11
auvergnat Q19
auxiliaire H5
auxiliariat F1
aval L1
avalanche D12
avaleur Q27
avaloir, m 85 G2
avaloire, f 85 H10
avance 12 D3

avancée U4
avancement F12
avanie B9
avant 30 D10
avantage D12
avantageux Q27
avare H1
avarice S8
avaricieux Q27
avarie B9
avatar, m G1
ave, m inv. Z16
avec K1
aven, m C4
avenant D10
avènement V12
avenir G3
avent 30 D11
aventure H6
aventureux Q27
aventurier Q4
avenu A7
avenue B5
averse Z16
aversion T2
avertissement . . . S6
aveu A2
aveuglement F12
aveuglément F13
aveuglette C11
aviateur Q28
aviation T12
avicole L2
aviculture Z15
avidité U3
aviné M3
avion 11 X5
aviron I20
avis E6
avisé S2
aviso A4
avitaillement Y16
avitaminose P1
avocat Q19
avocate N6
avocatier N6
avoine, f M3
avoir G2
avortement F12
avorteur Q27
avorton Z16

avouable X5
avoué U1
avril L1
avunculaire H5
axe, m Z16
axial Q21
axiologie B9
axiomatique K2
axiome M1
axis, m Z16
ayatollah Z16
azalée, f U4
azimut, m S1
azotate N6
azote S1
aztèque V14
azur, m G7
azuréen X5
azyme, m Y1

b

baba, m A1
baba, f A1
babeurre I10
babil L1
babillage L4
babines R11
babiole L2
babiroussa, m . . . A1
bâbord W1
babouche Z16
babouin C19
baby Y4
  pl. babys, aussi
  babies
babylonien Q25
bac K1
baccalauréat K7
baccara 23 A1
baccarat 23 F1
bacchanale K7
bac(ch)ante D2
bâchage W1
bâche W1

bachelier	Q4	baïonnette	Z16	bal(l)uchon	Z16
bachique	K2	baisemain	C12	balnéaire	H5
bachot	F9	baisement	Z7	balourd	Q2
bachotage	N6	baiser	S2	balsa, *m*	A1
bacillaire	L11	baisse	S13	balte	Z16
bacille	L3	bajoue	B3	baltique	K2
bacillose	Z9	bakchich, *m*	K12	balustrade	L12
bâclage	W1	bakélite, *f*	K12	balustre, *m*	P3
bacon	K6	baklava, *m*	A1	balzacien	S1
bactéricide	S4	bal **24**	R8	bambin	C17
bactérie	B9	balade . . . **71**	P3	bamboche	Z16
badaud	Q2	baladeur	Q27	bambocheur	Q27
baderne	Z16	baladin	P3	bambou	A8
badge, *m*	Z16	balafon	J2	bamboula, *f*	A1
badigeon	B15	balafre . . . **12**	J2	ban **28**	D9
badigeonnage	B15	balai **41**	A9	banal	R8
badin	Q24	balalaïka, *f*	X6	*pl.* moulins
badine	M3	balance . . . **12**	P3	banaux
badinerie	B9	balancelle	S4	banalisation	T12
badminton	Z16	balancement	L12	banalité	U3
baffe	J1	balancier	D12	banane	M3
baffle, *m*	J1	balançoire	H10	bananeraie	Z7
bafouillage	Y14	balayette	C11	bananier	Z3
bâfreur	Q7	balayeur	Y8	banc **28**	D12
bagad	Z16	balayures	R11	bancaire	K6
bagage . . . **67**	J7	balbutiement	B11	bancal	K6
bagarre	I10	balcon	K6	banco	A4
bagarreur	Q27	balconnet	P12	bandage	Z16
bagatelle	C8	baldaquin	C17	bande	D12
bagnard	I1	baleine	C6	bandeau	A5
bagnole	L2	baleineau	A5	bandelette	C11
bagou(t)	P1	baleinier	Q4	banderille	L4
baguage . . . **67**	J7	balèze	V19	banderole	L2
bague	Z16	balisage	S2	bandit	F8
baguette	C11	balistique	P3	banditisme	N6
bah ! . . . **19 24**	X8	baliveau	A5	bandonéon	X5
bahut	F10	baliverne	L12	bandoulière	Z7
bai **66**	Q1	balkanisation	T12	bang	D12
baie **66**	B1	ballade . . . **71**	P10	banjo	A4
baignade	C1	ballant	L11	banlieue	B4
baigneur	Q27	ballast	N3	banlieusard	Q2
baignoire	H10	balle **24**	L3	banni	M4
bail **21**	L5	ballerine	Z11	bannière	V15
bâillement	W1	ballet . . . **41**	P10	bannissement	Z13
bailleur	Q29	ballon	L11	banque	D12
bâilleur	Q27	ballonnement	Z13	banqueroute	K14
bailli	A3	ballot	F9	banquet	F5
bailliage	Z16	ballotin	Z5	banqueteur	N6
bâillon	W1	ballottage	Z13	banquette	C11
bâillonnement	F12	ballottement	Z13	banquier	D12
bain	C12	ballottine	Z13	banquise	S2

bans 28 R10
bantou Q1
baobab X5
baptême W2
baptismal Q21
baptiste Z16
baptistère V15
baquet F5
bar 62 G1
baragouin C19
baraka, f A1
baraque K2
baraquement . . . F12
baratin P8
baratineur Q27
baratte 12 P15
barbacane, f P5
barbant 8 D10
barbaque K2
barbare Z16
barbaresque I18
barbarie B9
barbe Z16
barbeau A5
barbecue K6
barbelé Q1
barbet F5
barbichette C11
barbier Z16
barbiturique N6
barbon Z16
barboteuse N6
barbouillage Y14
barbouze, f S1
barbu 56 Q1
barbue 56 B5
barcarolle, f L3
barcasse S12
barda A1
barde Z16
bardeau 87 A5
bardot 87 F9
barème V11
barge Z16
baril L1
barillet L4
barine, m Z3
bariolage I19
bariolé Z3
barkhane, f X1
barmaid J4

barman Z16
   pl. men ou mans
barnum Z16
baromètre I20
baron(ne) I20
baronet M3
baronnie Z4
baroque K2
baroud J4
barouf P7
barque K14
barquette C11
barracuda Z11
barrage I12
barre 62 I12
barreau 78 A5
barrette Z6
barreur Q27
barricade Z11
barrière V15
barrique P14
barrissement Z13
bartavelle C8
barycentre Y1
baryon Y1
baryton Z3
bas, m 24 R1
bas 19 24 Q14
basal S2
basalte, m S2
basaltique K2
basané Q1
basculant D10
bascule 12 L2
base S2
basicité U3
basilic, m 88 K1
basilique, f . . . 88 K2
basique K2
basket, m K12
basketteur N7
basoche S2
basquais E4
basque Z16
basque, f K2
basse S12
bassement F12
bassesse Z6
basset F5
bassin C17
bassine M3

bassinet Z5
bassinoire H10
basson S6
basta A1
bast(a)ing Z16
bastide J5
bastille L4
bastingage Z16
bastion Z16
bastonnade M4
bastringue C17
bât 19 24 W1
bataclan D9
bataille L6
batailleur Y14
bataillon P8
bâtard W1
batave P1
batavia, f A1
bateau P1
bâté W1
batée U4
batelage Z7
bateleur Q27
batelier Z7
batellerie Z9
bath X8
bathyscaphe X1
bâti W1
batifoleur Q27
batik K4
bâtiment W1
bâtisse S15
bâtisseur W1
batiste N6
bâton W1
bâtonnet W1
bâtonnier M4
batracien S4
battage N7
battant 8 D10
batte, f N5
battement Z5
batterie P14
batteur N7
battoir G2
battue B5
baud 78 F18
baudelairien Q25
baudet F5
baudrier X5

baudroie B2
baudruche Z16
bauge Z16
baume, *m* **53** P1
baumier M1
bauxite, *f* N6
bavard Q2
bavarois Q11
bavette C11
baveux Q13
bavoir G2
bavure H6
bayadère, *f* V15
bazar G1
bazooka Z16
beagle Z16
béant X5
béarnais Q11
béat Q19
béatement F12
béatitude X5
beatnik K4
beau **78** Q18
beauceron Q25
beaucoup O2
beaufort I6
beaujolais R3
beaupré U1
beauté U3
bébé U5
bec K1
bécane Z3
bécarre, *m* . . . **62** I12
bécasse S12
bêchage W2
béchamel, *f* L1
bêche **12** W2
bêcheur Q27
bécot F9
becquée Z16
becquet Z16
bedaine C2
bedeau A5
bedon Z16
bédouin C19
bée, *f* **66** U4
beffroi A10
bégaiement B10
bégonia, *m* A1
bègue Z16
bégueule L2

béguin C17
béguinage P5
béguine M3
bégum J7
béhavio(u)risme . . Z16
beige C5
beigne Z16
beignet **10** F5
bel **41** Q18
bêlement W2
belette Z4
belge Z16
belgicisme S4
bélier L12
bélinographe M3
bélître W3
belladone, *f* Z11
bellâtre W1
belle **41** L3
belliciste S4
bellifontain C12
belligène V12
belligérance D3
belligérant D10
belliqueux L11
belon, *f* L12
belote Z3
bel(o)uga, *m* A1
belvédère V15
bémol, *m* L1
bénédicité U5
bénédictin Q24
bénédiction T16
bénéfice S8
bénéficiaire H5
bénéfique K2
benêt W2
bénévolat F1
bénévole L2
bengali, *m* A1
benjamin Q24
benjoin C18
benne C10
benoît W6
benoîtement F12

benzène, *m* V12
benzine, *f* M3
béotien X5
béquet F5
béquille L4
berbère V15
bercail L5
berceau A5
bercement F12
berceuse Q27
béret I18
bergamote N6
berge Z16
berger Q4
bergerie B9
bergeronnette . . . I20
béribéri, *m* I19
berline M3
berlingot F9
berlinois P5
berlue B5
bermuda, *m* A1
berne Z16
bernique K2
bernois E5
berrichon Q25
besace S7
besicles R11
bésigue S2
besogne S2
besogneux Q13
besoin C18
bessemer G5
besson Z2
bestiaire H5
bestial Q21
bestialement F12
bestiaux R10
bestiole L2
bêta W2
bétail L5
bétaillère Z9
bête **41** W2
bétel L1
bêtise S2
bêtisier S2
béton Z1
bétonnage Z9
bétonnière M4
bette **41** C11
betterave I17

beuglant	D10	bienvenue	B5	biniou	A8
beuglement	F12	bière	V15	binocle	P5
beurre	I10	biface, *m*	S7	binôme	W10
beurrerie	Z5	biffure	J1	biochimie	X5
beurrier	Z2	bifteck	K5	biodégradable	X5
beuverie	B9	bifurcation	T12	bioénergétique	X6
bévue	B5	bigame	P4	bioénergie	X5
bey	**66** Y3	bigarré	I12	biographie	J3
biais	E4	bigarreau	A5	biologie	B9
bibelot	F9	bigarrure	Z9	biophysique	Y5
biberon	I20	bigleux	Q13	biopsie	B7
bibi	A3	bigorneau	A5	biosphère	V15
bibine	V3	bigot	Q19	biosynthèse	V16
bible	Z16	bigoterie	B9	biothérapie	X1
bibliobus	R3	bigouden	Z16	biotope, *m*	O4
bibliographie	J3	bigoudi, *m*	A3	biotype, *m*	Y1
bibliophile	J3	bigourdan	Q24	bioxyde	X5
bibliothécaire	X1	bigre	Z16	bipartite	N6
bibliothèque	V14	biguine	P5	bipartition	T10
biblique	K2	bihebdomadaire	X2	bipède	V8
bicamérisme	K6	bijectif	Q9	biplace	S7
bicarbonate	N6	bijection	T16	biplan	Z16
bicarré	Q1	bijou	R7	bipolaire	H5
bicentenaire	H5	bijouterie	B9	bipolarisation	T12
bicéphale	J3	bijoutier	O4	biquet	F5
biceps	R3	bikini, *m*	A3	birbe	Z16
biche	Z16	bilan	D9	biréacteur	X5
bichromie	K8	bilatéral	Q21	birman	Q24
bickford	K13	bilboquet	F5	bis	Z16
bicolore	Z7	bile	L2	bisaïeul	X6
bicoque	K2	bileux	Q13	bisannuel	Q22
bicorne	K6	bilharziose	X1	bisbille, *f*	Y16
bicyclette	Y5	biliaire	L12	biscaïen	C1
bidasse	S12	bilieux	Q13	biscayen	Y11
bidet	F5	bilingue	L12	biscornu	A7
bidon	Z1	bill	Z16	biscotte	N5
bidonville, *m*	Z8	billard	I1	biscuit	F8
bidule, *m*	L2	bille	L4	biscuiterie	B9
bief	X5	billet	F5	bise	S2
bielle	C8	billette	Z6	biseau	A5
biélorusse	Z8	billetterie	Z13	biseautage	N6
bien	C15	billevesée	U4	bismuth	X1
bienfaisance	D3	billion	L11	bison	S2
bienfait	F4	billot	F9	bisontin	S2
bienfaiteur	Q28	bimbeloterie	B9	bisou	A8
bienheureux	Q13	bimensuel	Q18	bisque, *f*	K2
biennal	P12	bimillénaire	Z15	bissection	S6
bienséant	D10	bimoteur	M1	bissectrice	S8
bientôt	**83** W10	binaire	H5	bissextile	S6
bienveillant	Y12	binette	Z4	bistouri	A3
bienvenu	Q1	bingo	A4	bistre	Z16

bistro(t)	Z16	bleusaille	L6	bolide	L12
bit	**49** Z16	bleuté	Q1	bolivien	Q25
bitension	N6	blindage	C17	bombance	D3
biterrois	Z4	blindé	Q1	bombarde	Z16
bitte	**49** N5	blizzard	I1	bombardement	F12
bitter	G5	bloc	K1	bombardon	Z16
bitume	Z3	blocage	K6	bombe	Z16
bitumeux	Q13	blockhaus	K13	bombyx	Y1
biture	H6	blocus	R3	bôme, *f*	**53** W10
biunivoque	K2	blond	F18	bon	**55** Q25
bivalence	D7	blondasse	S12	bonapartiste	Z15
bivouac	K1	blondinet	Z3	bonasse	**70** S12
bizarre	I10	blouse	S2	bonbon	Z16
bizarrement	Z9	blouson	Z1	bonbonne	M4
bizarrerie	B9	blues, *m*	S2	bonbonnière	V15
bizarroïde	X6	bluette	N5	bond	**55** F18
bizut(h)	S1	bluff	Z16	bonde	Z16
blablabla	A1	bluffeur	Q27	bondé	Q1
blackboulage	K13	blutage	N6	bondieuserie	S2
blafard	Q2	boa	A1	bondissement	S6
blague	Z16	bobard	I1	bonheur	X1
blagueur	Q27	bobèche	V7	bonhomie	P4
blaireau	A5	bobinage	M3	bonhomme	P11
blâmable	W1	bobine	Z3	*pl.* bonshommes	
blâme	**12** W1	bobo	A4	boni, *m*	A3
blanc	Q7	bob(sleigh)	Z16	bonification	P4
blanchâtre	W1	bocage	K6	boniment	D11
blancheur	G14	bocal	L1	bonimenteur	Q27
blanchiment	D11	bock	K5	bonite, *f*	Z3
blanchisserie	B9	bœuf [boef]	J2	bonjour	G11
blanchisseur	Q27	*pl.* bœufs [bø]		bonne	Z2
blanquette	C11	bog(g)ie	Z16	bonnement	Z5
blasé	S2	bogue	Z16	bonnet	M4
blason	S2	bohème	X2	bonneteau	A5
blasphémateur	Q28	bohémien	U12	bonneterie	Z11
blasphématoire	U12	bois	**22** E5	bonnetière	Z11
blasphème	V11	boiserie	B9	bonnette	Z6
blastomère, *m*	V16	boisseau	A5	bonniche	M4
blatte	N5	boisselier	L12	bonsoir	G2
blazer	G5	boissellerie	Z13	bonté	U3
blé	**42** U1	boisson	S6	bonus	Z16
bled	J4	boîte	**15** W6	bonze	S1
blême	W2	boiteux	Q13	bonzesse	S14
blémissement	U12	boîtier	W6	bookmaker	K12
blennorragie	Z13	boitillement	L4	booléen	Q25
blessant	D10	bol	L1	boolien	Q25
blessure	H6	bolchevik	K4	boom	**87** Z16
blet	**42** Q20	bolchevique	Z16	boomerang	I17
bleu	R9	bolée	U4	bootlegger	J8
bleuâtre	W1	boléro	A4	boots	Z16
bl(e)uet	F5	bolet	F5	boqueteau	A5

bora, f	A1
borain	Q24
borborygme, m	Y1
borchtch	Z16
bord **52**	I2
bordeaux	E8
bordée	U4
bordel	L1
bordelais	Q11
bordereau	A5
bordure	H6
bore, m **52**	H4
boréal	Q21
pl. als *ou* aux	
borée	U2
borgne	Z16
borique	K2
bornage	Z16
bortsch	X4
boskoop, f	Z16
bosquet	F5
boss **32**	S6
bosse **32**	S6
bosselure	H6
bosseur	Q27
bossu	Q1
bot **71 78**	Q19
botanique	K2
botaniste	M3
botte **71**	N5
botteur	G13
bottier	P15
bottillon	Y16
bottin	C17
bottine	Z5
botulisme	N6
boubou	A8
bouc	K1
boucan	D9
boucanage	Z7
boucanier	M3
bouche	Z16
bouchée	U4
boucher **7**	Q4
boucherie	B9
bouchon	Z16
bouchonné	P12
bouchot	F9
boucle	K6
bouclette	C11
bouclier	X5
bouddha	X1
bouddhisme	J6
bouderie	B9
boudin	C17
boudiné	M3
boudoir	G2
boue **19 57**	B3
bouée	U4
boueux	X5
bouffant	D10
bouffarde	J1
bouffe	J1
bouffée	J1
bouffi	Q1
bouffon	J1
bouffonnerie	B1
bougainvillée, f	U4
bougainvillier, m	Z16
bouge	Z16
bougeoir	B15
bougeotte	N5
bougie	B9
bougnat	F1
bougon	Q25
bougonnement	Z9
bougrement	F12
bougresse	S14
bouillabaisse	Y16
bouillant	Y12
bouille	L4
bouilleur	Y13
bouilli **47**	Q1
bouillie **47**	B9
bouilloire	H10
bouillon	Y16
bouillonnant	Z6
bouillonnement	Z13
bouillotte	N5
boulanger	Q4
boulangerie	B9
boule	L2
bouleau **53**	A5
bouledogue	Z16
boulet **10**	F5
boulette	C11
boulevard	I1
boulevardier	Q4
bouleversant	D10
bouleversement	D11
boulier	P3
boulimie	B9
bouliste	L12
boulon	L12
boulonnage	Z9
boulonnais	Q11
boulot **53**	F9
boum! **87**	Z16
bouquet	F5
bouquetière	K14
bouquetin	C17
bouquin	C17
bouquineur	Q27
bouquiniste	M3
bourbeux	Q13
bourbier	Z16
bourbonnais	Q11
bourde	Z16
bourdon	Z16
bourdonnant	D10
bourdonnement	M4
bourg **65**	Z16
bourgeois	E5
bourgeoisie	B15
bourgeon	B15
bourgeonnement	M4
bourgmestre	J7
bourgogne	Z16
bourguignon	Q25
bourlingueur	Q27
bourrache	I16
bourrade	I16
bourrasque	I16
bourratif	Q9
bourre **65**	I16
bourreau	A5
bourrée	U4
bourrelet	F5
bourrelier	Z5
bourriche	I16
bourrichon	I16
bourricot	F9
bourrin	I16
bourrique	I16
bourru	Q1
boursicoteur	Q27
boursouflé	J2
boursouflure	P2
bousculade	K6
bouse	S2
bousillage	Z9
boussole	Z5
bout **19 57**	F3

boutade N6
boutefeu A2
bouteille L8
boutique N6
boutiquier Q4
bouton N6
boutonnage Z9
boutonneux Q13
boutonnière V15
boutre Z16
bouturage N6
bouture H6
bouvier Z16
bouvreuil L9
bovarysme Y1
bovidé U1
bovin Q24
bowling Z16
box, *m* 32 R4
boxe, *f* 32 Z16
boxer G5
boy Y4
boyard I1
boyau A6
boycott Z16
boycottage N7
brabançon Q25
brabant D10
bracelet F5
brachial K8
brachycéphale . . . K8
braconnage M4
braconnier Z15
braderie B9
braguette N5
brahmane, *m* . . . X2
brahmanisme . . . M3
braillard I1
braille, *m* L6
braiment D11
brainstorming, *m* . Z16
braise C3
brame Z1
brancard I1
branche D12
branchement . . . D11
branchette C11
branchie B9
brandade D12
brandebourg Z16
brandon D12

brandy Y4
branlant D10
braquage K14
braque K2
braquet 10 F5
bras E1
brasero A4
brasier S2
brassard I1
brasse S12
brassée U4
brasserie B9
brassière V15
bravissimo S6
bravo A4
bravoure I18
break K4
breakfast N3
brebis E6
brèche V7
bréchet F5
bredouille Y16
bredouillis E6
bref Q9
f brève
brelan D9
breloque K2
brème, *f* V11
brésilien Q25
bressan Q24
brestois Q11
bretelle C8
breton Q25
bretonnant M4
bretteur G13
bretzel, *m ou f* . . . Z16
breuvage Z16
brevet F5
breveté Q1
bréviaire H5
briard I1
bribe, *f* Z16
bricolage K6
bricole L2
bricoleur Q27
bridé Q1
bridge Z16
brie 88 B9
briefing J2
brièvement F12
brièveté U8

brigade Z16
brigand F18
brigantin C17
brillamment F16
brillantine Z11
brimade P4
brimborion I18
brin C17
brindille L4
bringue C17
brio A4
brioche X5
brique 38 K2
briquet 10 F5
briqueterie B9
briquette C11
bris 88 E6
brisant S2
brise 61 S2
brisées U4
bristol L1
brisure H6
britannique M4
brittonique N7
broc K1
brocante D2
brocanteur K6
brocard 81 I1
brocart 81 I4
broche Z16
brochet F5
brochette C11
brochure H6
brocoli, *m* A3
brodequin C17
broderie B9
broiement B13
brome M1
bromure, *m* H6
bronche, *f* Z16
bronchiole L2
bronchite N6
brontosaure S2
bronzage S1
bronze S1
brossage S6
brosse 12 S16
brou, *m* A8
brouet F5
brouette C11
brouettée X5

brouhaha		X2
brouillage		Y14
brouillamini		Z11
brouillard		I1
brouille		Y16
brouillon		Q25
broussaille		Z6
broussailleux		Y15
brousse		S18
broutille		L4
browning		Z16
broyage		Y9
brrr !		Z16
bru		A7
bruant		D10
brucellose		L11
brugeois		Q11
brugnon		Z16
bruine		X5
bruissement		S6
bruit		F8
bruitage		N6
bruiteur		G13
brûlant		W8
brûleur		G13
brûlis		E6
brûlot		F9
brûlure		W8
brumaire		H5
brume		M1
brumeux		Q13
brun		Q24
brunâtre		W1
brunette		C11
brushing		Z16
brusque		K2
brut	32	Q19
brutal		Q21
brutalement		F12
brutalité		U3
brute	32	N6
bruxellois		Q11
bruyamment		F16
bruyant		Y7
bruyère		Y11
buanderie		X5
bubonique		M3
buccal		K7
buccin		C17
bûche		W8
bûcheron		W8

bucolique		K6
budget		F5
budgétaire		N6
budgétisation		T12
buée		U4
buffet		P9
buffle		J1
bufflonne		M4
buggy		J8
bugle, m		Z16
building		Z16
buis		E6
buisson		S6
buissonneux		Q13
buissonnier		Q4
bulbe		Z16
bulbeux		Q13
bulgare		I18
bulldozer		G5
bulle		L3
bulletin		C17
bungalow		Z16
bunker		G5
bunsen		C4
buraliste		L12
bure		H6
bureau		I18
bureaucrate		N6
bureaucratie		B8
bureaucratisation		T12
burette		I18
burin		C17
burlesque		K2
burnous		R3
bus		R3
busard		S2
buse		S2
business		Z16
businessman		Z16
busqué		K14
buste		N6
bustier		Z16
but	14 21 56	F10
butane		Z3
buté		Q1
butée		U4
buteur		N6
butin		C17
butineur		Q27
butoir	86	N6
butor		G9

butte	21 56	N5
buttoir	86	N7
buvard		I1
buvette		C11
byssus		R3
byzantin		Q24
byzantinisme		Y5

C

ça	24	A1
çà	24	V1
cabale		L2
cabalistique		Z15
caban		D9
cabane		M3
cabanon		Z3
cabaret		F5
cabaretier		N6
cabas		E1
cabernet		F5
cabestan		D9
cabillau(d)	53	Y16
cabine		M3
cabinet		F5
câble		W1
câbleur		Q27
cabochard		I1
caboche		Z16
cabochon		Z16
cabot		F9
cabotage		N6
caboteur		G13
cabotin		Q24
cabotinage		N6
caboulot		F9
cabri		A3
cabriole		X5
cabriolet	10	F5
cabus		R3
cacah(o)uète		X2
cacao		X5
cacatoès		V21
cacatois		E5
cachalot		F9
cache, m	25	Z16

cache, *f* **25** Z16
cachemire, *m* . . . H2
cachet F5
cachette C11
cachot F9
cachotterie P15
cachottier Q4
cachou A8
cacique S4
cacochyme Y1
cacophonie J3
cactée, *f* U4
cactus R3
cadastral Q21
cadastre J5
cadavérique K2
cadavre J5
caddie **49** J6
caddy **49** Y1
cadeau A5
cadenas E1
cadence D7
cadet F5
cadmium Z16
cadran **28** D9
cadre Z16
cadreur G13
caduc Q5
caducée, *m* U2
caducité U3
caecum Z16
cafard I1
cafardeux Q13
café U1
caféier Q4
caféine X5
caf(e)tan D9
cafétéria A1
cafetière N6
cafouillage Y14
cafouillis E6
cafre P2
cage Z1
cageot B15
cagibi A3
cagneux Q13
cagnotte N5
cagoule L2
cahier X2
cahot **61** X2
cahoteux Q13

cahute P8
caïd J4
caillasse S12
caille Y16
caillebotis Z11
caillot F9
caillou R7
caillouteux Q13
cailloutis E6
caïman D9
caïque X6
caisse S13
caissette Z6
caissier Q4
caisson S6
cajolerie B9
cajoleur Q27
cajou A8
cajun Z1
cake K12
cal **24** R8
calabrais E4
calamine, *f* Z7
calamité Z7
calamiteux Q13
calandre, *f* D12
calanque D12
calao A4
calcaire H5
calcination M3
calcium S4
calcul L1
calculateur Q28
cale **12 24** L2
calé P3
calebasse S12
calèche V7
caleçon S4
calédonien Q25
calembour G11
calembredaine . . . C2
calendes R11
calendrier D13
calepin C17
calfatage N6
calfeutrage Z15
calibrage L12
calibre L12
calice S8
calicot F9
califat F1

calife J2
californien Q25
califourchon L12
câlin Q24
câlinerie W1
calisson Z4
calleux Q13
calligraphie J3
callipyge Y5
callosité U3
calmar G1
calme Z16
calmement F12
calomniateur Q28
calomnie B9
calorie, *f* B9
calorifère V15
calorifique K2
calorifuge Z15
calot F9
calotin Z3
calotte N5
calque, *m* K2
calumet F5
calvados Z16
calvaire H5
calviniste M3
calvitie B8
calypso, *m* Y1
camaïeu X6
camail L5
camarade Z7
camaraderie B9
camarde M1
camarguais E4
camarilla Y16
cambiste D12
cambodgien Q25
cambouis E6
cambrésien Q25
cambrien Q25
cambriolage L12
cambrioleur Q27
cambrousse D12
cambrure H6
cambuse S2
came, *f* M1
camée, *m* U2
caméléon Z3
camélia, *m* A1
camelot Z3

camelote	. . . . . .	Z7
camembert	. . . . .	I5
caméra	. . . .	A1
cameraman	. . . .	Z16
camériste	. . . . . .	M3
camerlingue	. . . .	M1
camerounais	. . . .	M3
camion	. . . .	M1
camionnette	. . . .	Z10
camionneur	. . . .	Z4
camisard	. . . . . .	I1
camisole	. . . . . .	Z7
camomille, f	. . . .	L4
camouflage	. . . .	J2
camouflet	. . . . .	F5
camp	 28	O2
campagnard	. . . .	I1
campagne	. . . . .	D12
campagnol	. . . . .	L1
campanile, m	. . .	L2
campanule, f	. . . .	L2
campêche	. . . . .	W2
campement	. . . .	F12
campeur	. . . . . .	Q27
camphre	. . . . . .	J3
camping	. . . . . .	Z16
campus	. . . .	R3
camus	. . . .	Q11
canadair	. . . . . .	G6
canadien	. . . . . .	Q25
canaille	. . . .	L6
canal	 75	M3
canalisation	. . . .	L12
canapé	. . . .	U1
canaque	. . . . . .	P5
canard	 81	I1
canari	. . . .	A3
canasson	. . . . . .	Z4
canasta, f	. . . . .	A1
cancan	. . . .	D9
cancanier	. . . . . .	Q4
cancer	. . . .	G5
cancéreux	. . . . .	Q13
cancérigène	. . . .	V12
cancoillotte	. . . .	N5
cancre	. . . .	D12
cancrelat	. . . . . .	F1
candélabre	. . . . .	U6
candeur	. . . . . .	G14
candi, inv	. . . . . .	A3
candidat	. . . . . .	F1
candidature	. . . .	H6
candide	. . . .	D12
cane	 71	M3
caneton	. . . . . .	Z3
canette	. . . .	Z4
canevas	. . . . . .	E1
caniche	. . . .	M3
caniculaire	. . . . .	H5
canicule	. . . . . .	L2
canif	. . . .	M3
canin	. . . .	Q25
canine	. . . .	Z3
caniveau	. . . . . .	A5
cannabis, m	. . . .	M4
cannage	. . . . . .	M4
canne	 71	M4
cannelé	. . . .	Z5
cannelle	. . . . . .	Z6
cannelloni	. . . . .	Z13
cannelure	. . . . .	Z11
cannibale	. . . . . .	Z11
cannisse, f	. . . . .	S15
canoë	. . . .	X6
canon	. . . .	M3
canonique	. . . . .	M3
canonisation	. . . .	T12
canonnade	. . . . .	Z9
canonnière	. . . . .	V15
canot	 75	F9
canotage	. . . . . .	N6
canotier	. . . . . .	Z3
cantabile	. . . . . .	Z16
cantal	. . . .	Z16
cantaloup	. . . . .	Z3
cantate	. . . .	N6
cantatrice	. . . . .	S9
cantharide	. . . . .	X1
cantilène, f	. . . .	V12
cantine	. . . .	Z3
cantinier	. . . . . .	Q4
cantique	 67	K2
canton	. . . .	Z1
cantonade	. . . . .	P5
cantonal	. . . . . .	P5
cantonnement	. . .	Z9
cantonnier	. . . . .	P12
canular	. . . .	G1
canularesque	. . .	Z15
canule, f	. . . . . .	Z3
canut	 56	F10
canyon	. . . .	Y1
canzone, f	. . . . .	Z16
caoutchouc	. . . .	Z16
caoutchouteux	. .	Q13
cap	 32	O1
capable	. . . .	P6
capacitaire	. . . . .	H5
capacité	. . . . . .	S4
caparaçon	. . . . .	S4
cape	 32	O4
capeline	. . . . . .	Z7
capésien	. . . . . .	S2
capétien	. . . . . .	S5
capharnaüm	. . . .	X6
capillaire	. . . . . .	H5
capillarité	. . . . .	L11
capilotade	. . . . .	N6
capitaine	. . . . . .	Z7
capitainerie	. . . .	B9
capital, m	 33	L1
capital	 33	Q21
capitale, f	 33	L2
capitalisme	. . . . .	L12
capitation	. . . . .	T12
capiteux	. . . . . .	Q13
capitole	. . . .	Z7
capitonnage	. . . .	Z8
capitulaire	. . . . .	H5
capitulation	. . . .	Z15
capon	. . . .	O6
caporal	. . . .	Z3
capot	. . . .	F9
capote	. . . .	Z3
câpre	 74	W1
capriccio	. . . . . .	A4
caprice	. . . .	S8
capricieux	. . . . .	T20
capricorne	. . . . .	O6
capsule	. . . .	L2
captieux	. . . . . .	T18
captif	. . . .	Q9
captivité	. . . . . .	U3
capture	. . . .	H6
capuce, m	. . . . .	S10
capuche	. . . . . .	O6
capuchon	. . . . . .	O6
capucin	. . . .	C17
capucine	. . . . . .	S4
caquelon	. . . . . .	K14
caquet	. . . .	F5
car	 24	G1
carabin	. . . .	C17

carabine	Z7	carillon	I19	cartouchière	V15
caraco	A4	carillonneur	Z10	caryatide, *f*	Y5
caracole	Z7	carlingue	C17	caryotype	Y6
caractère	V15	carmagnole	L2	cas	E1
caractériel	Q22	carmel	L1	casanier	Q4
caractéristique	K2	carmélite, *f*	L12	casaque	S2
carafe	J2	carmin	C17	casbah	X8
carafon	Z3	carnage	K6	cascade	K6
caraïbe	X6	carnassier	Q4	cascadeur	Q27
carambolage	P3	carnation	T12	case	S2
carambouillage	Y14	carnaval	R8	caséine	X5
caramel	L1	carnavalesque	L12	casemate	Z7
caramélisé	U5	carnet	P5	caserne	S2
carapace	I17	carnivore	H4	casernement	F12
carat	F1	carolingien	Q25	cash **25**	X3
caravane	P5	carotène, *m*	V12	casher	Z16
caravaning	M3	carotide	Z7	casier	S2
caravansérail	L5	carotte	N5	casino	A4
caravelle	Z8	carottage	Z9	casoar	X5
carbonaro	A4	carpe	Z16	casque	K2
pl. carbonari		carpette	C11	casquette	C11
carbone	M3	carquois	K14	cassate, *f*	Z5
carburant	D10	carrare, *m*	H1	cassation	T12
carburateur	G13	carre, *f* **24**	I10	casse	S12
carbure, *m*	H6	carré **8 39**	Q1	casserole	Z11
carcan	D9	carreau	A5	cassette	C11
carcasse	S12	carrefour	G5	casseur	G13
carcel	L1	carrelage	Z11	cassis	R3
carcéral	Q21	carrelet	F5	cassolette	Z12
cardan	D9	carreleur	Z5	cassonade	Z11
cardeur	Q27	carrément	F13	cassoulet	F5
cardiaque	K2	carrier **7**	I12	cassure	H6
cardigan	D9	carrière	I12	castagnettes	R11
cardinal	Q21	carriole	L2	castel	L1
cardinalice	S8	carrosse	Z6	castillan	Q24
cardiogramme	M2	carrosserie	Z13	castor	G9
cardiologie	B9	carrousel	S2	castrat	F1
carême	W2	carrure	I12	castration	T12
carénage	U12	cartable	K6	casuel	Q22
carence	D7	carte **67**	Z16	casuistique	K2
carène	V12	cartel	L1	cataclysme	Y1
carentiel	S5	carter	G5	catacombes	R11
caressant	D10	cartésien	Q25	catadioptre	Z16
caresse	S14	carthaginois	Q11	catafalque	N6
cargaison	S2	cartilage	L12	catalan	L12
cargo	A4	cartilagineux	Q13	catalogue	P3
caribou	A8	cartographie	J3	catalyse	Y1
caricatural	Q21	cartomancie	B9	catalyseur	S2
caricature	H6	carton	Z16	catamaran	D9
carie	B9	cartonnage	M4	cataphote	J3
carié	Q1	cartoon	Z16	cataplasme	N6

catapulte, *f*	Z16	
cataracte	I17	
catarrhe, *m*	**62** I11	
catastrophe	J3	
catastrophique	K2	
catch	Z16	
catcheur	Q27	
catéchèse, *f*	U7	
catéchisme	N6	
catéchumène	K8	
catégorie	B9	
caténaire, *f*	H5	
cathare	**62** X1	
cathédrale	X1	
cathétérisme	X1	
cathode, *f*	X1	
catholicisme	S4	
catholique	X1	
catimini	Z7	
catin	C17	
catogan	D9	
cauchemar	G1	
cauchemardesque	K2	
cauchois	E5	
caudal	Q21	
causalité	U3	
cause	S2	
causerie	R9	
causette	Z4	
causse, *m*	**54** S18	
causticité	S4	
caustique	K2	
cauteleux	Q13	
cautérisation	T12	
caution	T13	
cautionnement	F12	
cavaillon	Y16	
cavalcade	K6	
cavale	L2	
cavalerie	I19	
cavalier	Q4	
cavalièrement	F12	
cavatine	Z7	
caveau	A5	
caverne	Z16	
caverneux	Q13	
caviar	G1	
cavité	U3	
ce	**69** S4	
céans	**69** D12	
ceci	S4	
cécité	U3	
cedex, *m*	Z16	
cédille, *f*	L4	
cèdre	V4	
ceinture	H6	
ceinturon	I20	
cela	V1	
célébration	T12	
célèbre	U7	
célébrité	U5	
céleri	**69** A3	
célesta	A1	
céleste	S4	
célibat	F1	
célibataire	H5	
celle	**21** C8	
cellier	**69** L11	
cellophane	L11	
cellulaire	Z11	
cellule	Z5	
cellulite	Z11	
celluloïd	J4	
cellulose	Z11	
celte	Z16	
celtique	K2	
celui	S4	
cément	D11	
cénacle	P5	
cendre	**29** D13	
cendrée	U4	
cendrillon	Y16	
cène	**70** V12	
cénobite	Z7	
cénotaphe	J3	
cens	**69** R3	
censé	**69** Q1	
censément	F13	
censeur	G13	
censitaire	Z7	
censure	**12** H6	
cent	**19 31** D11	
centaine	C2	
centaure	H3	
centenaire	M3	
centième	V11	
centigrade	D13	
centime	M1	
central	Q21	
centrale	L2	
centralisation	T12	
centre	D13	
centrifuge	J2	
centripète	V17	
centuple	N6	
centurion	D13	
cep, *m*	**41** O1	
cépage	U12	
cèpe, *m*	**41** V13	
cependant	D10	
céphalée, *f*	J3	
céramique	K2	
céraste, *m*	I17	
cerbère	V15	
cerceau	A5	
cercle	Z16	
cercueil	L13	
céréale	L2	
céréalier	Q4	
cérébral	Q21	
cérémonial	U5	
cérémonie	Z7	
cérémonieux	Q13	
cerf	**21 41** S4	
cerfeuil	L9	
cerisaie	B1	
cerise	S2	
cerne	Z16	
cerneau	A5	
certain	Q24	
certainement	F12	
certes	**69** S4	
certificat	F1	
certitude	N6	
cérumen	I21	
céruse, *f*	I21	
cerveau	A5	
cervelas	E1	
cervelet	H5	
cervelle	C8	
cervical	Q21	
cervidé	U1	
cervoise	S2	
ces	**69** S4	
césarienne	C10	
cessation	S6	
cesse	S14	
cession	**69** T3	
césure	S2	
cet	**79** Q20	
cétacé	**69** Q1	
ceux	E8	
cévenol	L1	

chablis	R3	
chacal	R8	
chaconne	Z3	
chacun	Q24	
chafouin	J2	
chagrin	C17	
chah	61 X8	
chahut	F10	
chai	42 A9	
chaîne	40 W4	
chaînette	C11	
chaînon	M3	
chair	63 G6	
chaire	63 I18	
chaise	S2	
chaix	Z16	
chaland	D12	
chaldéen	K9	
châle	W1	
chalet	P1	
chaleur	G14	
chaleureux	Q13	
châlit, m	W1	
challenge, m	L11	
challenger	G5	
chaloupe	L12	
chalumeau	A5	
chalut	F10	
chalutier	N6	
chamade, f	M1	
chamailleur	Q27	
chaman	Z16	
chamanisme	M3	
chamarrure	Z9	
chambard	I1	
chambellan	D9	
chambranle	D12	
chambre	D12	
chambrée	U4	
chambrette	C11	
chameau	A5	
chamelier	L12	
chamelle	C8	
chamois	E5	
champ	31 D12	
champenois	Q11	
champêtre	W2	
champignon	Z16	
champignonnière	M4	
champion	Q25	
championnat	F1	

chance	D3	
chancelant	D10	
chancelier	L12	
chancellerie	L11	
chanceux	Q13	
chancre	D12	
chandail	L5	
chandeleur, f	G14	
chandelier	L12	
chandelle	C8	
chanfrein	C14	
change	D12	
changeable	B15	
changeant	D10	
changement	F12	
chanoine	M3	
chanson	Z16	
chansonnette	Z10	
chansonnier	Q4	
chant	31 D10	
chantant	8 D10	
chanterelle, f	C8	
chanteur	Q27	
chantier	D12	
chantilly	Y4	
chantre	Z16	
chanvre	D12	
chaos	61 K9	
chaotique	X5	
chapardeur	Q27	
chape	61 O4	
chapeau	A5	
chapelain	C12	
chapelet	F5	
chapelier	L12	
chapelle	C8	
chapellerie	Z9	
chapelure	L12	
chaperon	Z3	
chapiteau	A5	
chapitre	P1	
chapka	Z16	
chapon	O6	
chaptalisation	T12	
chaque	K2	
char	G1	
charabia	A1	
charade	I17	
charançon	S4	
charbon	Z16	
charbonnage	M4	

charbonnier	Q4	
charcuterie	B9	
charcutier	Q4	
chardon	Z16	
chardonneret	M4	
charentais	Q11	
chargement	F12	
chargeur	G13	
chariot	P7	
charisme	K9	
charité	U3	
charivari	A3	
charlatan	D9	
charlatanesque	M3	
charleston	Z16	
charlotte	N5	
charmant	D10	
charmeur	Q13	
charmille	L4	
charnel	Q22	
charnière	V15	
charnu	I20	
charognard	I1	
charogne	I20	
charolais	Q11	
charpente	D5	
charpie	B9	
charretée	U4	
charretier	P14	
charrette	Z6	
charroi	A10	
charron	I12	
charrue	B5	
charte	Z16	
charter	G5	
chartrain	Q24	
chartreux	Q13	
chas	61 E1	
chasse	74 P1	
châsse	74 W1	
chasselas	E1	
chasseur	Q29	
chassie, f	85 P1	
chassieux	T19	
châssis, m	85 W1	
chaste	Z16	
chasteté	U3	
chasuble	S2	
chat	61 E1	
châtaigne	W1	
châtaignier	Z16	

châtain	W1	chenapan	D9	chiffe, *f*	J1
château	W1	chêne	40 W2	chiffon	J1
châtelain	Q24	chéneau	A5	chiffonnier	Z6
châtiment	W1	chenet	F5	chiffre	12 J1
chatoiement	B13	chenil	L1	chignole	L2
chaton	P8	chenille	L4	chignon	Z16
chatouillement	F12	chenillette	Z10	chihuahua	Z16
chatouilleux	Y16	chenu	Q1	chilien	Q27
chatoyant	Y7	cheptel	L1	chimère	V15
chatte	N5	chèque	61 V14	chimérique	U12
chattemite, *f*	Z11	chéquier	U12	chimie	B9
chatterie	Z5	cher	63 Q4	chimiquement	F12
chatterton	Z16	chercheur	Q27	chimpanzé	U1
chaud	19 61 Q2	chère	Z16	chinchilla, *m*	A1
chaudière	V15	chéri	Q1	chinois	Q11
chaudron	Z16	chérot	F9	chinoiserie	B9
chaudronnier	M4	cherry	44 Y4	chiot	F9
chauffage	J1	cherté	U3	chiourme, *f*	X5
chauffard	I1	chérubin	C17	chipie	O6
chauffe	J1	chétif	Q9	chipolata, *f*	A1
chaufferette	Z12	cheval	L1	chipotage	Z3
chaufferie	B9	chevaleresque	L12	chips	R1
chaulage	L12	chevalet	F5	chique	38 K2
chaumage	53 M1	chevalière	L12	chiqué	U1
chaume	Z16	chevalin	Q24	chiquenaude	M3
chaumière	V15	chevauchée	U4	chiromancie	B6
chaussée	U4	chevelure	H6	chiropraxie	K9
chausses	S6	chevet	F5	chirurgical	Q21
chaussette	Z6	cheveu	A2	chistera, *m ou f*	A1
chausson	S6	chevillette	Y16	chlorate	N6
chaussure	H6	cheviotte	N5	chlore	16 H4
chauvin	Q24	chèvre	V4	chloroforme	J2
chauvinisme	M3	chevreau	A5	chlorophylle	L11
chaux	19 61 R4	chèvrefeuille, *m*	L10	chlorure, *m*	H6
chavirement	F12	chevrette	C11	choc	K1
chéchia	A1	chevreuil	L9	chochotte, *f*	N5
cheddite, *f*	J6	chevronné	M4	chocolat	F1
chef	J2	chevrotine	P8	chocolaté	N6
chefferie	P9	chez	42 Z16	chœur	61 K9
cheftaine	C2	chianti	K9	choix	E8
cheikh	61 X8	chiasme, *m*	K9	choléra	A1
chelem	Z16	chic	38 K1	cholestérol	L1
chemin	C17	chicane	12 M3	chômage	53 W10
chemineau	53 A5	chichement	F12	chômeur	Q27
cheminée	U4	chichi	A3	chope	12 O4
cheminement	F12	chichiteux	Q13	chopine	M3
cheminot	53 F9	chicorée, *f*	U4	choquant	K14
chemise	S2	chicot	F9	choral	61 L1
chemisette	C11	chien	Q25	chorale	61 K9
chênaie	B1	chiendent, *m*	D11	chorégraphie	K9
chenal	M3	chienlit, *m ou f*	F8	chorizo	Z16

chorus K9
chose S2
chou R7
chouan D9
chouannerie M4
choucas E1
chouchou A8
choucroute K6
chouette C11
chrême, m . . . 87 W2
chrétien Q25
chrétiennement . . Z9
chrétienté U5
christianisme . . . M3
chromatique . . . K2
chrome K9
chromo A4
chromosome, m . . S2
chronique M3
chronologie . . . B9
chrono(mètre) . . . K9
chronométreur . . U12
chrysalide, f Y1
chrysanthème, m . V11
chuchotement . . F12
chuintement . . . F12
chut ! 32 Z16
chute 32 N6
ci 51 S4
cible Z16
ciboire, m H9
ciboulette C11
ciboulot F9
cicatrice S8
cicerone Z7
  aussi cicérone . . U6
cidre S4
ciel L1
  pl. cieux
  et ciels
cierge S4
cieux T20
cigale L12
cigare I18
cigarette Z8
cigarillo Y16
cigogne S4
ciguë, f X7
cil 49 L1
cilice, m S8
cimaise C2

cime 50 P1
ciment D11
cimenterie B9
cimeterre, m . . . Z8
cimetière V15
cinéaste X5
cinéma A1
cinémathèque . . . X1
cinéphile J3
cinéraire, f H5
cinglant D10
cinq Z16
cinquantenaire . . . H5
cinquantième . . . V11
cintre C17
cirage S4
circoncis Q11
circonférence . . . D7
circonflexe J2
circonlocution . . . T9
circonscription . . . T15
circonspect Q2
circonspection . . . T16
circonstance D3
circonstanciel . . . Q18
circonvolution . . . T9
circuit F8
circulaire H5
circulation L12
circulatoire H8
cire 64 I18
cireur Q27
cireux Q13
cirque K2
cirrhose X1
cirrus I14
cisaille L6
ciseau A5
ciseaux R10
ciselure H6
cistercien Q25
citadelle C8
citadin Q24
citation T12
cité, f 8 U3
cité 8 Q1
citerne S4
cithare H1
citoyen Y11
citoyenneté U3
citronnade M4

citronnelle C8
citrouille Y16
cive, f S4
civet F5
civette C11
civière V15
civil L1
civilisation T12
civilité U3
civique K2
clac ! 38 K1
clafoutis E6
claie 42 B1
clair 40 Q2
clairement F12
clairet F5
clairière V15
clairon C1
claironnant D10
clairsemé Q1
clairvoyant Y7
clameur G14
clan D9
clandestin Q24
clandestinement . . F12
clandestinité . . . U3
clanique M3
clapet F5
clapier O6
clapotis E6
claquage K14
claque 38 K2
claquette C11
clarification T12
clarinette Z8
clarisse S15
clarté U3
classe S12
classement F12
classicisme S4
classique K2
claudication T12
clause 53 S2
claustral Q21
claustrophobie . . . B9
clavecin C17
claveciniste M3
clavetage N6
clavette C11
clavicule L2
clavier Z16

clayette Y11
clayonnage Y11
clé **42** U3
clef Z16
clématite Z7
clémence D7
clémentine D13
clenche, f D13
clepsydre, f Y1
cleptomanie B9
clerc **40** Z16
clergé U1
clergyman Y1
clérical Q21
clic ! **76** K1
cliché U1
client D11
clientèle V10
clignement F12
clignotant D10
climat F1
climatique K2
climatisation T12
clin C17
clinicien Q25
clinique K2
clinquant D10
clip O1
clique **76** K2
cliques **76** R11
cliquet F5
cliquetis E6
clisse S15
clitoridien Q25
clitoris R3
clivage Z16
cloaque X5
clochard Q2
cloche Z16
clocheton N6
clochette C11
cloison S2
cloisonnement . . . M4
cloître W6
clone, m M3
clopinettes R11
cloporte, m O4
cloque, f K2
clos **53** Q11
clôture W10
clou **13** A8

clouterie B9
clovisse, f S15
clown Z16
clownerie B9
clownesque K2
club Z16
clunisien Q25
cluse, f S2
clystère Y1
coadjuteur X5
coagulation X5
coalescence S3
coalisé Q1
coalition T10
coassement X5
coauteur X5
cobalt Z16
cobaye Y11
cobol L1
cobra A1
coca, f A1
cocagne, f K6
cocaïne X6
cocarde K6
cocardier Q4
cocasse S12
cocasserie B9
coccinelle Z12
coccyx Y1
coche Z16
cochenille L4
cocher **7 43** Z16
cochère, f V15
cochon Q25
cochonnaille L6
cochonnet F5
cocker K13
cockpit K13
cocktail K13
coco A4
cocon K6
cocorico K6
cocotier N6
cocotte N5
cocu Q1
coda, f A1
code J5
codex R4
codicille, m L11
coefficient J1
coercition T10

cœur **61** G4
coexistence X5
coffre J1
coffret F5
cogito A4
cognac K1
cognassier S6
cognée U4
cognement F12
cohabitation X2
cohérent X2
cohéritier X2
cohésion X2
cohorte X2
cohue X2
coi **67** A10
  f coite
coiffe J1
coiffeur Q27
coiffure H6
coin **59** C18
coincement F12
coïncidence X6
coing **59** Z16
coït X6
coke **52** K12
cokerie B9
col **36 54** L1
colback K5
colchique, m K2
coléoptère V15
colère V15
coléreux Q13
colérique **80** U12
colibacille Z15
colibri A3
colifichet F5
colimaçon S4
colin C17
colique L12
colis P3
colite Z3
collaborateur Q28
collaboration L11
collage L11
collant D10
collatéral Q21
collation P10
colle **12 36 54** L3
collecte L11
collecteur Q28

collectif Q9
collection T16
collectionneur . . . Q27
collectivité U3
collège L11
collégial U12
collégien Q25
collègue L11
collerette C11
collet F5
collier P10
collimateur Q28
colline L11
collision L11
collocation L11
colloque K2
collusion L11
collutoire H9
collyre, *m* Y1
colmatage N6
colombier L12
colon 74 P1
côlon 74 W10
colonel Z3
colonial Q21
colonialisme M3
colonie B9
colonisation T12
colonnade Z9
colonne M4
colonnette Z10
coloquinte, *f* P3
colorant I17
coloris E6
colossal Z4
colosse S16
colporteur Q27
colt Z16
columbarium Z16
colza S1
coma 71 M1
comateux Q13
combat F1
combatif P8
combativité U3
combattant P15
combien C15
combinaison M3
combinard I1
combine M3
comble Z16

combustion Z16
comédie B9
comédien Q25
comédon Z3
comestible M1
comète V17
comices R10
comics R10
comique K2
comité U1
comma, *m* . . . 71 M2
commandant . . . D10
commande . . . 30 D1
commandement . . M2
commanditaire . . . H5
commando A4
commémoraison . . Z15
commémoratif . . . Q9
commencement . . Z11
comment M2
commentaire D13
commentateur . . . Q28
commérage U12
commerçant M2
commerce M2
commercial Q21
commère V15
comminatoire . . . H8
commis E6
commisération . . . Z15
commissaire Z13
commissariat . . . F1
commission T5
commissionnaire . Z15
commissure Z13
commode M2
commodément . . F13
commodité U3
commodore H4
commotion M2
commun Q24
communard I1
communautaire . . H5
communauté . . . U3
commune Z5
communicant . . . D10
communication . . T12
communion Z5
communiqué U1
communisme . . . M2
commutateur . . . G13

commutation . . . M2
compact N1
compagnie B9
compagnonnage . M4
comparaison S2
comparse Z16
compartiment . . . D11
comparution T9
compas E1
compassé S6
compassion S6
compatibilité U3
compatible N6
compensation . . . T12
compensatoire . . . H8
compétence D7
compétition T10
compilation T12
complainte C12
complaisamment . F16
complaisance . . . D3
complémentaire . . H5
complet C19
complètement . . . F12
complétive U12
complexant D10
complexion T17
complexité U3
complication K6
complice S8
complicité U3
complies R11
compliment D11
compliqué Q1
complot F9
componction . . . S5
componentiel . . . S5
comportement . . . F12
compos(ac)ée . . . U4
composante D12
composite Z7
compositeur Q28
composition T10
compost N3
compote N6
compotier N6
compréhension . . X1
compresse S14
compresseur G13
comprimé Q1
compromettant . . D10

compromis	E6	concurrent	P14	congestion	Z16
compromission	T5	concurrentiel	S5	congestionné	Q1
comptabilité	U3	concussion	T4	conglomérat	F1
comptant 29	D10	condamnation	T12	congratulation	T12
compte 21 55	Z16	condensateur	D13	congre	Z16
compteur 55	G13	condensation	T12	congrégation	T12
comptine	P5	condescendance	S3	congrès	V20
comptoir	G2	condiment	D11	congressiste	S6
comput	Z16	condisciple	S3	congruence	D7
computer	Z16	condition	T10	congrûment	W8
comte 21 55	Z16	conditionnel	M4	conifère	V15
comté 55	U1	condoléances	R11	conique	P1
comtesse	S14	condominium	Z16	conjecture	H6
comtois	Q11	condor	G9	conjoint	C20
concasseur	Q11	condottiere	N7	conjointement	F12
concaténation	P5	conducteur	Q28	conjonction	T16
concentration	T12	conduit	F8	conjonctivite	N6
concentrationnaire	H5	conduite	N6	conjoncture	H6
concentré	Q1	cône	W10	conjugaison	C1
concept	N2	confection	T16	conjugal	Q21
conception	T15	confédération	T12	conjuration	T12
conceptuel	Q22	conférence	D7	connaissance	M4
concert	I5	conférencier	S4	connecteur	G13
concerto	A4	confession	T3	connerie	Z5
concession	T3	confessionnal	M4	connétable	M4
concessionnaire	H5	confetti	N7	connexe	Z5
concierge	S4	confiance	D3	connexion	T17
concile	L2	confidence	D7	connivence	D7
conciliabule	L2	confidentiel	Q22	connotation	M4
conciliaire	H5	confins	R10	connu	Q21
conciliateur	Q28	confirmation	T12	conque	K2
concis	Q11	confiscation	K6	conquérant	U12
concitoyen	Y11	confiserie	B9	conquête	W2
conclave	Z16	confiseur	S2	conquistador	G9
concluant	D10	confisqué	K14	consanguin	Q24
conclusif	Q9	confit	Q19	consanguinité	U3
concombre	K6	confiture	H6	consciemment	F17
concomitant	Z7	conflictuel	Q22	consciencieux	Q13
concordance	D3	conflit	F8	conscient	S3
concordat	F1	conformément	F13	conscription	T15
concordataire	H5	conformité	U3	conscrit	F8
concours	I9	confort	I6	consécration	T12
concret	Q19	confrère	V15	consécutif	Q9
concrètement	F12	confrérie	U12	conseil	L7
concrétion	T8	confus	Q11	conseiller	Q4
concrétisation	U12	confusément	F13	consensus	R3
concubin	C17	congé	U1	consentement	D13
concubinage	M3	congélateur	G13	conséquemment	F17
concupiscence	S3	congénère	U7	conséquence	D7
concurremment	Z10	congénital	Q21	conservateur	Q28
concurrence 12	D5	congère, f	V15	conservatoire	H9

conserve Z16
considération . . . Z15
consignation T12
consigne Z16
consistant 8 D10
consistoire H9
consolateur Q28
console, *f* 33 L2
consolidation T12
consommation . . . M2
consomption T15
consonance P5
consonne Z4
consort I6
consorts R10
constable Z16
constance D3
constat F1
constellation L11
consternation . . . T12
constipation T12
constitution T9
constitutionnel . . . Q22
constriction T16
construction T16
consul L1
consulaire H5
consulat F1
consultation T12
contact N1
contagieux Q13
container G5
contamination . . . M3
conte 21 55 Z16
contemplatif Q9
contemporain . . . Q24
contempteur Q28
contenance D3
content 29 D11
contentement . . . D13
contentieux T18
contention T6
contenu A7
contestataire N6
conteur 55 Q27
contextuel Q22
contigu Q3
contiguïté X6
continence D7
contingence D5
continuel Q22

continûment W8
continuo A4
contondant D10
contorsion T2
contorsionniste . . Z15
contour G11
contraceptif J2
contraception . . . T15
contraction T16
contractuel Q22
contradicteur . . . Q28
contradictoire . . . H8
contraignant D10
contraint C13
contrainte C13
contraire H5
contralto A4
contraste Z16
contrastif Q9
contrat F1
contravention . . . T6
contrebande D1
contrebas E1
contrebasse S12
contrecœur G4
contrecoup O2
contrée U4
contrefaçon S4
contrefort I6
contremaître W4
contrepartie B9
contrepèterie . . . N6
contrepoids E7
contrepoint C20
contresens R3
contretemps R3
contretype Y1
contrevenant D10
contrevent D11
contribution T9
contrit F8
contrition T10
contrôle 12 W10
controverse Z16
contumace S7
contusion S2
convaincant K6
convalescence . . . S3
convalescent D11
convenance D3
conventionnel . . . Q22

conventuel Q22
convergence D7
conversation T12
conversion T2
converti A3
convertisseur . . . S6
convexe Z16
convict N1
conviction T16
convive Z16
convocation T12
convoi A10
convoitise S2
convoyeur Y8
convulsif Q9
convulsion T11
cool 19 Z16
coolie 48 B9
coopératif Q9
cooptation X5
coordination X5
coordonné Q1
coordonnées R11
copain C12
copal L1
copeau A5
copie B9
copine Z3
copra(h) X8
copte Z16
copule, *f* L2
copyright Z16
coq 52 Z16
coquard I1
coquart I4
coque 52 K2
coquelicot F9
coqueluche K14
coquet Q20
coquetterie N7
coquillage Y14
coquille L4
coquin Q24
cor 64 G9
corail R6
corallien Q25
coran D9
coranique M3
corbeau A5
corbeille L8
corbillard I1

corde	Z16	
cordeau	A5	
cordée	U4	
cordelette	Z15	
cordial	Q21	
cordite	N6	
cordon	Z16	
cordonnier	Q4	
coreligionnaire . . .	M4	
coriace	I19	
coriandre, f.	I19	
corinthien	Q25	
cormoran	I17	
cornaline	L12	
corne	Z16	
cornée	U4	
corneille	L8	
cornélien	Q25	
cornemuse	S2	
cornettiste	N7	
corniaud	F18	
cornichon	Z16	
cornu 56	Q1	
cornue 56	B5	
corollaire	Z9	
corolle, f	L3	
coronaire	Z7	
coronarien	Q25	
corporation	T12	
corporatisme . . .	N6	
corporel	Q22	
corps 64	E7	
corpulence	D7	
corpus	R3	
corpuscule	L2	
corral 61	I15	
correct	N1	
correcteur	Q28	
correctionnelle . . .	L3	
corrélatif	I15	
corrélation	T12	
correspondance . .	D3	
corrida, f	I15	
corridor	G9	
corrosif	Q9	
corrupteur	Q28	
corsage	Z16	
corsaire	H5	
corse 12	Z16	
corselet	F5	
corset	F5	
corso	A4	
cortège	V9	
cortex	R4	
cortisone	S2	
corvée	U4	
corvette	C11	
coryphée, m . . .	U2	
coryza, m	Y1	
cosaque	S2	
cosinus	R3	
cosmétique	K2	
cosmique	K2	
cosmogonie	M3	
cosmonaute	M3	
cosmopolite	L12	
cosmos	R3	
cossard	I1	
cosse 54	S16	
cossu	Q1	
costaud	Q2	
costume	M1	
cosy	Y4	
cote 12 74	P1	
côte 74	W10	
coté 74	Q1	
côté 8 74	U1	
coteau	P1	
côtelette	Z8	
coterie	P8	
cothurne, m	X1	
côtier 78	Q4	
cotillon	Y16	
cotisation	T12	
côtoiement	B13	
coton	Z16	
cotonnade	M4	
cotre	N6	
cottage	P15	
cotte 74	P15	
cou 19 57	A8	
couac	K1	
couard	I1	
couardise	S2	
couchant	D10	
couche	Z16	
couchette	C11	
coucou	A8	
coudée	U4	
coudoiement	B13	
coudrier	X5	
couenne	X5	
couette	C11	
couffin, m	C17	
couic !	K1	
couillonnade	Z13	
couinement	X5	
coule 19	L2	
coulée	U4	
couleur	G14	
couleuvre	Z16	
coulis 48	E6	
coulisse	S15	
couloir	G2	
coulomb 87	Z16	
coulommiers	Z16	
coup 19 57	O2	
coupable	O6	
coupe	O4	
coupé 39	U1	
coupée 39	U4	
coupelle	C8	
couperet	F5	
couperosé	U1	
couple, m	Z16	
couple, f	Z16	
couplet 10	F5	
coupole	L2	
coupon	O6	
coupure	I16	
cour 65	G11	
courage	I17	
couramment	F16	
courant	D10	
courbatu	P8	
courbature	H6	
courée	U4	
coureur	P7	
courge	Z16	
courgette	C11	
couronne	Z4	
courre 65	I16	
courrier	P14	
courroie	B2	
courroucé	Q1	
courroux	R4	
cours 65	I9	
course	Z16	
coursive	Z16	
court 65	Q19	
courtaud	F18	
courtier	X5	
courtisan	Q24	

courtois Q11
courtoisie B9
couscous R3
cousette S2
cousin Q24
cousinage M3
coussin C17
coût 19 57 W7
coûtant D10
couteau A5
coutelas E1
coûteux Q13
coutil L1
coutume P1
coutumier Q4
couturier Q4
couvée U4
couvent D11
couvert I5
coyote Y11
crabe Z16
crac ! 19 61 K1
crachat F1
crachin C17
crack 19 61 K5
cracker K13
craie 40 B1
craintif Q9
cramoisi Q1
crampe D12
crampon D12
cramponné Q1
cran D9
crâne W1
crâneur Q27
crapaud F18
crapule L2
crapuleux Q13
craque 19 61 K2
craquelure H6
crash X3
crasse S12
crasseux Q13
crassier S6
cratère V15
cravate N6
crawl Z16
crayeux Q13
crayon Y11
crayonnage M4
créance D3

créancier Q4
créateur Q28
création T12
créativité X5
crécelle C8
crèche V7
crédence D7
crédibilité U5
crédit F8
créditeur Q28
credo A4
crédulité U5
crémaillère V15
crématoire H8
crématorium Z16
crème 87 V11
crémerie U13
crémone, f Z3
créneau A5
créole L2
crêpe W2
crépine M3
crépitement F12
crépon U13
crépu U12
crépuscule L2
crescendo S3
cresson S6
cressonnette Z14
crétacé Q1
crête W2
crétin C17
cretonne M4
creuset F5
creux Q13
crevaison S2
crevasse S12
crevette C11
cri A3
criard I1
crible Z16
cric 67 K1
cricket K13
criée U4
crime M1
criminel Q22
crin 59 C17
crinière V15
crinoline Z7
crique 67 K2
criquet K14

crise S2
crispation T12
crissement S6
cristal L1
cristallin L11
cristallisation Z15
critère V15
critérium U6
criticisme S4
critique K2
croassement X5
croc Z16
croche Z16
crochet F5
crochu Q1
crocodile K6
crocus R3
croisade S2
croisé U1
croisée U4
croisement F12
croisillon Y16
croissance D3
croissant D10
croix 20 E8
croquembouche . . K14
croquenot F9
croquet 10 F5
croquette C11
croqueur Q27
croquignolet F5
croquis E6
cross 32 Z16
crosse 32 S16
crotale, m Z7
crotte 12 N5
crottin C17
croup, m 32 O1
croupe, f 32 O4
croupion Z16
croustillant Y12
croûte W7
croyance D3
croyant Y7
cru 18 A7
cruauté X5
cruchon Z16
crucial Q21
crucifix E8
crucifixion Z16
cruciverbiste S4

crudité	U3	
crue	18	B5
cruel	Q22	
crûment	W8	
crustacé	Q1	
cryogénie	Y1	
cryothérapie	Y5	
crypte	Y1	
cube	Z1	
cubique	K2	
cubitus	R3	
cueillette	L13	
cuiller	G5	
cuillère	V15	
cuillerée	U4	
cuir	14	G3
cuirasse	S12	
cuisinette	C11	
cuisinier	Q4	
cuisse	S6	
cuisson	S6	
cuissot	53	F9
cuistot	F9	
cuivreux	Q13	
cul	L1	
culasse	S12	
culbute	N6	
culée	L12	
culminant	D10	
culot	F9	
culotte	N5	
culpabilité	U3	
cultivateur	Q28	
cultuel	Q22	
culturel	Q22	
cumin	C17	
cumul	L1	
cumulatif	Q9	
cumulus	R3	
cupidité	U3	
cupidon	U3	
cuprifère	V15	
curaçao	A4	
curare	H1	
curateur	C28	
curatif	Q9	
curé	8 39	U1
curée	8 39	U4
curie	B9	
curieux	Q13	
curiosité	U3	

curling	Z16	
curriculum	K6	
curry	Y4	
cursif	Q9	
cursus	R3	
cutané	Q1	
cuti	A3	
cutter	G5	
cuvée	U4	
cuvette	C11	
cyanure, m	Y1	
cybernétique	Y5	
cyclamen	C4	
cycle	Y1	
cyclique	Y5	
cyclone	P1	
cyclope	P6	
cyclothymique	Y6	
cygne	18 51	Y1
cylindre	Y5	
cylindrée	U4	
cylindrique	Y5	
cymbale, f	L2	
cynisme	Y5	
cyprès	V20	
cyprin	C17	
cypriote	Y5	
cyrillique	Y5	
cystite	Y5	
cytise	Y5	
cytologie	Y5	
cytolyse	Y6	
czar	Z15	

d

dactylographie	Y1	
dadais	E4	
dadaïsme	X6	
dague	Z16	
daguerréotype	X5	
dahlia, m	A1	
dahoméen	X2	
daim	Z16	
dais	66	E4

dalle	12	L3
daltonien	M3	
dam	31	Z16
damassé	Q1	
dame	31	M1
damier	M1	
damnation	T12	
damoiseau	A5	
dan	Z16	
dancing	S4	
dandin	C17	
dandy	Y4	
danger	D12	
dangereux	Q13	
dans	31	D12
danse	30	D4
dard	62	F18
darne	Z16	
datcha, f	A1	
date	12 71	N6
datte	71	N5
daube	Z16	
dauphin	J3	
dauphinois	E5	
daurade	I17	
davantage	D12	
dé	66	U1
débâcle	W1	
déballage	L11	
débarcadère	V15	
débarquement	K14	
débarras	I12	
débat	F1	
débauche	12	P1
débile	L2	
débilité	Z7	
débit	F8	
déblai	A9	
déblaiement	B10	
déblayage	Y9	
déblocage	K6	
déboire	H9	
déboisement	F12	
déboîtement	W6	
débonnaire	P12	
débordement	F12	
débotté	U5	
débouché	U5	
déboulé	U5	
débours	I9	
debout	F3	

débraillé Y16
débrayage Y9
débris E6
début F10
deçà V1
décadence D7
décaèdre X5
décaféiné X5
décalcification . . . T12
décalcomanie, f . . B9
décalogue K6
décan D9
décapant D10
décathlon X1
décati Q1
décembre D13
décemment F17
décence D7
décennat F1
décennie M4
décentralisation . . T12
déception T15
décès V20
décevant Q2
déchaînement . . . W4
dèche V7
déchéance D3
déchet F5
déchirement F12
déchirure I21
décibel L1
décidément F13
décimal Q21
décisif Q9
déclamatoire H8
déclaration T12
déclenchement . . D13
déclic K1
déclin C17
décoction T16
décollage Z9
décolleté P10
décombres R10
déconnexion M4
déconvenue B5
décor Q9
décorticage K6
décorum [ɔm] . . . Z16
décousu Q1
découverte Z16
décrépi 49 Q1

décrépit 49 Q19
décrescendo A4
décret F5
décryptage Y1
décuple K6
dédaigneux Q13
dédain C12
dédale, m L2
dedans D12
dédicace S7
dédit F8
dédommagement . Z15
déductif Q9
déesse S14
défaillance D3
défaite N6
défaut F2
défécation T12
défectif Q9
défection T16
défectueux Q13
défense D8
déférence D7
défi A1
défiance D3
déficience D7
déficit S4
déficitaire H5
défilé U1
définitif Q9
définition T10
déflation T12
défoliant D10
défoliation P2
défoulement F12
défunt F11
dégaine C2
dégât W1
dégazage S1
dégel L1
dégelée U4
dégénérescence . . S3
dégingandé Q1
déglutition T10
dégoût W7
dégoûtant D10
dégradant D10
dégradé U5
degré U1
dégressif Q9
dégrèvement V18

dégringolade L12
déguenillé Y13
déhanché X2
dehors I8
déicide S4
déiste X5
déjà V1
déjection T16
déjeuner P1
delà V1
délai A9
délateur Q28
délayage Y9
delco A4
deleatur U10
délégué U5
délétère U7
délibérément U5
délicat Q19
délicatesse S14
délice, m S8
délices, f R11
délicieux Q13
délictueux Q13
délinquant K14
déliquescence . . . S3
délit F8
délivrance D3
déloyal Y11
delta, m A1
déluge L12
déluré Q1
démagogie B9
demain C12
demande D1
démangeaison . . . B15
démantèlement . . U7
démaquillant . . . 8 Y12
démarcation K6
démarquage K14
démarrage I12
démêlage U8
démêlé U8
déménageur Q27
démence D7
démenti A3
démentiel S5
démesurément . . . F13
demeure H7
demi Q1
demie B9

démissionnaire...	Z15	déprimant D10	desperado A4

démissionnaire... Z15
démocratie S5
démographie.... J3
démolisseur Q27
démolition T10
démoniaque K2
démonstratif Q9
dénégation U5
dengue, f 59 C15
déni A3
denier........ P5
dénivelé P3
dénivellation P10
dénominateur ... P4
dénouement B12
denrée U4
dense 30 D8
densité U3
dent 31 D11
dentaire H5
dentellerie P10
dentelure P3
dentifrice S8
dénué........ U5
dénuement B14
déodorant X5
déontologie X5
dépannage M4
dépareillé..... Q1
départ I4
dépeçage...... S4
dépêche U8
dépenaillé M3
dépendance D3
dépens R10
dépense D8
déperdition T10
déphasé J3
dépit F8
déplafonnement .. M4
déploiement B13
dépositaire H5
déposition T10
dépossession ... T3
dépôt W10
dépotoir G2
dépouillement ... Y16
dépourvu Q1
dépréciation T12
dépressif Q9
dépression T3

déprimant D10
depuis E6
député U1
déraillement F12
dérailleur Y13
dérapage Z7
derby Y4
derechef I18
déréglé U5
dérèglement U7
déréliction T16
dérision....... I19
dérive........ U6
derm(at)ite P8
dernier Q4
dérogation T12
déroute I20
derrick K5
derrière I13
derviche Z16
des 66 Z16
dès 66 V20
désaccord I2
désappointé ... P13
désargenté U5
désarroi...... A10
désastreux Q13
désaveu A2
descellement S3
descendance S3
descente D6
désemparé U5
désert........ I5
désertion T7
désespéré U5
déshérité X1
déshonneur P12
déshonorant P5
desiderata R10
désinence D7
désintéressé U5
désinvolture H6
désir G3
désireux Q13
désobéissance ... D3
désobligeance ... B15
désodorisant ... D10
désœuvré U5
désopilant D10
désordonné U5
désormais E4

desperado A4
despotisme N6
desquelles, f pl. .. Z16
desquels, m pl ... Z16
dessaisissement .. S6
dessein 59 C14
desserrage Z13
dessert I5
dessiccation K7
dessin 59 C17
dessinateur Q28
dessous R3
dessus R3
destin C17
destinée U4
destitution T9
destroyer Y11
destruction T16
désuet F9
désuétude X5
détail L5
détaillant Y12
détaxe U6
détection T16
détente D6
détention T6
détergent D11
détérioré U5
détonateur P5
détonation P5
détour Q11
détracteur Q23
détrempe O4
détresse S14
détriment D11
détritus R3
détroit F6
dette C11
deuil L9
deux E8
deuxième V11
dévaluation T12
devant D10
devanture H6
déveine C6
développement .. Q5
devers I7
déviance S11
déviation T12
devin C17
devineresse S14

devinette C11
devis E6
dévolu Q1
dévot Q19
dévotion T14
dévouement B12
dextérité U3
dey 66 Y3
diabète, *m* V17
diabétique U12
diable Z16
diablotin P8
diabolique P3
diabolo A4
diachronie K8
diaconat F1
diadème V11
diagnostic, *m* . . . K1
diagonal Q21
diagramme P11
dialecte L12
dialectique K2
dialogue L12
dialyse Y1
diamant D10
diamantaire H5
diamétralement . . U12
diamètre V4
diantre D12
diapason S2
diaphane J3
diaphragme J3
diapré Q1
diarrhée X1
diaspora A1
diatribe, *f* N6
dichotomie K8
dictateur Q28
dictée 8 U4
diction T16
dictionnaire H5
dicton K6
didactique K2
dièdre, *m* V4
dièse V16
diesel L1
diète V17
diététicien Q24
dieu A2
diffamatoire P9
différemment . . . F17

différence D7
différenciation . . 71 S4
différend 29 F18
différent 29 D11
différentiel Q22
difficile L2
difficilement F12
difficulté U3
difformité U3
diffraction T16
diffus J1
digest 32 N3
digeste 32 Z16
digitale Z7
dignité U3
digression T3
diktat K12
dilatation T12
dilatoire H8
dilemme, *m* C9
dilettante N7
diligemment F17
diligence D7
dilution T9
dîme W3
dimension T1
diminution T9
dinar G1
dindonneau A5
dîner W3
dinghy Y4
dingue 59 C17
dinosaure H3
diocèse V16
diode Z16
diorama A1
diphtérie J3
diphtongue J3
diplodocus R3
diplomate P1
diplôme W10
diptyque Y5
direct N1
direction T15
directionnel Q22
directoire H9
dirigeant B15
dirimant D10
discernement . . . S3
discipline S3
discobole L2

discophile L2
discordance D3
discorde Z16
discothèque X1
discours I9
discourtois Q11
discrédit F8
discret Q19
discrétion T8
discrimination . . . T12
discursif Q9
discussion T4
disert Q2
disette S2
disgrâce W1
disgracieux P1
disjoint Q2
disparate N6
disparité U3
disparition T10
dispatching Z16
dispensaire H5
dispense D7
disponibilité U3
dispos R1
dispute 12 N6
disquaire K14
disque K2
dissection S6
dissemblable S6
dissémination . . . M3
dissension T1
dissidence D7
dissimulation S6
dissipation S6
dissociation S6
dissolu Z5
dissolution T9
dissonance P5
dissuasion S6
distance 12 D3
distillerie L11
distinct N1
distinction T16
distinguo, *m* A4
distorsion T2
distraction T16
distrait F4
distrayant Y7
distribution T9
district N1

dithyrambique . . . Z16
diurne X5
diva A1
divagation T12
divan D9
divergent D11
divers I7
diversement F12
dividende D5
divination T12
divinité U3
divisibilité Z15
divisionnaire M4
divorce 12 S4
divulgation T12
dix R4
dixième V11
dizaine S1
djebel L1
djellaba, f Z16
djinn Z16
do 53 A4
doberman Z16
docile L2
docilité L12
dock K5
docker G5
doctorat F1
doctrinal Q21
doctrine M3
documentaire . . . H5
dodécaèdre U7
dodécaphonique . J3
dodu Q1
doge Z16
dogmatique K2
dogue Z16
doigt 16 Z16
doigté U1
doléances R11
dollar G1
dolman D9
dolmen C4
dolomite, f Z7
domaine C2
domanial Z3
dôme W10
domesticité U3
domestique K2
domicile L2
dominance D3

domination Z7
dominical Q21
dominion, m M3
domino A4
dommage M2
dompteur Q27
don 55 Z16
donataire P5
donateur Q28
donation P5
donc 55 Z16
donjon Z16
donne 12 M4
donneur Q27
dont 55 Z16
doping O6
dorade I17
dorénavant D10
dorien Q27
dormeur Q13
dorsal Q21
dortoir G2
dorure H6
doryphore J3
dos 53 E3
dose J2
dossard I1
dossier S6
dot 13 Z16
dotation N6
douairière V15
douane M3
doublet F5
douceâtre W1
douceur G14
douille Y16
douillettement . . . Z3
douleur Q14
douloureux Q13
douteux Q13
douve Z16
doux Q17
douzaine C2
douze S1
doyen C15
drachme, f K8
draconien M3
dragage Z16
dragée U4
dragon Z16
dragonnade P12

dragueur G13
drain C12
dramaturge N6
drame M1
drap O2
drapeau A5
dresseur Q27
dressoir G2
dribble Z16
dribbleur Z16
drille, m 33 L4
drink Z16
drisse S15
drive, m Z16
drogue Z16
droguerie B9
droit F6
droiture H6
drolatique P1
drôle W10
drôlerie W10
drôlesse S14
dromadaire H5
drop Z16
dru Q1
drugstore Z16
druidesse S14
du 73 Z16
dû, m 73 W8
  f due 73 P1
dualité X5
duc K1
ducal Q21
ducasse, f S12
duché U1
duchesse S14
ductile L2
duègne X5
duel L1
duelliste L11
dulcinée U4
dûment W8
dumping Z16
dunette Z4
duo A4
duodénum X5
dupe 12 O4
duplex R4
duplicata, inv . . . A1
duplicité S4
duquel Z16

dur Q2
durablement F12
duralumin C17
durant D10
durée U4
dureté U3
durillon Y16
durit, *f* Z16
duvet F5
dynamique Y5
dynamo A4
dynastie Y5
dyne, *f* M3
dysenterie Y5
dysfonctionnement Y1
dyslexie Y5

eau **75** A5
ébahi X2
ébats R10
ébauche **12** U9
ébène U7
ébéniste U12
éberlué U5
éblouissant . . . D10
éblouissement . . S6
ébonite, *f* Z7
éboueur G13
éboulis E6
ébréchure U5
ébriété U5
ébullition L11
écaille K6
écarlate N6
écart I4
écartèlement . . . V10
ecchymose U10
ecclésial K7
échafaud F18
échafaudage . . . J2
échalas E1
échalote, *f* . . . N6
échancrure H6
échangeur G13

échanson D12
échantillon Y16
échantillonnage . . M4
échappatoire, *f* . . O5
échappée U4
échassier S6
échauffourée . . . U4
échéance D3
échéant X5
échec K1
échelle C8
échelon P3
échelonnement . . M4
écheveau A5
échevin C17
échine P12
échiquier K14
écho **61** A4
échoppe O3
éclaboussure . . . H6
éclair **13 85** G6
éclaircie B6
éclampsie B7
éclat U9
éclectique U9
éclipse U9
éclisse, *f* S15
éclopé O6
éclosion U9
écluse U9
écœurant D10
école L2
écologie K6
économie M1
écope **12** O4
écorce S4
écorchure H6
écossais **22** Q11
écot **61** F9
écoute N6
écoutille L4
écouvillon Y16
écran D9
écrémage U5
écrêtement W2
écrevisse S15
écrin U9
écriteau A5
écritoire, *f* . . . H10
écrivain C12
écrou A8

écrouelles R11
écru Q1
ectoplasme K6
écu A7
écueil L13
écuelle X5
écume M1
écumoire H10
écureuil L9
écurie B9
écusson S6
écuyer Q4
eczéma U11
edelweiss Z16
éden C4
édification K6
édifice S8
édile L2
édit F8
éditeur Q28
éditorial L1
édredon Z16
éducateur Q28
effaçable S4
effarant U10
effectif Q9
efféminé Z5
effervescence . . . S3
effet J1
effeuillage Y14
efficace S7
efficience D7
effigie U10
efflanqué U10
effleurement J1
effluve, *m* U10
effort I6
effraction T16
effraie, *f* B1
effrayant Y7
effroi U10
effrontément F13
effroyable Y11
effusion U10
égal Q21
égalitaire H5
égalité U5
égard F18
égérie B9
égide Z16
églantine D12

église	U9	
ego	A4	
égoïne	X6	
égoïste	X6	
égotisme	N6	
égout	P1	
égoutier	P8	
égouttoir	P16	
égrainage	M3	
égratignure	H6	
égrenage	M3	
égrillard	Y16	
égyptien	Q25	
eh!	**60** X8	
éhonté	X1	
eider	G5	
éjection	T16	
élaboration	T12	
élagage	P3	
élan	D9	
élargissement	S6	
élasticité	S4	
eldorado	A4	
électeur	Q28	
électif	Q9	
élection	T16	
électorat	F1	
électricité	U3	
électrique	K2	
électroacoustique	X5	
électrocution	T9	
électrogène	V12	
électrolyse	Y1	
électron	Z16	
électronique	K2	
élégamment	F16	
élégance	D3	
élégiaque	K2	
élégie	B9	
élément	D11	
élémentaire	H5	
éléphant	U9	
éléphantesque	J3	
élévateur	Q28	
élève	V7	
elfe, m	U11	
éligible	L12	
éliminatoire	H8	
élision	P3	
élite	P8	
élixir	G3	

elle	**41** C8	
ellipse	P10	
elliptique	U10	
élocution	P3	
éloge	Z16	
élogieux	Q13	
élongation	T12	
éloquence	D7	
élucubration	K6	
élytre, m	Y1	
elzévir	S1	
émail	R6	
émanation	M1	
émancipation	T12	
émasculation	T12	
emballage	L11	
embarcadère	V15	
embardée	U4	
embargo	A4	
embarquement	K14	
embarras	I12	
embarrassant	Z10	
embauche	D13	
embauchoir	G2	
embêtant	W2	
emblavure	H6	
emblée	U4	
emblématique	U12	
emblème	V11	
emboîtement	W6	
embolie	B9	
embonpoint	C20	
embouchure	H6	
embout	F3	
embrasure	H6	
embrasse	D13	
embrassement	S6	
embrayage	Y9	
embrocation	K6	
embrouillamini	A3	
embruns	R10	
embryon	Y1	
embryonnaire	M4	
embûche, f	W8	
embuscade	K6	
éméché	U5	
émeraude, f	U9	
émergence	D7	
émeri, m	A3	
émérite	Z7	
émersion	T2	

émerveillement	Y16	
émetteur	Q28	
émeute	N6	
émigrant	D10	
éminemment	F17	
éminence	D7	
émir	G3	
émirat	F1	
émissaire	H5	
émission	T5	
emmagasinage	M2	
emmanchure	M2	
emménagement	M2	
emment(h)al	Z16	
émoi	A10	
émollient	Z4	
émolument	Z7	
émotif	Q9	
émotion	T14	
émotionnel	Q22	
émoulu	Z3	
émoustillant	Y12	
empaillage	Y14	
empan	D9	
empaquetage	N6	
empâtement	**74** P8	
empattement	**74** P15	
empêchement	W2	
empêcheur	Q27	
empeigne, f	D13	
empennage	M4	
empereur	G13	
empêtré	U8	
emphase, f	S2	
emphatique	J3	
emphytéotique	J3	
empiècement	V16	
empierrement	I12	
empiétement	U13	
empilement	P3	
empire, m	H2	
empiriquement	F12	
emplacement	F12	
emplâtre, m	W1	
emplette	C11	
emploi	**15** A10	
employeur	Y8	
empoisonnement	S2	
empoissonnement	S6	
empreinte	C14	
empressement	S6	

emprise, f S2
emprisonnement . M4
emprunt F11
émule L2
émulsion T11
en 30 D13
énarque K2
encablure P1
encaisse, f S13
encan D9
encart K6
encas R3
encastrement ... K6
encaustique, f ... K2
enceinte S4
encens R3
encensoir G2
encéphale, m ... J3
enchaînement ... W4
enchanteur Q29
enchâssement ... W1
enchère, f V15
enchevêtrement .. F12
enclave, f D13
enclin Q25
enclos E3
enclume, f M1
encoche, f D13
encoignure H6
encollage P10
encolure P3
encombrant D10
encombre, m ... D13
encontre Z16
encorbellement .. L11
encor(e) K6
encornet F5
encourageant ... B15
encrassement ... S6
encre 30 D13
encroûtement ... W7
encyclique, f Y5
encyclopédie Y1
endéans Z16
endémique K2
endettement C11
endive, f D13
endocrinien Q25
endoctrinement .. M3
endogamie P4
endogène V12

endossement ... D13
endroit F6
enduit F8
endurance D3
endurcissement .. S6
énergétique U5
énergie M3
énergumène V12
énervement F12
enfance D3
enfant D1*
enfantillage Y14
enfantin O24
enfer G5
enfilade P3
enfin C17
enflé Q1
enflure H6
engageant B15
engeance, f B15
engelure H6
engin C17
engineering Z16
engouement B12
engouffrement... J1
engourdissement . S6
engrais E4
engrenage P5
enharmonie D13
énième, f V11
énigmatique K2
énigme, f D13
enivrant D13
enjambée U4
enjeu A2
enjôleur W10
enjolivure H6
enjouement B12
enkysté Z16
enlèvement V18
enluminure M1
enneigement D13
ennemi U11
ennui D13
ennuyeux Q13
énonciation T12
énorme Z16
énormité M3
enquête 12 W2
enrageant B15
enrayage Y9

enrayement B10
enregistrement .. F12
enrôlement..... W10
enrouement B12
enseignant D10
enseigne, m ... 12 D13
enseigne, f ... 12 D13
ensemble D13
ensemencement .. D13
ensevelissement .. P3
ensilage P3
ensoleillement ... Y16
ensommeillé Z10
ensorcellement .. S4
ensuite Z16
entaille Y16
entame, f P4
enté 60 Q1
entente D6
entérite I19
enterrement I13
entêté U8
enthousiasme, m . X1
entier Q4
entité U3
entomologie D13
entonnoir G2
entorse Z16
entourage I17
entourloupette ... C11
entournure H6
entracte K6
entraide D13
entrailles R11
entrain C12
entraînement ... W3
entrave D13
entre 30 D13
entrebâillement .. W1
entrechat F1
entrecôte, m ou f . W10
entrée 8 U4
entrefaites R11
entrefilet F5
entregent D11
entrelacs E7
entremets E7
entremetteur Q27
entremise S2
entrepont F7
entrepôt W10

entrepreneur	M3	
entreprise	S2	
entresol	L1	
entretien	C15	
entrevue, f	B5	
entropie	D13	
entrouvert	Q2	
énucléation	U9	
énumération	U9	
envahi	Q1	
envahissant	X2	
enveloppe 12	O3	
enveloppement . .	P13	
envenimé	Q1	
envergure	H6	
envers	I7	
envi 47	A3	
envie, f 47	B9	
envieux	Q13	
environ	I20	
environnant . . .	D10	
environnement . .	M4	
envoi	A10	
envol	L1	
envolée	U4	
envoûtement . . .	W7	
envoûteur	W7	
enzyme, m ou f . .	S1	
éolien	X5	
épagneul	L1	
épais 42	Q14	
épaisseur	G14	
épaississant	Z10	
épanchement . . .	D12	
épandage	D12	
épanouissement . .	M3	
épargne	O6	
éparpillement . . .	L4	
épars 62	R1	
épate, f	P8	
épaulard	I1	
épaule	Z16	
épaulette	C11	
épave	O6	
épeautre, m	Z16	
épée 42	U4	
épeire, f 40	U9	
éperdument	F15	
éperon	I20	
épervier	U9	
éphèbe	V5	
éphémère	U7	
éphéméride	U5	
épi	A3	
épice, f	S8	
épicéa	A1	
épicerie	B9	
épicier	Q4	
épicurien	Q24	
épidémie	B9	
épidiascope . . .	Z15	
épierrage	I13	
épieu	A2	
épiglotte, f	N5	
épigone, m	M3	
épigramme, f . . .	M2	
épigraphe, f	J3	
épilation	T12	
épilepsie	B7	
épileptique	L12	
épilogue, m	U9	
épinard	I1	
épine	Z3	
épinette	Z8	
épineux	Q13	
épingle	C17	
épinoche, f	M3	
épiphanie	J3	
épiphénomène . . .	U7	
épique	O6	
épiscopat	F1	
épisiotomie	M1	
épisode, m	S2	
épissure, f	S6	
épistémologie . . .	B9	
épistolaire	P3	
épitaphe, f	J3	
épithète, f	J7	
épître, f	W3	
épizootie	S1	
éploré	U5	
épluchure	H6	
éponge	Z16	
épongeage	B15	
éponyme	Y1	
épopée	U4	
époque	K2	
épouillage	Y14	
épousailles	R11	
épouse	S2	
époussetage	S6	
époustouflant . . .	P2	
épouvantail	L5	
épouvante	D2	
époux	R4	
épreuve	U9	
éprouvette	C11	
epsilon	Z16	
épuisant	O6	
épuisette	C11	
épuration	T12	
épure, f	H6	
équarrissage	I12	
équateur	G13	
équation	T12	
équatorial	I19	
équerre, f	I13	
équestre	K14	
équidé	U1	
équilatéral	Z15	
équilibre	K14	
équille, f	L4	
équinoxe, m	K14	
équipage	K14	
équipe	O4	
équipée	U4	
équipollence	P10	
équipotent	P8	
équitable	K14	
équitation	T12	
équité	U3	
équivalence	D7	
équivalent	D11	
équivoque, f	K14	
érable	U9	
éradication	T12	
éraflure	H6	
éraillé	Y16	
ère 63	V15	
érectile	L2	
érection	T15	
éreintant	D10	
érémitique	U5	
erg	U11	
ergol	U11	
ergot	F9	
ergoteur	N6	
ergothérapie	X1	
ermitage	U11	
ermite	N6	
érogène	V12	
éros	U9	
érosion	U9	

érotique K2
errance I13
errant D10
errata, *m inv.* . . . A1
erratique I13
erratum, *m sg* . . . I13
erre, *f* **16 63** I13
errements R10
erreur I13
erroné Z5
ersatz, *m* R5
éructation K6
érudit F8
érudition T10
éruptif Q9
éruption T15
érythème U7
ès **37** V21
esbroufe, *f* P2
escabeau A5
escadre Z16
escadrille, *f* L4
escadron K6
escalade P3
escalator G9
escale L2
escalier P3
escalope, *f* 06
escamotable K6
escampette C11
escapade K6
escarbille L4
escarboucle, *f* . . . K6
escarcelle C8
escargot F9
escarmouche . . . K6
escarpement K6
escarpin C17
escarpolette, *f* . . . C11
escarre, *f* I10
eschatologie K8
escient S3
esclandre, *m* D12
esclavage K6
esclave Z16
escogriffe, *m* K6
escompte, *m* U11
escorte U11
escouade U11
escrime, *f* M1
escroc U11

escroquerie K14
ésotérique U5
ésotérisme N6
espace S7
espadon U11
espadrille, *f* L4
espagnol Q21
espagnolette C11
espalier U11
espèce, *f* V6
espérance D3
espéranto A4
espiègle U11
espièglerie B9
espion Q25
espionite P5
espionnage P12
esplanade M3
espoir G2
esprit F8
esquif K10
esquimau, *m* A6
   f esquimaude *et*
   eskimo
esquisse, *f* . . . **12** S15
esquive K14
essai A9
essaim S6
essaimage C1
essart I4
essayage Y9
essayiste Y9
esse, *f* **37** S14
essence D7
essentiel Q22
esseulé S6
essieu A2
essor G9
essorage I17
essoreuse Z11
essoufflement . . . J1
essuyage Y9
est **32** N3
establishment . . . Z16
estafette, *f* C11
estafilade J2
estaminet F5
estampe, *f* D12
estampille, *f* L4
esthète V17
esthéticien Q25

esthétique U12
estimation T12
estime M1
estival Q21
estivant D10
estoc K1
estocade K6
estomac U11
estompe, *f* U11
estrade U11
estragon U11
estropié 06
estuaire, *m* H5
estudiantin Q24
esturgeon B15
et **60** F5
étable U9
établi A3
établissement . . . S6
étage, *m* U9
étagère U7
étai A9
étaiement B10
étain **19 59** C12
étal **33** R8
étalage Z7
égale **33** L2
étalement F12
étalon L12
étalonnage M4
étamage M1
étamine, *f* P5
étanche N6
étanchéité X5
étançon S4
étang **20** D12
étape 04
état F1
étatique N6
étau A6
été U1
éteignoir G2
éteint **19 59** C16
étendard F18
étendue B5
éternel Q22
éternellement . . . F12
éternité U5
éternuement B14
éther G5
éthéré U5

éthiopien	X1	
éthique, *f*	**61** U9	
ethnarque	X1	
ethnie	U11	
ethnocentrisme	U11	
ethnologie	X1	
éthologie	B9	
éthylène, *m*	U7	
éthylisme	X1	
étiage	U9	
étincelant	P3	
étincelle	C8	
étiolement	L12	
étiologie	B9	
étique	**61** U9	
étiquetage	N6	
étiquette	C11	
étoffe	**12** J1	
étoile	L2	
étole	L2	
étonnamment	F16	
étonnement	M1	
étouffée	U4	
étouffement	F12	
étouffoir	G2	
étoupe, *f*	O4	
étourderie	B9	
étourdiment	F14	
étourdissement	S6	
étourneau	A5	
étrangement	F12	
étranger	Q4	
étrangeté	U3	
étranglement	F12	
étrave	U9	
être	**75** W2	
étreinte	U9	
étrenne, *f*	**12** C10	
êtres	**75** R10	
étrier	Z16	
étrille, *f*	L4	
étriqué	K14	
étrivière	V15	
étroit	F8	
étroitesse	S14	
étrusque	K14	
étude	N6	
étudiant	D10	
étui	A3	
étuve, *f*	U9	
étuvée	U4	

étymologie	N6	
eucalyptus, *m*	R3	
eucharistique	K8	
euclidien	Q25	
eugénique	M3	
euh !	**46** X8	
eunuque	M3	
euphémisme	J3	
euphonie	B9	
euphorie	B9	
euphorisant	J3	
eurafricain	C12	
eurasien	C15	
eurêka !	W2	
euristique	K2	
eurodollar	Z8	
européanisation	M3	
européen	Q25	
euthanasie	X1	
eux	**46** Z16	
évacuation	T12	
évaluation	T12	
évanescence	S3	
évangélique	L12	
évangile	L2	
évanouissement	M3	
évaporé	Q1	
évasement	F12	
évasif	Q9	
évasion	S2	
évêché	U8	
éveil	L7	
événement	U13	
événementiel	Q22	
éventail	L5	
éventaire	H5	
éventualité	U3	
éventuel	Q22	
évêque	U8	
éviction	T16	
évidement	M1	
évidemment	F17	
évidence	D7	
évident	D11	
évier, *m*	U9	
éviscération	S3	
évocation	K6	
évolutif	Q9	
évolution	T9	
évolutionnisme	M4	
evzone, *m*	P1	

exacerbation	U11	
exact	N1	
exaction	T16	
exagération	U11	
exagérément	F13	
exaltation	U11	
examen	C15	
examinateur	Q28	
exaspération	U11	
exaucement	S4	
excavateur	Q28	
excédant	Q19	
excédent, *m*	D11	
excédentaire	H5	
excellemment	F17	
excellence	D7	
excellent	D11	
excentrique	U11	
exception	T15	
exceptionnel	Q22	
excès	V20	
excessif	Q9	
excipient	D11	
excision	S2	
excitation	T12	
exclamation	T2	
exclu	**17** Q1	
exclusif	Q9	
exclusivité	U3	
excommunication	T12	
excrément	D11	
excrémentiel	Q22	
excroissance	D3	
excursion	T2	
excursionniste	M4	
excusable	S2	
exeat	Z16	
exécrable	K6	
exécutant	D10	
exécution	T9	
exégèse	U7	
exégète	V17	
exemplaire	H5	
exemplarité	U3	
exemple	Z16	
exempt	N2	
exemption	T15	
exercice	S9	
exergue, *m*	U11	
exhalaison	X1	
exhalation	X1	

exhaussement . . . X1
exhaustif Q9
exhibition X1
exhibitionnisme . . M4
exhortation X1
exhumation . . . X1
exigeant B15
exigence D7
exigu Q3
exiguïté X6
exil L1
existence D7
existentialisme . . S5
existentiel Q22
exit, *m inv.* Z16
exode, *m* U11
exogamie B9
exonération . . . T12
exophtalmie . . . J3
exorbitant Q19
exorcisme S4
exorde, *m* U11
exotique U11
expansif Q9
expansion D12
expansionnisme . . M4
expatriation . . . T12
expectative K6
expectorant . . . D10
expédient 9 D11
expéditif Q9
expéditionnaire . . M4
expérience D7
expérimentalement F12
expérimentateur . . Q28
expert I5
expertise S2
expiatoire H8
expiration I17
explication T12
explicite N6
explicitement . . . F12
exploit F6
exploitation . . . T12
exploiteur Q27
explorateur Q27
exploratoire . . . H8
explosif Q9
exponentiel . . . Q22
exportateur Q28
exposant D10

exposé U1
exposition T10
exprès 41 V21
    adv. V20
express 41 Z16
expressément . . . F13
expressif Q9
expression T3
expressionnisme . . M4
exprimable M1
expropriation . . . T12
expulsion T11
expurgation T12
exquis Q11
exsangue D12
extase S2
extenseur D13
extensif Q9
extension T1
exténué X5
extérieur G12
extériorité U3
extermination . . . T12
externat F1
externe U11
extincteur G9
extinction T16
extirpateur Q28
extorqueur Q27
extorsion T2
extra A1
extraction T10
extradition T10
extrait 17 F4
extralucide S4
extraordinaire . . . X5
extrapolation P3
extravagance . . . D3
extravagant D10
extraversion T2
extraverti Q1
extrême W2
extrêmement . . . F12
extrémisme U12
extrémité U11
exubérance D3
exultation T12
exutoire, *m* H9

fa 23 A1
fable Z16
fabliau A6
fabrication T12
fabricant 9 D10
fabrique 12 K2
fabulation T12
fabuleux Q13
fabuliste L12
façade S4
face 19 70 S1
facétie B8
facétieux W1
facette C11
fâcheusement . . . W1
fâcheux Q13
facial Q21
faciès V21
facile L2
facilité P3
façon S4
faconde K6
façonnage M4
facteur G13
factice S8
factieux T18
faction T16
factoriel Q22
factotum K6
facturation T12
facture H6
facultatif Q9
faculté U3
fada A1
fadaise C3
fade Z16
fadeur G14
fagne, *f* Z16
fagot F9
fagoté N6
faible Z16
faiblesse S14
faïence X6
faille L6

f

failli	Y16	fantôme	W10	fautif	Q9
faillibilité	U3	faon	Z16	fauve	Z16
faillite	N6	faquin	C17	fauvette	C11
faim	19 59 Z16	far	24 G1	faux, f	16 E8
faine, f	C2	farad	J4	faux	16 53 Q16
ou faîne	W4	faraday	Z16	favela, f	L12
fainéant	Q19	faramineux	Q13	faveur	G14
fainéantise	S2	farandole	L2	favori	A3
faisable	S2	faraud	F18	favorite	N6
faisan	Q24	farce	S4	fayot	F9
faisanderie	S2	farci	Q1	féal	X5
faisceau	S3	fard	24 11	fébrile	L2
faiseur	Q27	fardeau	A5	fébrilité	U3
faisselle	Z6	farfadet	F5	fécal	Q21
fait	17 40 41 Q19	farfelu	Q1	fèces, f	41 T11
faîte, m	19 41 W4	faribole, f	L2	fécond	F18
faitout	F3	farineux	Q13	fécondité	U3
faix	40 E8	farniente	Z16	fécule	L2
fakir	K12	farouche	I20	féculent	D11
falaise	C3	fart	24 14	fed(d)ayin	Y11
falbala, m	A1	fascicule, m	L2	fédéral	U5
falconidé	P5	fascination	S3	fédération	T12
fallacieux	T20	fascisme	S3	fédéré	U5
falot	Q19	faste, m	J2	fée	U6
falsification	T12	fastidieux	Q13	féerie	34 U6
famé	M1	fastueux	Q13	feignant	C5
famélique	P4	fat	23 Z16	ou faignant	C1
fameux	Q27	fatal	Q21	feinte	C14
familial	Q21	fatalement	F12	feldspath, m	X8
familiarité	U3	fatalité	U3	félibre, m	P3
familier	Q3	fatidique	K2	félicitations	R11
famille	L4	fatigant	9 Q19	félicité	U3
famine	Z3	fatigue	Z16	félin	Q24
fan	32 Z16	fatras	E1	fellah	Z16
fanal	L1	fatuité	U3	félonie	M3
fanatique	M3	fatum	N6	felouque	K2
fane, f	32 M3	faubourg	Z16	fêlure	W2
fanfare	H1	faubourien	Q25	femelle	C8
fanfaronnade	M4	faucheur	Q27	féminin	Q24
fanfreluche, f	D12	faucille	L4	féminité	P4
fange	D12	faucon	K6	femme	Z16
fangeux	Q13	fauconnerie	Z9	femmelette	Z12
fanion	P5	faufilage	J2	fémoral	Q21
fanon	M3	faune, m	M3	fémur	G7
fantaisie	D12	faune, f	M3	fenaison	S2
fantasia, f	A1	faussaire	H5	fendant	D10
fantasme	D12	fausset	10 53 F5	fenêtre	W2
fantasque	K2	fausseté	U3	fenil	L1
fantassin	S6	faute	N6	fennec	K1
fantastique	K2	fauteuil	L9	fenouil	M3
fantoche	D12	fauteur	Q28	fente	D6

féodal	X5	
féodalité	U3	
fer	**20** G5	
ferblanterie	B9	
férié	Q1	
ferme	Z16	
ferment	**45** D11	
fermeture	H6	
fermi	A3	
fermier	Q4	
fermoir	G2	
féroce	S9	
férocité	U3	
ferraille	I13	
ferrailleur	Z6	
ferrement	**45** I13	
ferreux	R2	
ferronnerie	Z13	
ferronnier	Z6	
ferroviaire	H5	
ferrugineux	Q13	
ferrure	H6	
fertile	L2	
fertilité	U3	
féru	Q1	
férule	I21	
fervent	D11	
ferveur	G14	
fesse	**41** S14	
fessée	U4	
festin	C17	
festival	R8	
festivité	U3	
festoiement	B13	
feston	Z16	
fêtard	I1	
fête	**19 41** W2	
fétiche	N6	
fétide	Z3	
fétu	U6	
feu	**46** Q1	
feudataire	H5	
feuillage	Y14	
feuille	L10	
feuillée	**43** U4	
feuillet	**43** F5	
feuilleton	N6	
feuillu	Q1	
feutre	Z16	
feutrine	M3	
fève	V18	

février	Z16	
fez	R5	
fi !	**61** A3	
fiabilité	U3	
fiacre	Z16	
fiançailles	R11	
fiasco	A4	
fiasque, *f*	K2	
fibre	Z16	
fibreux	Q13	
fibrillation	L11	
fibrome	P1	
fibule, *f*	L2	
ficelé	L12	
ficelle	C8	
fiche	Z16	
fichier	J2	
fichu	A7	
fictif	Q9	
fiction	T16	
fidéisme	X5	
fidèle	V10	
fidélité	U12	
fiduciaire	S4	
fief	X5	
fieffé	P9	
fiel	L1	
fielleux	Q13	
fiente	D11	
fier	Q4	
fièrement	F12	
fierté	U3	
fiesta	A1	
fièvre	V4	
fiévreux	Q13	
fifre	J2	
fignoleur	Q27	
figuier	Z16	
figuratif	Q9	
figure	H6	
figurine	Z7	
fil	**19 33** L1	
filaire, *f*	H5	
filament	D11	
filandreux	Q13	
filasse, *f*	S12	
filature	Z7	
file	**19 33** L2	
filet	F5	
filetage	Z7	
filial	Q21	

filiation	T12	
filière	V15	
filigrane	M3	
filin	C17	
fille	L4	
filleul	Y16	
film	Z16	
filmothèque	X1	
filon	L12	
filou	A8	
fils	R3	
filtre	**61** J2	
fin, *f*	**19 59** C17	
fin	**19 59** Q24	
finale, *m*	L2	
finale, *f*	L2	
finalité	U3	
finance	**12** D3	
finaud	Q2	
fine	**76** M3	
finesse	S14	
finish	Z16	
finition	T10	
finlandais	E4	
finnois	Q11	
fiole	L2	
fioriture	H6	
firmament	D11	
firme	Z16	
fisc	K1	
fiscalité	U3	
fissile	L2	
fission	T5	
fissure	H6	
fixatif	Q9	
fixe	Z16	
fjord	Z16	
flageolet	**10** B15	
flagorneur	Q27	
flagrant	D10	
flair	**13** G6	
flamand	**29** Q2	
flamant	**29** D10	
flambant	D10	
flambeau	A5	
flambée	U4	
flamboiement	B13	
flamboyant	Y11	
flamenco	A4	
flamingant	D10	
flamme	M2	

flammé Q1
flammèche V7
flan 28 D9
flanc 28 Z16
flandrin C17
flanelle Z4
flânerie W1
flapi Q1
flaque 38 K2
flash 25 X3
flasque K2
flatterie N7
flatulence D7
fléau A6
fléchage U12
flèche V7
fléchette U13
fléchissement . . . S6
flegmatique K2
flegme Z16
flemmard I1
flemme M2
flétrissure S6
fleur 13 G14
fleuret F5
fleurette C11
fleuriste I19
fleuron Z16
fleuve Z16
flexibilité U3
flexion T17
flibustier Z16
flic K1
flingue Z16
flipper Z16
flirt Z16
flocage K6
flocon K6
floconneux Q13
flopée U4
floraison S2
floralies R11
flore P7
florentin Q24
florilège, m V9
florin C17
florissant Q19
flot F9
flottaison N7
flotte 12 N5
flottille L4

flou 15 Q1
fluctuation T12
fluet Q20
fluide X5
fluidité U3
fluor G9
fluorescence S3
flush 85 X3
flûte W8
flûtiste W8
fluvial Q21
flux R4
fluxion T17
foc 38 K1
focal Q21
foehn X2
fœtal Z16
fœtus R3
foi, f 79 A10
foie, m 79 B2
foin C18
foire H10
foireux Q13
fois, f 79 E5
foisonnement . . . M4
fol Q18
folâtre W1
folichon Q25
folie P3
folio A4
folklore, m H4
folksong Z16
follement P10
follet Q20
follicule Z11
fonceur Q27
foncier Q4
fonctionnaire . . . M4
fonctionnel Q22
fond 21 55 F18
fondamental Q21
fondateur Q28
fondation T12
fonderie B9
fondrière V15
fonds 21 55 E7
fongicide S4
fontaine C2
fontanelle Z8
fonte Z16
fonts 21 55 R10

football Z16
footing N6
for 19 52 G9
forage I17
forain Q24
forban D9
forçat F1
force 12 S4
forcément F13
forcené Q1
forceps Z16
forcing Z16
forclusion K6
forestier Q4
foret, m 10 41 F5
forêt, f 10 41 W2
forfait F4
forfaiture H6
forfanterie B9
forge Z16
forgeron I20
formalité U3
format F1
formateur Q28
formel Q22
formica A1
formique K2
formol L1
formulaire, m . . . H5
formule L2
fornication T12
fors 19 52 I8
forsythia, m X1
fort 19 52 Q2
forte, m, inv. Z16
forteresse S14
fortin C17
fortissimo A4
fortuit Q19
fortune M3
forum Z16
fosse 53 S16
fossé 8 53 U1
fossette Z6
fossile L2
fossoyeur Y8
fou Q18
foucade K6
foudre Z16
foudroiement . . . B13
fouet F5

fouettard I1
fougasse, f S12
fougère V15
fougue Z16
fougueux Q13
fouille Y16
fouilleur Y13
fouillis E6
fouinard I1
fouine M3
fouineur Q27
foulard I1
foule L2
foulée U4
foulon L12
foulque, f K2
foulure H6
four G11
fourberie B9
fourbi A3
fourbu Q1
fourche Z16
fourchette C11
fourchu Q1
fourgonnette M4
fouriérisme U6
fourmi A3
fourmilier L12
fournaise C3
fourneau A5
fournée U4
fourni 48 Q1
fournil 48 L1
fournisseur S6
fourniture H6
fourrage I16
fourré 8 I16
fourreau A5
fourrière I16
fourrure I13
foutoir G2
fox R4
foyer Y11
frac K1
fracas E1
fraction T16
fractionnaire M4
fractionnel Q22
fracture H6
fragile L2
fragilité U3

fragmentaire H5
frai 19 40 A9
fraîchement W4
fraîcheur G14
frais 19 40 E4
    f fraîche
fraise C3
framboisier D12
franc D12
    f franche Q7
    f franque Q5
français Q11
franchise S2
francique S4
franciscain Q24
francisque, f K2
franco A4
francophile L2
francophone J3
frange D12
frangin Q24
frangipane M3
franglais Z16
franquette C11
frappe, f 12 P13
frasque, f K2
fraternel Q22
fraternité U3
fratricide S4
fraude Z16
frauduleux Q13
frayeur Y8
fredaine C2
freezer G5
frégate P8
frein C14
frelaté Q1
frêle W2
frelon L12
freluquet F5
frémissement . . . Z9
frêne W2
frénésie U5
frénétique U5
fréquemment . . . F17
fréquence D7
fréquent D11
frère V15
fresque K2
fret 19 40 F5
frétillant Y12

fretin C17
freudien Q25
freux R4
friabilité U3
friand F18
friandise S2
fric K1
fricandeau A5
fricassée U4
friche Z16
friction T16
frigidité U3
frigorifique K2
frileux Q27
frimas E1
frime M1
frimousse S18
fringale L2
fringant D10
fringues R11
fripier P6
fripon O6
friponnerie Z9
fripouille Y16
frise S2
frison Q25
frisquet F5
frissonnement . . . Z13
frite 71 N6
friture P8
frivole L2
froc K1
froid F18
froideur G14
froidure H6
froissure H6
frôlement W10
fromage Z16
fromager Q4
froment D11
fronce S11
frondaison S2
fronde Z16
front F7
frontal Q21
frontalier Q4
frontière V15
frontispice, m . . . S8
fronton Z16
frottis E6
froufrou A8

froussard I1
fructueux Q13
frugal Q21
fruit F8
fruitier Q4
frusques R11
frustration T12
fuchsia, *m* K8
fucus R3
fuel Z16
fugace S7
fugitif Q9
fugue Z16
führer 63 G5
fulgurant Q2
fuligineux Q13
full L11
fulminant Q2
fumée U4
fumerolle, *f.* L3
fumet 10 F5
fumeur Q27
fumeux Q13
fumigation T12
fumigène V12
fumoir G2
fumure H6
funambule L2
funèbre V4
funérailles R11
funéraire H5
funeste M3
funiculaire P3
fur G7
furet F5
fureteur N6
fureur 63 G14
furibard I1
furibond Q2
furie B9
furieux Q13
furoncle Z16
furonculeux . . . Q13
furtif Q9
fusain C12
fuseau A5
fusée U4
fuselage L12
fusible S2
fusil Z16
fusilier P3

fusillade Z9
fusion Z16
fusionnement . . . M4
fût W9
futaie B1
futaille P1
futé P1
futile L2
futilité U3
futur G7
futurisme I19
fuyard I1

g

gabardine M3
gabarit F8
gabegie B9
gabelle Z4
gabelou A8
gâchette W1
gâchis E6
gadget Z16
gadoue B3
gaélique X5
gaffe J1
gag Z16
gaga A1
gage Z16
gageure H6
gagneur Q27
gai 42 Q1
gaiement F12
gaieté U3
gaillard I1
gain C12
gaine 12 C2
gala A1
galactique K2
galamment F16
galant D10
galanterie B9
galantine Z7
galapiat F1
galaxie B9
galbe Z16
gale L2

galéjade L12
galène, *f* V12
galère V15
galerie I20
galérien U12
galet F5
galetas E1
galette C11
galeux Q13
galiléen Q25
galimatias P3
galion L12
galipette Z8
gallican Q24
gallinacé Z11
gallois Q11
gallon 71 P10
galon 71 P9
galop Q1
galopade Z7
galopin P6
galurin C17
galvanisation T12
galvaudage Z16
gambade D12
gamelle Z4
gamète, *m* V17
gamin Q24
gaminerie Z7
gamma, *m* M2
gamme M2
ganache M3
gandin C17
gandoura A1
gang 32 D12
ganglion D2
gangrène V12
gangster G5
gangue 32 D12
ganse D4
gant D10
garage I17
garance D3
garant I17
garantie D12
garbure, *f* H6
garce S4
garçon Q25
garçonnet F5
garçonnière M4
garde Z16

gardénia A1
gardian Z16
gardien Q25
gardiennage M4
gardon Z16
gare H1
garenne C10
gargarisme Z16
gargote N6
gargouille Y16
garnement F12
garnison S2
garnissage S6
garniture H6
garrigue I12
garrot F9
gars E7
gascon K6
gasoil L1
gaspacho A4
gaspilleur Y13
gastrite T8
gastronomie B9
gâteau W1
gâterie B9
gâteux Q13
gauche Z16
gaucher Z16
gaucho A4
gaudriole L2
gaufre, f L2
gaule 37 L2
gaullisme P10
gaulois Q11
gauss 19 54 Z16
gave, m Z16
gavial L1
gavotte N5
gavroche Z16
gaz 32 R5
gaze 32 S1
gazelle S1
gazette C11
gazeux Q13
gazoduc K1
gazogène V12
gazon S1
gazouillis F6
geai 41 B15
géant D10
gecko K13

géhenne M4
geignard Q2
geisha, f X3
gel L1
gélatine Z7
gelée U4
gélinotte, f N5
gélule Z3
gelure H6
gémissement . . . Z9
gemme, f C9
gémonies R11
gênant W2
gencive S4
gendarme D13
gendre D13
gène, m 41 V12
gêne, f . . . 12 41 W2
généalogie X5
général Q21
généralité U5
générateur Q28
génération Q13
généreux Q13
générosité U3
genèse V16
genêt 41 W2
génétique U5
genette C11
genévrier U12
génial Q21
génie, m B9
genièvre V4
génisse S15
génital Q21
génocide S4
génois Q2
génoise U12
génotype Z7
genou R7
genouillère Y16
genre D13
gens, pl. 31 E7
  m gens heureux
  f bonnes gens
gent, sg 31 D11
gentiane S5
gentil Q26
gentilhomme X1
  pl. gentilshommes
gentilhommière . . M4

gentillesse S14
gentiment F14
gentleman Z16
  pl. gentlemen
gentry Y4
génuflexion T17
géodésie B9
géographie J3
geôle W10
geôlier B15
géométrie U12
géophysique Y5
géorgien X5
géothermique . . . X1
gérance D3
géranium M3
gerbe Z16
gerboise Z16
gerçure H6
gériatrie P1
germain 40 Q24
germanique M3
germe Z16
germicide S4
germination T12
gérondif T12
gérontocratie . . . S5
gérontologie B9
gésier S2
gestaltisme Z16
gestation T12
geste, m Z16
geste, f Z16
gestion Z16
gestionnaire M4
gestuel Q22
geyser, m Y3
ghanéen Z16
ghetto N7
gibbon Z16
gibbosité U3
gibecière V15
gibelotte, f Z8
giberne Z16
gibet F5
gibier Z16
giboulée U4
giboyeux Y10
gibus R3
giclée U4
gifle 12 J2

gigantesque	K2	
gigogne	Z16	
gigolo	A4	
gigot	F9	
gigue	Z16	
gilet	F5	
gin, *m*	Z16	
gingembre, *m* . . .	C17	
gingivite	C17	
ginseng	Z16	
girafe	J2	
giratoire	H8	
girl	L1	
girofle, *m*	J2	
giroflée	U4	
girolle	L3	
giron, *m*	120	
girondin	Q24	
girouette	C11	
gisant	D10	
gisement	F12	
gitan	Q24	
gîte, *m* 12	W3	
gîte, *f* 12	W3	
givre	Z16	
glabre	Z16	
glace 70	S4	
glaciaire 40	H5	
glacial	Q21	
pl. -als *ou* aux		
glaciation	T12	
glacière 40	V15	
glacis	B6	
glaçon 11	S4	
gladiateur	G13	
glaïeul	X5	
glaireux	Q13	
glaise	C3	
glaiseux	Q13	
glaive	C1	
gland	F18	
glande	Z16	
glaneur	Q27	
glapissement . . .	S6	
glas	E1	
glaucome	P1	
glauque	K2	
glèbe	V5	
glissade	S6	
glissando	A4	
glissière	S6	
global	Q21	
globe	Z16	
globule, *m*	L2	
globuleux	Q13	
gloire	Z16	
gloria, *inv.*	A1	
gloriette	C11	
glorieux	Q13	
gloriole	L2	
glose, *f*	S2	
glossaire	S6	
glossolalie	S6	
glotte	N5	
glouglou	A8	
gloussement	S6	
glouton	Q25	
gloutonnerie	M4	
glu	A7	
gluant	X5	
glucide	S4	
glucose	P1	
gluten	C4	
glycérine	Y5	
glycine, *f*	Y5	
gnangnan	D12	
gnocchi	X1	
gnognote	N6	
gnome	P1	
gnon	Z16	
gnose, *f*	S2	
gnostique	K2	
gnou	A8	
go	A4	
goal 37	L1	
gobelet	F5	
godet	F5	
godiche	Z16	
godille	L4	
godillot	F9	
goéland	X5	
goélette	C11	
goémon	X5	
goguenard	Q2	
goguette	C11	
goinfrerie	C18	
goitre	P1	
golden, *f*	Z16	
golf, *m* 32	Z16	
golfe, *m* 32	Z16	
gomme	M2	
gommeux	E8	
gonade, *f*	M3	
gond 55	F18	
gondole	L2	
gonfleur	G13	
gong 55	Z16	
gonocoque, *m* . . .	M3	
gonzesse	S1	
gordien	C15	
goret	F5	
gorge	Z16	
gorgée	U4	
gorgone, *f*	P5	
gorgonzola	S1	
gorille	L4	
gosier	S2	
gospel	L1	
gosse 19 54	S16	
gothique	X1	
gouache	X5	
gouailleur	Q27	
goudron	Z16	
goudronnage . . .	M4	
gouffre	J1	
goujat	F1	
goujaterie	P8	
goujon	Z16	
goulache, *m ou f* . .	L12	
goulag	Z16	
goulasch, *m ou f* . .	X4	
goulée 43	U4	
goulet 43	F5	
goulot	F9	
goulu	Q1	
goulûment	W8	
goupil	P6	
goupille	L4	
goupillon	Z4	
gourbi	A3	
gourd	F16	
gourde	Z16	
gourdin	C17	
gourmand	O2	
gourme	Z16	
gourmet 43	F5	
gourmette	C11	
gourou	A8	
gousse	S18	
gousset	F5	
goût	W8	
goûter	Z16	
goutte 12	N5	

gouttelette Z12
goutteux Q13
gouttière V15
gouvernail L5
gouvernant Q19
gouverne Z16
gouvernement . . . F12
gouverneur G13
goyave, f Y1
grabat F1
grabataire H5
grabuge Z16
grâce 74 W1
gracieux P1
gracilité U3
gradation T12
grade Z16
gradient D11
gradin C17
graduation T12
graduel Q22
graffiti R10
graillon Y16
grain C12
graine Z16
grainetier Q4
graisse 12 S13
gramin(ac)ée U4
grammaire M2
grammatical Q21
gramme 36 M2
grand F18
grandeur G14
grandiloquence . . D7
grandiose P1
grange D12
granit(e), m M3
graniteux Q13
granulé U1
graphisme J3
graphite J3
graphologie B9
grappe O3
grappillage Y14
grappin P6
gras Q14
grassouillet Q20
gratification T12
gratin P8
gratis P8
gratitude Z7

grattage P15
grattoir G2
gratuit F8
gratuité U3
grau, m 53 A6
gravats R10
grave 76 Z16
graveleux Q13
gravelle C8
graves, m 76 Z16
gravier Z16
gravillon Y16
gravitation T12
gravité U3
gravois E5
gravure H6
gré 42 U1
grec Q6
  f grecque
gredin C17
gréement U6
greffe J1
greffier J1
greffon J1
grégaire H5
grège V9
grégeois B15
grégorien Q25
grêle W2
grêlon L12
grelot F9
grelottant Z4
grenade Z16
grenadine Z7
grenaille L6
grenat F1
grenier P5
grenouillage Y14
grenouille Y16
grenu Q1
grès 42 V20
gréseux Q13
grésil L1
grésillement Y16
grève V18
gréviste U12
gribouillis E6
grief Z16
grièvement V18
griffe J1
griffon J1

griffonnage M4
grigou A8
grigri A3
gril L1
grillade Y16
grillage Y16
grille L4
grillon Y16
grimace S7
grimage M1
grimaud F18
grimoire, m H9
grimpette C11
grincheux Q13
gringalet F5
griot F9
griotte N5
grippe 12 O3
gris Q11
grisaille L6
grisâtre W1
griserie B9
grisou A8
grive Z16
grivèlerie V10
grivois E5
grivoiserie B9
grizzli Z16
grizzly Y4
groenlandais Q15
grog Z16
groggy J8
grognard Q2
grogne Z16
grognon Q25
groin C18
grommellement . . Z13
grondement F12
grondin C17
groom Z16
gros 53 Q14
groseillier Y16
grosse S16
grossesse Z6
grosseur G14
grossier Q4
grossièreté U3
grossissement . . . Z13
grotesque N6
grotte N5
grouillant Y12

groupe 32 04
groupuscule L2
gruau A6
grue B5
grume, f M1
grumeau A5
grutier N6
gruyère Y11
guadeloupéen . . . X5
guano A4
gué 42 U1
guéable X5
guenille L4
guenon M3
guépard I1
guêpe W2
guère(s) 41 P7
guéret F5
guéridon I19
guérilla A1
guérillero A4
guérison S2
guérite N6
guerre 41 I13
guet 42 F5
guêtre, f W2
guetteur N7
gueule . . . . . 76 I 2
gueuleton N6
gueux Q13
gui A3
guichet F5
guide Z16
guidon Z16
guigne Z16
guignol L1
guignolet F5
g(u)ilde, f Z16
guilledou A8
guillemet F5
guilleret Q20
guillotine Y16
guimauve, f Z16
guimbarde Z16
guimpe, f Z16
guinée U4
guingois E5
guinguette C11
guipure, f H6
guirlande D1
guise S2

guitare H1
gustatif Q9
guttural Q22
gymkhana, m . . . A1
gymnase, m Y1
gymnastique Y5
gynécée, m U2
gynécologue K6
gypaète V17
gypse, m Y1
gyroscope Y1

h

le signe ' marque
l'**h** dit aspiré.
'**h**- résiste à
l'élision et à la
liaison, p. ex.
'**hangar**, mais non
habit ou **hameçon**!

'ha ! 60 A1
habile L2
habileté U3
habilitation T12
habillage Y14
habit F8
habitacle N6
habitant 8 Q19
habitat F1
habitude P8
habituel Q22
'hâbleur W1
'hachette C11
'hachis E6
hachure H6
hacienda Z16
'haddock J6
'hagard I1
hagiographie . . . J3
'hale B1
'haïkaï X6
'haïku X6
'haillon Y16
'haine 60 C2
'haineux Q13

'haire 16 63 H5
'haïssable X6
'haïtien Q25
'halage 86 P3
'hâle 74 W1
'haleine . . . 41 60 C6
'halètement . . 60 V17
'hall Z16
hallali A3
'halle 74 L3
'hallebarde L11
hallucinatoire . . . H8
'halo 60 A4
'halte Z16
haltère, m V15
haltérophilie J3
'hamac 60 K1
'hamburger Z16
'hameau A5
hameçon S4
'hamman M2
'hampe D12
'hamster Z16
'han ! 30 D9
'hanap A1
'hanche 60 D12
'handball D12
'handicap O1
'hangar G1
'hanneton Z5
'hanse 60 D12
'hantise D12
haoussa X5
hapax R4
'happening Z16
'haquenée 60 U4
'harangue D12
'haras 80 E1
'harcèlement V10
'harde, f 75 Z16
'hardes 75 R11
'hardi Q1
'hardiesse S14
'hardiment F14
'hardware Z16
'harem Z16
'hareng Z16
'hargne Z16
'hargneux Q13
'haricot F9
'haridelle C8

'harissa	Z4	hélicoptère	V15	'héron	I20
'harki	K12	héliocentrique	L12	'héros 53	E3
harmonica	A1	héliotrope, *m*	P6	herpès	Z16
harmonie	B9	hélium	P3	(h)erpétologie	B9
harmonieux	Q13	(h)ellébore, *m*	Z11	'herse 60	Z16
harmonium	M3	hellène	P10	hertz	R5
'harnachement	F12	helvète	V17	hésitation	T12
'harnais	E4	helvétique	U12	hétaïre, *f*	X6
'harnois	E5	'hem ! 14	Z16	hétairie	B9
'haro	A4	hématique	M1	hétéroclite	U5
'harpe	Z16	hématologie	L12	hétérodoxe	U5
'harpie	B9	hématome	P1	hétérogène	U7
'harponneur	M4	hémicycle, *m*	Y5	hétérogénéité	U5
('h)aruspice, *m*	S8	hémiplégie, *f*	B9	hétérozygote	Y1
'hasard	I1	hémisphère, *m*	M1	'hêtraie	B1
'hasardeux	Q13	hémistiche, *m*	M1	'hêtre 75	W2
'haschi(s)ch	X4	hémoglobine, *f*	M1	'heu ! 46	A2
'hase, *f*	S2	hémogramme	M2	heur, *m* 35	G13
'hassidisme	S6	hémophile	J3	heure 35	H7
'hâte 12	W1	hémorragie	M1	heureux	Q13
'hâtif	Q9	hémorroïde, *f*	X6	(h)euristique	K2
'hauban	D9	'henné	M4	'heurt 35	Z16
'haubert 60	I5	'hennissement	Z13	'heurtoir	G2
'hausse 12 60	S6	hépatique	K2	hévéa	A1
'haut 19 54 58	Q19	hépatite	N6	hexaèdre	X5
'hautain 59	Q24	heptaèdre, *m*	V4	hexagone	P5
'hautbois	E5	héraldique	K2	'hi ! 49	A3
'hautboïste	X6	'héraut 53	F2	(')hiatus, *m*	R3
'hauteur 60	G14	herbe	Z16	hibernation	T2
'havane	M3	herbeux	Q13	hibiscus	R3
'havre	Z16	herbicide, *m*	S4	'hibou	R7
'havresac	Z16	herboriste	P7	'hic	K1
hawaiien	X5	herbu	Q1	hidalgo	A4
'hayon	Y11	herculéen	X5	'hideux	Q13
'hé ! 60	Z16	hercynien	Y5	hier	G5
'heaume 54	A5	'hère, *m* 16 63	V15	'hiérarchie	B9
hebdomadaire	H5	héréditaire	H5	hiératique	P8
hébergement	U6	hérédité	I18	hiéroglyphe, *m*	Y5
hébétement	U13	hérésie	B9	hilarant	D10
hébraïque	X6	'hérisson	S6	hilare	Z3
hébreu, *m*	A2	héritage	N6	hilarité	U3
hécatombe	K6	hermaphrodite	J3	'hile, *m* 60	L2
hectare	H1	herméneutique	U6	hindi	A3
hédonisme	M3	hermès, *m*	R3	hindou	Q1
hégélien	U5	hermétique	K2	hindouisme	X5
hégémonie	B9	hermine	P5	hinterland, *m*	Z16
hégire, *f*	H2	(h)erminette	C11	'hippie	O5
'hein !	C14	'herniaire	H5	hippocampe	P13
'hélas !	L12	'hernie, *f*	B9	hippodrome	O5
hélianthe, *m*	X1	héroïne	X6	hippophagique	J3
hélice	S8	héroïque	X6	hippopotame	O5

hirondelle	. . . . .	C8
hirsute	. . . .	N6
hispanique	. . . . .	M3
histogramme	. . .	M2
histoire	. . . .	H10
histologie	. . . .	B9
historien	. . . . . .	Q25
historiette	. . . . .	C11
histrion	. . . . .	Z16
hitlérien	. . . . .	Q25
'hittite	. . . . . .	Z5
hiver	. . . .	G5
hivernal	. . . . . .	Q25
'ho !	. . . . . 58 60	A4
'hobby, *m*	 60	Y4
'hobereau	. . . . .	A5
'hochepot	. . . .	F9
'hochequeue, *m* . .		B4
'hochet	 10	F5
'hockey	 80	Y3
hoirie	. . . .	B9
'holà !	. . . .	V1
'holding, *m*	. . . .	Z16
'hollandais	. . . .	Q11
holocauste, *m*	. . .	K6
hologramme	. . . .	M2
'homard	. . . . . .	I1
'home, *m*	 54	Z16
homélie	. . . . . .	P4
homéopathe	. . . .	X1
homérique	. . . . .	U12
homicide	. . . . . .	P4
hominien	. . . . .	P4
hommage	. . . . .	P11
hommasse	. . . . .	S12
homme	 54	M2
homogène	. . . . .	V12
homogénéité	. . .	U5
homographe	. . .	J3
homologation	. . .	T12
homologue	. . . . .	L12
homonymie	. . . .	Y5
homothétique	. . .	X1
homozygote	. . . .	S1
'hongrois	. . . . . .	Q11
honnête	. . . . . .	P12
honnêteté	. . . . .	U8
honneur	. . . . . .	P12
honni	. . . .	M4
honorable	. . . . .	P5
honoraire	. . . .	P5
honoraires	. . . . .	R10
honorariat	. . . . .	F1
honorifique	. . . .	P5
'honte	. . . .	Z16
'honteux	. . . . . .	Q13
'hop !	 60	O1
hôpital	. . . .	W10
hoplite, *m*	. . . . .	N6
'hoquet	 80	F5
horaire	. . . .	H5
'horde	. . . .	Z16
'horion	. . . .	Z16
horizon	. . . . . .	S1
horizontal	. . . . .	Q21
horizontalement	.	F12
horloge	. . . . . .	X1
horloger	. . . . . .	Q4
horlogerie	. . . . .	B9
'hormis	. . . .	E6
hormonal	. . . . .	Q21
hormone	. . . . . .	M3
horodateur	. . . .	I20
horoscope, *m*	. . .	K6
horreur	. . . .	G14
horrible	. . . . . .	I15
'hors	 64	I8
hortensia, *m*	. . . .	A1
horticole	. . . . . .	L2
horticulteur	. . . .	Q28
hosanna	. . . . . .	A1
hospice, *m*	. . . 60	S8
hospitalier	. . . . .	L12
hospitalisation	. .	T12
hospitalité	. . . . .	U3
hostie	. . . .	B9
hostile	. . . .	L2
hostilité	. . . . . .	U3
hôte	. . . . . 19 54	W10
hôtel	 60	L1
hôtellerie	. . . . . .	L11
hôtesse	 53	S14
'hotte	 54	N5
'hottentot	. . . . .	Q20
'hou !	 60	A8
'houblon	. . . . . .	Z16
'houblonnier	. . . .	Q4
'houe, *f*	 60	B3
'houille	 60	Y16
'houiller	. . . . . .	Q4
'houlette	. . . . . .	C11
'houleux	. . . . . .	Q13
'houppe, *f*	 80	O3
'houppelande, *f*	. .	O5
'hourdis	 60	E6
'hourra	. . . .	I16
'housse, *f*	. . . . .	S18
'houx	 60	E8
hovercraft	. . . . .	Z16
'hublot	. . . .	F9
'hue !	. . . .	B5
'huée	. . . .	U4
'huerta	. . . .	A1
'huguenot	. . . . .	Q19
huile	. . . .	L2
huileux	. . . .	Q13
huis, *m*	 49	E6
huisserie	. . . . . .	S6
huissier	. . . . . .	S6
'huit	 49	Z16
'huitaine	. . . . . .	C2
'huitième	. . . . .	V11
huître	. . . .	W3
'hulotte	. . . . . .	N5
('h)ululement	. . .	Z7
'hum !	 14	Z16
humain	. . . . . .	Q24
humainement	. . .	F12
humanitaire	. . . .	H5
humanité	. . . . .	U3
humblement	. . . .	F12
humérus	. . . . . .	R3
humeur	. . . . . .	G14
humide	. . . . . .	Z16
humidité	. . . . .	U3
humilité	. . . . .	U3
humoriste	. . . . .	I19
humour	. . . . . .	G11
humus	. . . .	R3
'hune	 60	M3
'huppe	. . . .	O3
'huppé	. . . .	Q1
'hure	. . . .	H6
'huron	. . . .	P7
'hurlement	. . . .	F12
hurluberlu	. . . . .	A7
'hurrah	. . . .	X8
'hurricane	. . . . .	Z11
'hussard	. . . . . .	I1
'hutte	 60	N5
hybride	. . . . . .	Y5
hydrate, *m*	. . . . .	N6
hydraulique	. . . .	L12

hydravion Y1
hydre, f Y1
hydrocarbure, m . H6
hydrocéphale . . . J3
hydrocution T9
hydroélectrique . . X5
hydrogène V12
hydrologie Y1
hydrolyse Y9
hydromel L1
hydropisie Y5
(')hyène 41 V12
hygiène Y5
hygiénique . . . U13
hygrométrie B9
hymen, m C4
hyménée, m V2
hymne Y1
hyperbole, f L2
hyperglycémie . . Y6
hypertension . . . T1
hypertrophie . . . J3
hypnose, f P1
hypnotique Y5
hypocondriaque . K2
hypocrisie Y5
hypocrite Y5
hypogée, m U2
hypoglycémie, f . . Y5
hypophyse, f . . . Y6
hypotension . . . T1
hypoténuse, f . . . S2
hypothalamus . . . X1
hypothécaire . . . U12
hypothèque V14
hypothèse V16
hypothétique . . . U12
hystérie B9
hystérique Y5

iambe, m Z16
ibérique P7
ibidem J5
ibis R3
iceberg Z16

ichtyologie Y1
ichtyosaure K8
ici A3
icône, f W10
iconoclaste P1
iconographie J3
ictère, m V15
idéal Q21
   pl. idéals / idéaux
idéalisation T12
idéalisme X5
idée U4
idem J5
idempotent P8
identification K6
identique K2
identiquement . . . F12
identité U3
idéogramme X5
idéologie X5
ides, f 75 R11
idiomatique P1
idiome, m P1
idiosyncrasie Y5
idiot Q19
idiotie S5
idoine M3
idolâtre W1
idole L2
idylle, f Y5
idyllique L11
if 60 Z16
igloo, m Z16
igname, f M1
ignare H1
ignifuge J2
ignoble Z16
ignominie B9
ignominieux Q13
ignorance D3
iguane, m M3
il 60 L1
île 60 75 W3
iliaque L12
illégalité U3
illégitime P10
illettré N7
illicite Z11
illicitement F12
illico A4
illisible L11

illogique L11
illumination T12
illusion Z5
illusionniste M4
illusoire H8
illustration T12
îlot W3
ilote Z3
image M1
imagerie B9
imaginaire H5
imagination T12
imago, m ou f . . . A4
imam Z16
iman D9
imbattable P15
imbécile P3
imbécillité P10
imberbe Z16
imbrication K6
imbroglio A4
imbu P1
imitateur Q28
imitatif Q9
imitation M1
immaculé Z11
immanence D7
immangeable . . . B15
immanquablement M2
immatriculation . . M2
immature H6
immédiat F1
immédiatement . . F12
immémorial M2
immense D8
immensément . . . F13
immérité M2
immersion T2
immeuble M2
immigration M2
imminence D7
immixtion Z16
immobilier Q4
immobilité U3
immodéré Z11
immolation M2
immondices R11
immoralité U3
immortalité U3
immortel Q22
immuable X5

immunité	U3	imposture	H6	incestueux	Q13
immunologie	Z15	impôt	W10	incidemment	F17
impact	N1	impotence	D7	incidence	D7
impair	Q2	impraticable	K6	incident	D11
imparable	I17	imprécation	T12	incinération	S4
imparfait	Q2	imprégnation	T12	incipit, inv	Z16
impartial	Q21	imprenable	M3	incisif	Q9
impasse, f	S12	imprésario	A4	incitation	T12
impassibilité	U3	impressionnisme	M4	inclinaison	C1
impatiemment	F17	imprévoyance	Y11	inclination	T12
impatience	D7	imprimatur, m inv.	G7	inclusif	Q9
impatient	S5	imprimerie	B9	incoercible	X5
impavide	Z16	impromptu	Q1	incognito	A4
impeccablement	K7	improvisation	T12	incohérent	X2
impécunieux	Q13	improviste	Z16	incollable	L11
impédance	D3	imprudemment	F17	incolore	H4
impedimenta	R10	impudence	D7	incommensurable	Z15
impénétrabilité	U5	impuissance	S6	incompréhension	X2
impénitent	D11	impulsif	Q9	incompressible	S6
impératif	Q9	impunité	U3	inconditionnel	Q18
impératrice	S8	imputable	N6	incongru	Q1
imperceptible	S4	imputation	T12	incongrûment	W8
imperfection	T16	imputrescible	S3	inconsidéré	U5
impérial	33 Q21	inaccessible	Z15	incontrôlable	W10
impériale	33 L2	inaction	T16	inconvenant	D10
impérieux	Q13	inadmissible	S6	inconvénient	D11
impérissable	S6	inadvertance	D3	incorporation	T12
impéritie	B8	inaliénable	M3	incorrect	N1
imperméable	X5	inamovible	M1	incorrigible	I15
impersonnel	Z15	inanité	Z7	incorruptible	I15
impertinence	D7	inanition	T10	incrédule	L2
imperturbable	Z15	inaperçu	S4	incrimination	T12
impétigo	A4	inappétence	D7	incroyable	Y11
impétrant	Q2	inapplicable	P5	incrustation	T12
impétueux	Q13	inapte	Z16	incubation	T12
impie	B9	inattaquable	N7	inculpation	T12
impiété	U3	inattendu	Z9	incunable	M3
impitoyable	Y11	inaugural	Q21	incurabilité	U3
implacable	K6	inca	A1	incurie	B9
implant	D10	incandescence	S3	incursion	T2
implication	K6	incantation	T12	indécent	D11
implicite	S4	incapacité	U3	indécis	Q11
imploration	T12	incarcération	S4	indéfectibilité	Z15
implosion	S2	incarnat	Q2	indélébilité	U3
impolitesse	Z15	incarnation	T12	indemne	Z16
impondérabilité	Z15	incartade	K6	indemnisation	T12
impopularité	U3	incendiaire	H5	indemnité	U3
importance	D3	incendie, m	B9	indéniable	M3
importateur	Q28	incertitude	Z16	indépendamment	F16
importun	Q24	incessamment	Z10	indépendant	D10
imposable	S2	inceste, m	Z16	index	R4

indexation	T12	infanterie	Z7	ingénu	Q1
indicateur	Q28	infantile	L2	ingénuité	U3
indication	T12	infarctus	R3	ingénument	F15
indice, *m*	S8	infatigable	Z15	ingérence	D7
indiciaire	H5	infatuation	T12	ingrat	Q19
indicible	S4	infect	Q19	ingratitude	N6
indifféremment	F17	infectieux	Q13	ingrédient	D11
indifférent	Z9	infection	T16	inguinal	Q21
indigence	D7	inféodation	T12	ingurgitation	T12
indigène	V12	inférence	D7	inhabité	X1
indigent	2	inférieur	G12	inhabituel	Q22
indignation	T12	infériorité	U5	inhalateur	Q28
indigne	Z16	infernal	Q21	inhalation	T12
indigo	A4	infestation	T12	inhérence	D7
indissoluble	Z6	infidèle	V10	inhérent	X1
individu	A7	infidélité	U12	inhibiteur	Q28
individualité	U3	infime	P1	inhospitalier	Q4
individuel	Q22	infini	Z3	inhumain	X1
indivis	Q11	infinité	U3	inhumation	T12
indolence	D7	infinitésimal	Q21	inimitié	U3
indolore	H4	infinitif	Q9	ininflammable	Z16
indu	Q1	infinitude	Z15	ininterrompu	I13
indubitable	N6	infirmation	T12	inique	M3
inductance	D3	infirme	Z16	iniquité	U3
inducteur	Q28	infirmerie	B9	initial	S5
inductif	Q9	infirmier	Q4	initiation	T12
induction	T16	infirmité	U3	initiative	M3
indulgence	D7	inflammable	M2	injecteur	Q28
indûment	W8	inflammation	T12	injection	T16
induré	Q1	inflation	T12	injonction	T16
industrie	B9	inflationniste	M4	injurieux	Q13
industriel	Q22	inflexion	T17	inlassable	S6
industrieux	Q13	inflorescence	S3	inné	8	M4
inédit	M3	influence	D7	innéité	X5
ineffable	P5	influx, *m*	E8	innocemment	Z12
inefficace	Z15	informaticien	Q25	innocence	D7
inégal	M3	information	T12	innocuité	X5
inéluctable	M3	infortuné	Q1	innombrable	M4
inénarrable	P5	infra	A1	innom(m)é	M4
inepte	M3	infraction	T16	innommable	P11
ineptie	B8	infrarouge	Z16	innovation	M4
inerte	P5	infrason	Z16	inoccupé	Z9
inertie	B8	infrastructure	H6	inoculation	T12
inexact	N1	infructueux	Q13	inodore	H4
inexorable	P7	infus	Q11	inoffensif	Z9
inextinguible	Z15	infusion	Z16	inondation	T12
inextricable	K6	ingambe	D12	inopiné	M3
infaillibilité	U3	ingénierie	B9	inopinément	F13
infamant	D10	ingénieur	G13	inopportun	Q2
infâme	W1	ingénieux	Q13	inorganisé	M3
infamie	P1	ingéniosité	U3	inoubliable	M3

inouï X6
inoxydable Y1
input, *m* Z16
inquiet Q19
inquisiteur Q28
inquisition T10
insalubre S16
insane M3
insanité U3
insatiable S5
inscription T15
insécable K6
insecte K6
insecticide S4
insectivore H4
insémination . . . T12
insensé Q1
insertion T7
insidieux Q13
insigne, *m* Z16
insignifiance D3
insinuation T12
insipide Z7
insistance D3
insolation T12
insolemment F17
insolence D7
insolent D11
insolite Z7
Insoluble L12
insolvable Z16
insomniaque K2
insomnie B9
insonore H4
insouciance D3
inspecteur Q28
inspection T16
inspectorat F1
inspirateur Q28
installation T12
instamment F16
instance D3
instant D10
instantanément . . F13
instar G1
instaurateur Q28
instigateur Q28
instillation L3
instinct N1
instinctif Q9
instinctuel Q22

institut F10
instituteur Q28
institutionnalisme . P12
institutionnel Q22
instructif Q9
instruction T16
instruit Q19
instrument D11
instrumental Q21
insu A7
insubmersible . . . Z15
insubordination . . M3
insubordonné . . . M4
insuffisant Z15
insulaire H5
insularité U3
insuline, *f* Z7
insulte Z16
insulteur Q27
insurgé Q1
insurrectionnel . . . Q22
intact N1
intangible D12
intarissable Z15
intégral Q21
intégration T12
intègre 12 V3
intégrité U12
intellect N1
intellectualisme . . Z15
intellectuel Q22
intelligemment . . . F17
intelligence D7
intelligentsia . . . A1
intelligentzia . . . A1
intelligibilité U3
intempérie B9
intempestif Q9
intendance D3
intendant D10
intense D8
intensément F13
intensification . . . K6
intensité U3
intention T6
intentionnellement Z15
inter G5
interallié Q1
interarmées, *inv* . . Z16
interarmes, *inv* . . Z16
intercalaire P3

intercepteur G13
interception T15
intercesseur G13
intercession . . . 86 T3
interclubs, *inv* . . . Z16
intercommunal . . Q21
intercostal Q21
interdiction T16
interdit Q19
intéressement . . . F12
intérêt U8
interférence D7
intérieur G12
intérim I19
intérimaire M1
intériorité U3
interjection T16
interligne Z16
interlinéaire H5
interlope O4
interloqué Q1
interlude, *m* G5
intermède, *m* . . . V8
intermédiaire U12
intermezzo Z16
intermittence . . . D7
internat F1
international Q21
interne C17
internement M1
interpellation P10
interphone, *m* . . . J3
interpolation P3
interprétariat U12
interprète V17
interrogateur Q28
interrogatif Q9
interrogatoire . . . H9
interruption T15
intersection T16
intersession, *f* . . 86 S6
interstellaire H5
interstice, *m* S8
interstitiel Q22
interurbain Q24
intervalle, *m* L3
interventionniste . M4
interversion T2
interview, *f* Z16
interviewer, *m* . . . G5
intestat F1

intestin Q24
intestinal Q21
intime M1
intimement F12
intimidation T12
intimité U3
intolérant Z7
intonation P5
intoxication T12
intraduisible S2
intransigeance . . . B15
intransitif Q9
intraveineux Q13
intrépidité U3
intrication K6
intrigant Q19
intrigue Z16
intrinsèque V14
introducteur Q28
introductif Q9
introduction T16
introït, m X6
introjection T16
intromission T5
intronisation P1
introspectif Q9
introverti Q1
intrus Q11
intuitif Q9
intuition T10
intuitionnisme . . . M4
inusité Z7
invaincu Q1
invariance D3
invasion S2
invective, f K6
inventaire H5
inventeur Q28
inventif Q9
invention T6
inverse 12 Z16
inversement F12
inversion T2
inverti Q1
investigateur Q28
investissement . . . S6
investiture H6
invétéré U5
invincibilité Z15
inviolabilité U3
invisible S2

invite, f N6
invivable Z16
invocation T12
involontairement . . Z15
involution T9
iode, m X5
ion Z16
ionien Q25
ionique M3
iota A1
ipéca, m O6
ipséité U5
irakien Q25
iraqien Q25
irascible S3
ire, f H2
iris, m I19
irisation S2
ironie I20
iroquois Q2
irradiation I14
irrationnel Q22
irréalité U3
irrécupérable Z15
irrécusable I14
irrédentisme I14
irréel Q22
irréfragable I14
irréligion U13
irrémédiable U12
irréprochable U13
irrespect N1
irresponsable . . . Z15
irrévérence D7
irréversible I14
irrévocable K6
irrigation T12
irritable I14
irruption T15
isard I1
isba, f A1
islam Z16
islamisation T12
isobare, f H1
isocèle V10
isolat F1
isolationniste M4
isolement Z7
isolément F13
isoloir G2
isomère V15

isomorphe J3
isotherme, f X1
isotope, m O4
isotrope O4
israélien Q24
israélite L12
issue 56 B5
isthme, m Z16
italique, m N6
item N6
itératif Q9
itinéraire N6
itinérant Q19
itou A8
ivoire, m H9
ivoirien Q25
ivraie B1
ivresse S14
ivrogne Z16
ivrognerie B9

j

jabot F9
jacasseur Q27
jachère V15
jacinthe X1
jack, m 67 K5
jacobin K6
jacquard I1
ja(c)quemart I4
jacquerie B9
jactance D3
jade, m J5
jadis Z16
jaguar G1
jaillissement Y16
jais 41 E4
jalon P3
jalonnement Z9
jalousie B9
jaloux Q13
jamaïquain K14
jamais E4
jambage Z16
jambière V15
jambon Z16

jambonneau M4
jamboree Z16
janissaire Z9
jansénisme U6
jante D2
janvier D12
japonais Z3
jappement O5
jaquette C11
jardin C17
jardinet F5
jargon Z16
jarre 62 I12
jarret F5
jarretelle Z12
jarretière V15
jars, m 62 E7
jasmin C17
jatte N5
jauge Z16
jaunâtre W1
jaune Z16
jaunisse S15
javel, f 36 L1
javeline Z7
javelot F9
jazz Z16
je 46 Z16
jean(s) Z16
jeep, f O1
jérémiade U5
jerk K4
jerrican(e) Z16
jersey, m Y3
jésuite S2
jet 41 F5
jetée 8 39 U4
jeton P8
jeu 48 A2
jeun P1
jeune 74 P1
jeûne 12 74 W9
jeunot F9
joaillier Q4
jobard I1
jockey K13
jocrisse, m S15
jodler G5
jogging Z16
joie B2
joint Q19

joker K12
joli A3
joliesse S14
joliment F14
jonc Z16
jonchée U4
jonction T16
jongleur Q27
jonque, f K2
jonquille L4
joual L1
joue 57 B3
jouet 10 F5
joufflu Q1
joug 57 Z16
jouissance D3
joujou R7
joule, m L2
jour G11
journal L1
journalier Q4
journée U4
journellement ... F12
joute, f N6
jouvence D7
jouvenceau A5
jouvencelle C8
jovial Q21
jovialité U3
joyau Y11
joyeuseté U3
joyeux Q13
jubé U1
jubilaire Z7
jubilé U1
judaïsme X6
judas E1
judiciaire H5
judicieux Q13
judo A4
judoka K12
jugeote B15
jugulaire H5
juif Q9
juillet F5
jujube, m Z16
julien Q25
jumbo A4
jumeau A5
jumelage L12
jumelle 36 C8

jument D11
jumping Z16
jungle Z16
junior G9
junte Z16
jupe Z1
jurassien S6
juridictionnel Q22
juridique K2
jurisprudence ... D7
jurisprudentiel ... Q22
juriste I19
juron I20
jury Y4
jus E2
jusant D10
jusque(s) K2
justaucorps E7
juste Z16
justesse S14
justice S8
justicier Q4
justificatif Q9
justification T12
jute, m N6
juteux Q13
juvénat F1
juvénile L2
juxtaposition Z16

k

kabbale L2
kabuki, m A3
kabyle Y1
kakemono Z7
kaki A3
kaléidoscope K11
kami, m A3
kamikaze, m K12
kangourou A8
kantien Q25
kaolin C17
kapok P6
karaté U1
karatéka A1
karstique K11
kart Z16

karting Z16
kascher G5
   aussi casher *ou*
   cacher
kayak K4
kelvin, *m* C17
kenyan Q24
képi A3
kératine M3
kermesse 37 S14
kérosène V12
ketchup O1
keynésien Q25
khâgneux Q13
khalife X1
k(h)an 28 D9
khédive X1
khmer Q4
khôl 54 W10
kibboutz Z16
kidnappeur Q27
kidnapping O5
kif J2
kilo A4
kilométrage U13
kilotonne, *f* M4
kilowatt, *m* N4
kilt, *m* K11
kimono A4
kinésithérapie . . . X1
kiosque K11
kir G3
kirsch X4
kit, *m* K11
kitchenette C11
kitsch Z16
kiwi A3
klaxon Z16
kleptomanie B9
knicker(bocker)s . . K13
knout Z16
koala A1
koinè, *f* Z16
kolkhoz(e) S1
konzern Z16
kopeck K5
korrigan Q24
koulak K4
krach K3
kraft K11
krak 19 K4

kronprinz Z16
krypton Y1
kummel M2
kurde K11
kyrie Y5
kyrielle Y5
kyste, *m* Y1

la 26 A1
là 26 V1
label 36 L1
labeur, *m* G13
labial Q21
laborantin Q24
laboratoire H9
laborieux Q13
labour, *m* 13 G11
labrador G9
labyrinthe Y5
lac 38 K1
lacération T12
lacet 10 F5
lâche 12 W1
lâcheté U3
lacis E6
laconique M3
lacrymal Q21
lacrymogène Y1
lacs 26 E7
lactaire, *m* H5
lactation T12
lacté Q1
lactique K2
lactose, *m* P1
lacunaire H5
lacune M3
lacustre K6
lad J4
ladre P1
lady Y4
   pl. ies *ou* ys
lagon J7
lagune M3
lai, *m* 19 68 A9
lai 19 68 Q1

laïc Q5
laïcat F1
laïcité X6
laid 19 Q2
laideron Z16
laie 68 B1
lainage C1
laine M3
laisse S13
lait 19 68 F4
laiterie B9
laiteux Q13
laitier Q4
laiton 78 C1
laitue B5
laïus X6
lama A1
lambda Z16
lambeau A5
lambin C17
lambrequin C17
lambris E6
lambswool, *m* . . . Z16
lame M1
lamelle Z4
lamentable D13
lamentation T12
lamento A4
laminoir G2
lampadaire H5
lampe D12
lampée U4
lampion Z16
lamproie, *f* B2
lance 12 D3
lancée U4
lancinant Q19
landau R9
lande D12
langage D12
lange, *m* D12
langoureux Q13
langouste D12
langoustine M3
langue Z16
languedocien . . . S4
langueur G14
lanière V15
lanoline Z7
lansquenet F5
lanterneau A5

laotien X1
lapalissade S6
lapement O6
lapereau A5
lapidaire H5
lapin Q24
lapis R3
lapon Q24
laps Z16
lapsus R3
laquais E4
laque 38 K2
larbin C17
larcin C17
lard 62 I1
lare, m 62 H1
large Z16
largesse S14
largeur C14
largo A4
larme Z16
larmoyant Y7
larron R14
larve Z16
laryngite Y5
larynx Y1
las 26 37 Q14
las ! 37 Z16
lasagne, f, inv . . . S2
lascar G1
lascif Q9
laser G5
lassitude S6
lasso A4
lastex R4
latence D7
latent D11
latéral Q21
latérite Z7
latex R4
latifudium N6
    pl. latifundia
latin Q24
latitude Z7
latitudinaire H5
latrines M3
latte 12 N5
lattis E6
laudanum Z16
laudatif Q9
laudes, f R11

lauréat Q19
laurier P7
lauze, f S1
lavabo A4
lavallière V15
lavande D1
lavandière D12
lavasse S12
lavatory Y4
    pl. lavatories
lavette C11
lavis E6
lavoir G2
laxatif Q9
laxisme Z16
layette Y11
lazaret F5
lazzi A3
lé 68 U1
leader 75 G5
leadership Z16
leasing Z16
lèche 41 V7
lèchefrite N6
leçon S4
lecteur Q28
lecture H6
légal Q21
légalité U3
légat F1
légataire H5
légation T12
légendaire H5
légende D5
léger Q4
légèreté U7
légionnaire M4
législateur Q28
législatif Q9
légitimité U3
legs E7
légume M1
leitmotiv P8
lemme, m C9
lemming M2
lémure, m H6
lendemain C12
lent Q2
lenteur G14
lentille L4
léonin Q2

léopard I1
lèpre V4
lépreux Q13
léproserie B9
lequel, laquelle . . . Z16
lérot F9
les 68 Z16
lès 68 V20
lesbienne Q25
lésion Z16
lésionnel Q22
lesquels Z16
    f lesquelles
lessive S6
lest 32 L1
leste 32 Z16
léthargie X1
lettre N7
leu A2
    pl. lei 68
leucémie B9
leucocyte, m Y1
leur 36 G12
leurre, m . . . 12 36 I10
levain C12
levant 8 D10
levantin Q24
levée 8 U4
levier Z16
lévitation T12
lévite Z3
levraut F2
lèvre V5
levrette C11
lévrier U6
levure H6
lexique K2
lez 68 Z16
lézard I1
lézarde S1
li 49 A3
liaison S21
liane M3
liard I1
liasse S12
libation T12
libelle, m C8
libellule Z9
libéral Q21
libérateur Q28
libératoire H8

liberté	U3	
libertin	Q2	
libidineux	Q13	
libido, *f*	A4	
libraire	H5	
librairie	B9	
libre	Z16	
libyen	Y5	
lice	19 51 S9	
licence	D7	
licenciement	B11	
licencieux	T20	
lichen	K8	
licite	S4	
licol	L1	
licorne	K6	
licou	A8	
lido	A4	
lie	12 49 B9	
lied, *m*	J4	
pl. lieder		
liège	V9	
liégeois	B15	
lien	C15	
lierre	I13	
liesse	S14	
lieu	46 A2	
lieue	46 B4	
lieutenant	D10	
lièvre	V4	
lift	J2	
lifting	Z16	
ligament	D11	
ligature	H6	
lignée	U4	
ligneux	Q13	
lignite, *m*	N6	
ligueur	Q27	
lilas	E1	
limace	S7	
limaçon	S4	
limaille	L6	
limande	D1	
limbes, *m*	76 R10	
lime	M1	
limier	P4	
liminaire	Z7	
limitatif	Q9	
limite	Z3	
limitrophe	J3	
limogeage	B15	

limonade	Z7	
limoneux	Q13	
limpide	Z16	
limpidité	U3	
lin	C17	
linceul	L1	
linéaire	H5	
linéament	D11	
linge	Z16	
lingerie	I19	
lingot	F9	
linguistique	K2	
liniment	D11	
links	R3	
linoléum	M3	
linotype, *f*	Y1	
linteau	A5	
lionceau	A5	
lippe	O3	
liquéfaction	T16	
liqueur	G14	
liquide	K14	
liquidité	U3	
liquoreux	Q13	
lire	68 H2	
lis	19 51 R3	
liseron	S2	
lisibilité	U3	
lisière	V15	
lisse	19 51 S15	
liste	Z16	
listing	Z16	
lit	49 F8	
litanie	B9	
literie	N6	
lithiase	X1	
lithographie	X1	
litière	V15	
litige, *m*	P8	
litote	Z3	
littéraire	P15	
littéral	N7	
littérature	H6	
littoral	Z5	
liturgie	B9	
livarot	F9	
lividité	U3	
living	Z16	
livraison	S2	
livre	Z16	
livrée	U4	

livresque	K2	
livret	10 F5	
llyod, *m*	J4	
lob	32 Z16	
lobby	Y4	
lobe, *m*	32 Z1	
local	Q21	
localité	U3	
locataire	H5	
loch	52 K3	
locomotion	T14	
locuteur	Q28	
locution	T9	
loden	Z16	
lœss, *m*	Z16	
lof	13 J2	
logarithmique	X1	
loge	Z16	
loggia, *f*	J8	
logicien	Q25	
logique	K2	
logis	E6	
logorrhée, *f*	X2	
loi	A10	
loin	C18	
lointain	C12	
loir	G2	
loisir	G3	
lombaire	H5	
lombard	I1	
lombric	K1	
londonien	Z7	
long	Q8	
longanimité	U3	
longeron	P7	
longévité	U3	
longitudinal	Q21	
longtemps	E7	
longueur	G14	
looping	Z16	
lopin	C17	
loquace	K14	
loque	52 K2	
loquet	F5	
lord	52 I2	
lorgnette	C11	
loriot	F9	
lorrain	Q24	
lorry	49 I15	
lors	52 I8	
lorsque	K2	

losange D12
lot 53 F9
loterie B9
lotion T14
lotissement Z9
loto A4
lotte N5
lotus R3
louange D12
loufoque J2
loukoum K12
loup 15 O2
loupe O4
loupiot 77 Q20
loupiote 77 P8
lourd 65 I3
lourdaud F18
loustic K1
loutre N6
loyal Q21
loyauté U3
loyer Y11
lubie B9
lubrifiant Q2
lubrique K2
lucarne K6
lucidité U3
lucratif Q9
lucre, m K6
ludique K2
luette C11
lueur G14
luge Z16
lugubre Z16
lui A3
lumbago, m A4
lumière V15
lumignon M1
luminaire H5
luminescence . . . S3
lumineux Q13
lumpenproletariat . Z16
lunaire H5
lunatique K2
lunch Z16
lune Z16
lunetier P8
lunette 76 C11
lunettes 76 R11
lunule, f Z3
lupanar, m G1

lupin C17
lurette Z4
luron P7
lustral Q21
lustre Z16
luth 21 56 X8
luthérien Q25
lutin C17
lutrin C17
lutte 21 56 N5
lutteur Q13
luxation T12
luxe Z16
luxuriance D3
luzerne, f S1
lycée U2
lymphatique Y5
lymphe Y1
lynchage Y1
lynx R4
lyre 16 68 I18
lyrique Y5
lys 19 51 R3

m

ma 24 A1
maboul L1
macabre K6
macadam Z16
macaque K6
macareux Q13
macaron Z3
macaroni A3
macchabée U2
macédoine M3
macération T12
mach K3
mâche, f W1
mâchefer, m W1
machette C11
machiavélique . . . K8
mâchicoulis W1
machinal Q21
machine M3
machinerie W1
macho A4

mâchoire W1
maçon S4
maçonnerie B9
macramé U1
macreuse K6
macrocosme K6
madame M1
mademoiselle . . . C8
madère V15
madone P5
madras R3
madré Q1
madrigal L1
madrilène V12
maelström Z16
maestria, f A1
maf(f)ia A1
magasin C15
magasinier S2
magazine, m S1
mage Z16
maghrébin Z16
magicien Q25
magistère V15
magistral Q21
magistrat F1
magma, m A1
magnanimité U3
magnat F1
magnésie, f B9
magnésium Z16
magnétique K2
magnétophone . . J3
magnétoscope . . . K6
magnificat K6
magnificence . . . D7
magnolia, m A1
magnum, m Z16
magot F9
magouille Y16
magyar Z16
maharadjah Z16
mahométan Q24
mai 40 A9
maïeutique X6
maigre C11
maille 36 L6
maillet 10 Y16
maillot Y16
main 59 C12
mainlevée U4

141

mainmise Z16
mainmorte Z16
maint **59** Q19
maintenance D3
maintenant D10
maintien C15
maire **41** C1
mais **40** E4
maïs X6
maison S2
maisonnée U4
maisonnette Z10
maître **19 40** W4
maîtresse S14
maîtrise S2
majesté U3
majestueux Q13
majeur G12
major G9
majoration T12
majordome M1
majorette Z8
majoritaire H5
makimono K12
mal **24** L1
 pl. maux, **75**
malabar G1
malade Z3
maladif Q9
maladresse S14
maladroit Q2
malaga A1
malais Q11
malaise, *m* C3
malandrin C17
malappris O5
malaria, *f* A1
malcommode . . . M2
maldonne, *f* M4
mâle **24** W1
malédiction T16
maléfice, *m* S8
maléfique K2
malencontreux . . . Q13
malentendu P3
malfaisant D10
malfaiteur Q28
malfamé P4
malfrat F1
malgache Z16
malgré Z16

malhabile X1
malheur G12
malheureux Q13
malhonnête X1
malicieux T20
malin C17
 f maligne
malingre C17
malintentionné . . . Z15
malle **24** L3
malléabilité U3
malléole, *f* Z5
mallette Z6
malotru Q1
malouin Q2
malsain Q24
malséant Q2
malthusianisme . . X1
malveillant Y12
malversation T12
maman M1
mamelle P4
mamelon P4
mamelouk K4
mammaire P11
mammifère P11
mammouth X8
mamours I9
manade, *f* M3
manager M3
manant D10
manche, *m* D12
manche, *f* D12
manchette C11*
manchon D12
manchot Q19
mandarin C17
mandarinat F1
mandarine D12
mandat F1
mandataire H5
mandibule, *f* L2
mandoline Z7
mandragore, *f* . . . D12
mandrill, *m* L11
mandrin C17
manécanterie . . . P5
manège V9
mânes R10
manette Z4
manganèse, *m* . . . V16

mangeaille B15
mangeoire B15
mangeur Q27
mangouste D12
manguier D12
maniabilité U3
maniaque P5
manichéisme X5
manie B9
maniement B11
manière V15
maniéré U12
manifestant D10
manifestation . . . T12
manifold, *m* J4
manigance D3
manille L4
manioc K1
manipulation M3
manitou A8
manivelle Z8
manne **75** M4
mannequin, *m* . . . C17
manœuvre Z16
manœuvrier Q4
manoir M3
manomètre P5
manque D12
mansarde D12
mansuétude D12
mante, *f* **29** D12
manteau A5
mantille L4
manucure H6
manuel Q22
manufacture M3
manuscrit Q2
manutention T6
maoïste X6
maori Q1
mappemonde, *f* . . O5
maquereau A5
maquette C11
maquettiste P15
maquignon K14
maquillage Y14
maquis **67** E6
maquisard I1
marabout F3
maraîcher Q4
marais **42** E4

marasme I17
marathon X1
marâtre W1
maraud F18
marbre Z16
marbrier Z16
marc 24 Z16
marcassin C17
marchand . . . 85 Q2
marche Z16
marché U1
marchepied F18
mare 24 H1
marécageux Q13
maréchal L1
maréchaussée . . . U4
marée 42 U4
marelle C8
marémoteur Q28
mareyeur Q27
margarine M3
margelle C8
marginal Q21
margoulin C17
marguerite I19
marguillier Y16
mari 62 A3
marigot F9
marihuana Z16
marIjuana Z16
marin Q2
marina A1
maringouin C19
marinière V15
marionnette C11
maritalement F12
maritime Z7
marjolaine C2
mark 67 K4
marketing K12
marmaille L6
marmelade L12
marmite N6
marmoréen Q25
marmot F9
marmotte N5
marneux Q13
marocain 59 Q2
maronite Z7
maroquinerie K14
marotte N5

marque 67 K2
marqueterie P8
marquis Q11
marraine 40 C2
marre 24 I12
marri 62 Q1
marron I12
marronnier Z6
mars Z16
marseillais Q11
marsouin C19
marsupial Q21
marteau A5
martèlement L12
martial S5
martien S5
martinet F5
martingale L2
martyr 34 Q2
martyre, m . . . 34 Y1
marxiste Z16
mas 24 32 Z16
mascarade K6
mascotte N5
masculin Q2
masochisme S2
masque K2
massacre S6
masse 32 S12
massepain C12
massette Z6
massicot F9
massif Q9
massue B5
mastic K1
mastodonte Z16
mastroquet F5
masturbation . . . T12
masure H6
mat, inv. . . . 24 77 Z16
mat 24 77 Q2
mât 24 W1
matador G9
matamore H4
match Z16
pl. match(e)s
matelas E1
matelot F9
matelote N6
matérialité U3
matériau A6

matériel Q22
maternellement . . F12
maternité U3
math(s) . . . 24 77 R11
mathématique . . . X1
matheux Q13
matière V15
matin 87 C17
mâtin 87 W1
matinée U4
matou A8
matraque K2
matriarcal Q21
matriarcat F1
matrice S8
matriciel Q22
matricule L2
matrimonial Q21
matrone P5
matronyme Y1
maturité P1
maudit Q2
maure 19 52 Z1
mausolée, m U2
maussade S6
mauvais Q1
mauve Z16
mauviette C11
maxillaire P10
maxima, t sg. ou pl. A1
maximum, m Z16
maya 82 Y11
mayonnaise C3
mazagran D9
mazette ! C11
mazout S1
mazurka A1
méandre, m D12
méat F1
mec K1
mécanique K2
mécano 71 K6
mécénat F1
mécène U7
méchamment F16
méchanceté U3
mèche V7
méchoui A3
mécompte U6
mécréant U5
médaille L6

médaillon Y16
médecin C17
média, *m* A1
médiale, *f* L2
médian D9
médiateur 28
médiator Z16
médical Q21
médicament Z7
médication T12
médicinal Q21
médiéval Q21
médina A1
médiocrité U3
médique U12
médisance D3
méditerranéen . . . Q25
médium U6
médius R3
médullaire P10
méduse S2
meeting Z16
méfiance D3
mégalithe, *m* X1
mégalomanie . . . Z15
mégarde U6
mégère U7
mégot F9
méhari X2
   pl. méharis *ou* méhara
meilleur G12
mélancolie K6
mélange D12
mélasse S12
melba, *inv.* A1
mêlée U8
mélèze V19
mélisse S15
mélodieux Q13
mélodrame L12
mélomane Z7
melon L12
mélopée U4
membrane M3
membre D13
même W2
mémento A4
mémoire, *m* H9
mémoire, *f* H10
mémorandum . . . U13
mémorial L1

menace S7
ménager Q4
mendélien Q25
mendicité U3
menées R11
ménestrel L1
ménétrier UI5
menhir X1
méningite U6
ménisque, *m* K2
ménopause M3
menotte N5
mensonge D13
mensonger Q4
menstruation . . . T12
mensuel Q22
mensuration T12
mentalité U3
menteur Q27
menthe **29** D13
mention **85** T6
menton D13
mentor C15
menu Q1
menuet F5
menuisier M3
méphistophélique . . J3
méplat F1
mépris E6
mer **41** G5
mercantile K6
mercenaire H5
mercerie B9
merci S4
mercure H6
mercuriale, *f* L2
mère **41** V15
merguez, *f* R5
méridien Q25
méridional Q21
meringue C17
mérinos R3
merisier P7
méritoire H8
merlan D9
merle **33** L2
merlin Z17
merlu(s) Z16
mérou A8
mérovingien Q25
merveille Y16

merveilleux Q13
mes, *pl.* Z16
mésalliance L11
mésange D12
mescaline K6
mesdames Z16
mesdemoiselles . . Z16
mésentente D13
mésolithique X1
mesquin Q24
mesquinerie B9
mess **32** Z16
messager S6
messe **32** S14
messianisme S6
messie, *m* B9
messieurs K16
mesure H6
métabolique K2
métacarpe, *m* K6
métairie C1
métal L1
métallique L11
métalloïde X6
métallurgie L11
métamorphose . . J3
métaphore, *f* H4
métaphysique . . . Z15
métastase, *f* S2
métatarse, *m* P8
métayage Y9
métempsycose, *f* . K6
météore, *m* H4
météorite, *m ou f* . I19
météo(rologie) . . . A4
métèque U7
méthane, *m* X1
méthode X1
méthylène Y1
méticuleux Q13
métier N6
métis **15** Q15
   f métisse
métonymie Y1
mètre **19 40** V4
métré U1
métrique U12
métronome P1
métropole L2
métro(politain) . . . Q24
mets **40** E7

metteur	Q27
meuble	Z16
meule	L2
meunier	Z1
meursault	Z16
meurtrier	Q4
meurtrissure	H6
meute	Z16
mexicain	Q24
mezzanine, *f*	Z16
mi **19 49**	A3
miasme, *m*	Z16
miaulement	Z7
mica	A1
miche	Z16
micheline	M3
micmac	K1
microbien	Q25
micro(phone)	J3
microscope	K6
microsillon	K6
miction	T16
midinette	Z8
mie **19 49**	B9
miel	L1
mielleux	Q13
mien	Q25
miette	C11
mieux	E8
mlèvrerie	V4
mignard	Q2
mignon	Q25
migraine	C2
migrateur	Q28
mijaurée, *f*	U4
mijoteuse	N6
mil **36**	L1
milan	D9
mildiou	A8
milice	S8
milieu	P3
militaire	H5
mille **36**	L11
millefeuille, *m*	L10
millénaire	Z11
millésime	Z11
millet	F5
milliard	I1
millibar	G1
millième	V11
millier	P10
millionième	P5
millionnaire	P12
mime, *m*	M1
mimique	K2
mimolette	Z8
mimosa, *m*	A1
minable	M3
minaret	F5
minceur	G14
mine	M3
minerai	A9
minéral	Q21
minet	Q20
mineur	G12
miniature	H6
minier	Q4
minimal	Z3
ministère	V15
ministériel	Q22
minium	Z16
minois	E5
minorité	U3
minoterie	Z7
minuit, *m*	F8
minus	R3
minuscule	L2
minute	Z3
minutie	B8
minutieux	T18
mirabelle	C8
miracle	I17
miraculeux	Q13
mirador	G9
mirage	I17
mire, *f* **49**	H2
mirliton	N6
mirobolant **50**	Q19
miroir	G2
miro(n)ton	I20
misaine	C2
misanthrope	X1
mise **12**	S2
misérable	U13
misère	V15
miserere, *inv.*	Z7
miséreux	Q13
miséricordieux	Q13
misogyne	Y5
miss	Z16
missel	L1
missile	L2
mission **11**	T5
missionnaire	M4
missive	S6
mistral	L1
mitaine	C2
mitard	I1
mite **51**	Z1
miteux	Q13
mithridatisation	T12
mitigé	Q1
mitose	P1
mitoyen	C15
mitraille	L6
mitraillette	Z15
mitre, *f*	Z16
mitron	N6
mixe(u)r	Z16
mixtion	Z16
mixture	H6
mnémotechnique	K8
mobile	L2
mobilier	Q4
mobilisation	T12
mobilité	U3
mob(ylette)	Y1
mocassin	C17
moche	Z16
modal	Q21
modalité	U3
mode	Z16
modelage	L12
modèle	V10
modéliste	U13
modérateur	Q28
modérément	F13
moderne	Z16
modernité	U3
modestie	B9
modification	T12
modique	K2
modiste	J5
module, *m*	L2
moelle	Z16
moelleux	Q13
moellon	P10
mœurs	R11
mohair	G6
moi **27**	A10
moignon	Z16
moindre	C18
moine	M3

moineau A5
moins E7
moire, f Z16
mois 27 E5
moisissure H6
moisson S6
moissonneur Q27
moiteur G14
moitié U3
moka K12
mol 54 Q18
molaire H5
mole, f 54 P1
môle, m 54 W10
môle, f 54 W10
molécule, f L2
moleskine K12
molette Z4
mollah X8
mollasson Q25
mollesse S14
mollet F5
molleton Z5
mollusque, m . . . K2
molosse S16
molybdène, m . . . V12
môme W10
moment D11
momentanément . . F13
momie B9
mon 55 Z16
monacal Q21
monade, f M3
monarchique K2
monarque K2
monastère V13
monastique K2
monceau A5
mondain Q24
mondanité U3
monde Z16
mondial Q21
monégasque K2
monétaire P5
mongol L1
mongolien Q27
moniale, f L2
moniteur Q28
monitorat F1
monnaie B1
monnayage Y9

monobloc, inv. . . . K2
monocle, m M3
monoculture Z15
monogramme . . . M3
monolithe X1
monologue L12
monôme W10
monopole, m . . . Z7
monosyllabe Z15
monotone Z7
monotonie B9
monseigneur G13
monsieur Z16
pl. messieurs
monstrueux Q13
mont 55 F7
montagnard Q2
montagneux Q13
montant D10
montée 8 U4
montgolfière, f . . . V13
monticule, m L2
montmartrois . . . Q11
montre Z16
montreur Q27
monument D11
moquerie B9
moquette C11
moqueur Q27
moraine, f C2
moral Q21
moralité U3
morasse, f S12
moratoire H8
morbide Z16
morbleu ! A2
morceau A5
morcellement . . . C8
mordicus R3
mordoré Q21
more 52 I18
morganatique . . . M3
morgue Z16
moribond F18
morille, f L4
mormon Q24
morne Z16
morose S2
morphème, m . . . V11
morphine X1
morphologie J3

morpion Z16
mors 19 52 I8
morse Z16
morsure H6
mort 19 52 I6
mortadelle C8
mortaise C3
mortalité U3
mortel Q22
mortier Z16
mortuaire H5
morue B5
morutier N6
morveux Q13
mosaïque X6
mosan Q24
mosquée U4
mot 75 F9
motard I1
motel L1
motet F5
moteur Q28
motion T14
motocross Z16
motoculteur Z15
motocyclette Y1
motocycliste Y5
motte N5
motus ! R3
mou 19 57 Q18
mouchard I1
mouche Z16
moucheron I20
mouchoir G2
mouclade, f Z16
moudjahid Z16
pl. moudjahidin
moue 19 57 B3
moufle, f P2
mouflon J2
mouillage Y14
mouise S2
moujik K4
moule, m P3
moule, f P3
moulin C17
moulinet F5
moulinette C11
moulure H6
mouron P7
mousquet F5

mousquetaire . . . H5
moussaillon Z6
mousse, *m* S18
mousse, *f* S18
mousseline Z11
mousseux Q13
mousson, *f* S6
moustache Z16
moustiquaire, *f* . . K14
moût 19 57 W7
moutardier N6
moutonnier Q4
mouture H6
mouvement D11
moyen Q25
moyenâgeux M3
moyennant M4
moyeu Y11
mucosité U3
mucus R3
mue 17 56 P1
muet Q20
muezzin Z16
mufle P2
mufti A3
mugissement . . . S6
muguet F5
mulâtre W1
mulet F5
muleta Z3
mulot F9
multicolore Z15
multinationale . . . Z15
multiplex R4
multiplicateur . . . Q28
multitude N6
municipalité U3
munificence D7
munition T10
muqueuse K14
mur 21 56 G7
mûr 21 56 G8
muraille L6
mûre 21 56 W8
mûrement W8
murène, *f* V12
muret 10 F5
mûrier W8
mûrissement W8
murmure H6
musaraigne S2

musc K1
muscadet F5
muscat F1
muscle Z16
musculaire H5
musculeux Q13
muse Z16
museau A5
musée U2
muselière P3
musette C11
musical Q21
musicien Q25
musique K2
musqué Q1
mustang Z16
musulman Q24
mutation T12
mutilation L12
mutin Q24
mutinerie M3
mutisme N6
mutualité U3
mutuel Q22
mutuellement . . . Z9
mycénien Q25
mycologie Y5
mycose Y1
myélite Y5
mygale, *f* Y1
myocarde Y1
myopie Y5
myosotis, *m* Y5
myriade Y5
myrrhe, *f* 49 Y1
myrte, *m* Y1
mystère V15
mystérieux Q13
mysticisme Y5
mystificateur Y5
mythe 51 Y1
mythique Y5
mythologie X1
mytiliculteur Y5
myxomatose, *f* . . . S2

n

nabab Z1
nabot F9
nabuchodonosor . Z16
nacelle S4
nage Z16
nageoire H10
naguère V15
naïade X6
naïf Q10
nain Q2
naissance D3
naïveté V3
naja A1
nancéien X5
nanisme M3
napalm Z16
naphtaline, *f* J3
naphte, *m* J3
napoléonien Q25
napolitain Z7
nappe 12 O3
narcisse, *m* S15
narcolepsie B7
narcose, *f* P1
narcotique N6
narghilé Z16
narguilé Z16
narine Z3
narquois Q11
narrateur Q28
narration L12
narthex X1
narval L1
nasal Q21
naseau A5
nasillard Y16
nasse S12
natal R8
natalité U3
natation T12
natif Q9
nation Z16
nationalité U3
natte 12 N5
naturel Q22

naufrage J2
nauséabond F18
nausée U4
nautique K2
naval Q21
   pl. navals
navarin C17
navet F5
navette C11
navigabilité U3
navigant D10
navire H2
nazi Q1
ne 46 Z16
néanmoins E7
néant D10
nébuleux Q13
nécessaire H5
nécessité U3
nécessiteux Q13
nécrologie K6
nécromancie D12
nécropole L2
nécrose, *f* P1
nectar G1
néerlandais X5
nef Z16
néfaste U6
nèfle, *f* V3
néflier U13
négatif Q9
négligeable B15
négligent 9 D11
négoce S9
négociant 8 D10
nègre V4
   f négresse
négroïde X6
neige C5
neigeux Q13
nenni 77 A3
nénuphar G1
néolithique X1
néologisme X5
néon X5
néophyte J3
néoprène V12
néphrétique J3
néphrite J3
népotisme N6
nerf Z16

nerveux Q13
nervi A3
nervosité U3
nervure H6
net Q20
netteté U3
nettoiement B13
nettoyage Y9
nettoyeur Q27
neuf Q9
neurasthénie X1
neurone, *m* P1
neuroplégique . . . Z15
neuropsychiatrie . . Y1
neutralisation . . . T12
neutralité U3
neutre Z16
neutron Z16
neuvaine C2
névé U5
neveu A2
névralgie B9
névrite N6
névrose P1
névrotique N6
newton, *m* Z16
nez 44 Z16
ni 19 48 A3
niais Q11
niche Z16
nichée U4
nickel K13
niçois S4
nicotine Z7
nid 19 48 F18
nidification T12
nièce V6
nielle, *m* C8
nielle, *f* C8
nietzschéen Q25
nigaud Q2
nigérian Q24
nigérien Q25
nihilisme X2
nimbe, *m* Z16
nippes 12 O3
nippon O5
   f nippon(n)e
nique K2
nirvana A1
nitrate N6

nitroglycérine . . . Y5
niveau A5
nivelage L12
nivellement Z9
nô W10
nobiliaire H5
noble Z16
noblesse S14
noce S4
noceur Q27
nocif Q9
noctambule L2
nocturne K6
nodal Q21
nodule, *m* L2
nœud 46 F18
noirâtre W1
noiraud Q2
noirceur G14
noise, *f* S2
noisetier P8
noisette C11
noix 15 E8
nom 55 Z16
nomade M1
nombreux Q13
nombril Z16
nomenclature . . . H6
nominal P4
nomination P4
nommément F13
non 55 Z16
nonagénaire M3
nonante D2
nonce S4
nonchalamment . . F16
nonchalance D3
nonciature H6
nonne 71 Z2
nonnette Z6
nonobstant D10
nord F18
noria, *f* A1
normal Q21
normalien Q25
normalisation . . . T12
normand Q2
normatif Q9
norme Z16
noroît 27 W6
nos, *pl.* E3

nosologie S2
nostalgie B9
notabilité U3
notaire H5
notamment F16
notarial Q21
notariat F1
notation T12
note 12 N6
notice S8
notion T14
notoire H8
notoriété U3
notre 54 P1
nôtre 54 W10
nouba A1
noueux R2
nougat F1
nougatine Z7
nouille Y16
nourrice S8
nourricier Q4
nourrisson Z6
nourriture H6
nous 19 Z16
nouveau Q18
nouveauté U3
nouvel Q18
nouvellement . . . F12
nouvelliste L11
nova, f, pl. novae . A1
novateur Q28
novembre Z16
novice S8
noviciat F1
noyade Y11
noyau Y11
noyer 7 Y11
nu 56 Q1
nuageux Q13
nuance D3
nubile L2
nucléaire H5
nucléique X5
nudité U3
nue 56 B5
nuée U4
nuisance D3
nuitamment F16
nuitée U4
nul Q22

nullard I1
nullement P10
nullité P10
numéraire Z7
numéral 75 Q21
numérateur Z7
numéro 75 A4
numismatique . . . M1
nuptial Q21
nuque K2
nurse Z16
nursery Y4
nutrition T10
nyctalopie Y5
nylon L12
nymphe Y1
nymphéa, m A1
nymphomane . . . M3

ô 58 W10
oasis, f R3
obédience D7
obéissance D3
obélisque, m L12
obèse V16
obésité U13
objection T16
objectivité U3
objet F5
objurgation T12
oblation T12
obligation T12
obligatoire H8
obligeamment . . . F16
obligeant B15
oblique K2
oblitération T12
oblong Q8
obole, f L2
obscène V12
obscénité U13
obscur Q2
obscurantisme . . . D12
obscurément . . . F13
obsécration T12
obsèques, f R11

obséquieux Q13
observateur Q28
observatoire H9
obsession T3
obsessionnel Z15
obsidienne C10
obsolescence . . . S3
obsolète V17
obstacle Z16
obstétrique K2
obstinément F13
obstruction T16
obtention T6
obturateur Q28
obtus Q11
obus E2
oc K1
ocarina, m Z7
occasion Z5
occasionnel Q22
occident D11
occiput Z16
occitan Q24
occlusion K7
occulte K7
occupation T12
occurrence D7
océan D9
océanique X5
ocelot F9
ocre P1
octaèdre V4
octane, m P5
octante D2
octave, f K6
octogonal Q21
octroi A10
octuor G9
oculaire, m P3
oculiste L12
odalisque, f L12
ode, f Z1
odelette C11
odéon X5
odeur G14
odieux Q13
odorat F1
odoriférant J2
odyssée, f U4
œcuménique U6
œdème, m V11

œdipien Q25
œil Z16
 pl. yeux
œillère Y16
œillet F5
œnologie B9
œsophage J3
œstrogène Z16
œuf [oef] **46** J2
 pl. œufs [ø]
œuvre, *m* **12** Z16
œuvre, *f* **12** Z16
off, *inv.* J1
offense J1
offertoire, *m* H9
office, *m* J1
officiel Q22
officier J1
officieux Q13
officine, *f* Z11
offrande D1
offset Z16
oflag Z16
ogival Q21
ogive, *f* Z16
ogre Z16
ogresse S14
oh **58** X8
ohé ! X2
ohm **54** Z16
ohmmètre M2
oie B2
oignon Z16
oïl L1
oiseau A5
oiseleur L12
oiseux Q13
oisif Q9
oisillon Y16
okapi K12
oléagineux Q13
oléiculteur Z15
oléoduc K2
olfactif Q9
olibrius R3
olifant J2
oligarchie B9
olivâtre W1
olive L12
olivette C11
olographe P3

olympiade, *f* Y5
olympien Y5
ombilical P3
ombrageux Q13
ombre **60** Z16
ombrelle C8
ombrien Q25
oméga A1
omelette M1
omission P4
omnibus R3
omniscient S3
omnium Z16
omnivore H4
omoplate, *f* P4
on **16** Z16
onagre, *m* M3
onanisme P5
once, *f* S11
oncle Z16
on(c)ques Z16
onction T16
onctueux Q13
onde Z16
ondée U4
ondin Q1
ondoiement B13
ondulatoire H8
onéreux Q13
ongle Z16
onglet **43** F5
onguent D11
onirique K2
oniromancie B6
onomatopée, *f* . . . U4
ontique K2
ontogenèse U7
ontologique L12
onyx, *m* Y1
onze S1
opacité U3
opale, *f* O6
opalescent S3
opalin Q24
opaque O6
open, *inv.* C4
opéra A1
opérateur Q28
opération T12
opérationnel Q22
opératoire H8

opérette C11
ophidien Q25
ophtalmie J3
opiacé S4
opiniâtre W1
opinion O6
opiomane Z7
opium O6
opossum Z4
oppidum O5
opportun Q24
opportunément . . F13
opposition O5
oppression O5
opprobre, *m* O5
optatif Q9
opticien Q25
optimisme M1
optimum Z16
option T15
optionnel Q22
optique K2
optométrie U13
opulence D7
opulent D11
opus R3
opuscule, *m* L2
or **64** G9
oracle, *m* I17
orage, *m* I17
orageux R2
oraison S2
oral Q21
oralement F12
orange D12
orangeade B15
oratoire H9
oratorio A4
orbite, *f* N6
orchestre K8
orchidée, *f* K8
ordalie B9
ordinaire H5
ordinal M3
ordinateur Q28
ordination T12
ordonnance P12
ordonnateur Q28
ordonnée, *f* U4
ordre Z16
ordure H6

ordurier Q4
orée U4
oreille L8
oreiller Y16
oreillette C11
oreillon Z4
orémus, *inv.* R3
ores 64 R11
orfèvre V4
orfraie, *f* B1
organdi A3
organe M3
organigramme . . . M2
organique K2
organisateur Q28
organiste Z16
orgasme, *m* Z16
orge, *f* Z16
orgeat B15
orgelet F5
orgiaque K2
orgie B9
orgue, *m* Z16
orgueil L13
orgueilleux Q13
orgues R11
orient D11
oriental Q21
orifice, *m* S8
oriflamme, *f* I19
origan D9
originaire H5
original Q21
origine Z16
originel Q22
oripeau A5
ormaie 82 B1
orme Z16
ormeau A5
ornement D11
ornière V15
ornithologie X1
ornithorynque, *m* . Y1
oronge, *f* I18
orphelin Q24
orphelinat F1
orphéon X5
orphique J3
orque, *m* K2
orteil, *m* L7
orthodoxe X1

orthodoxie B9
orthogonal X1
orthographe, *f* . . . J3
orthopédie B9
ortie, *f* B9
ortolan D9
orvet F5
os *sg* [os] 60 R3
    pl. [o] . . . 58 75 R3
oscar G1
oscillation S3
oscillomètre L11
oscilloscope Y16
oseille, *f* L8
osier S2
osmose P1
ossature H6
osselet F5
ossements R10
osseux Q13
ossuaire, *m* H5
ostéite X5
ostensible D8
ostensoir G2
ostentatoire H8
ostracisme S4
ostréiculteur Z15
ostrogot(h) Z16
otage N6
otarie, *f* B9
otite, *f* N6
ottoman Q24
ou 60 A8
où 60 V2
ouaille L6
ouais ! E4
ouate, *f* 77 P8
oubli 47 A3
oubliette C11
oublieux Q13
oued, *m* J4
ouest, *m* N3
ouf ! J2
oui, *inv.* 47 A3
ouïe, *f* 47 60 X6
ouille ! 60 Y16
ouistiti A3
ouragan D9
ourlet F5
ours R3
ourse Z16

oursin C17
ourson Z16
oust(e) ! N3
out Z16
outarde N6
outil Z16
outillage Y14
outlaw Z16
output Z16
outrage Z16
outrageant B15
outrance D3
outrancier Q4
outre N6
outrecuidance . . . D3
outremer, *m, inv.* . G5
outsider, *m* G5
ouverture H6
ouvrage Z16
ouvrier Q4
ovaire, *m* H5
ovale L2
ovation T12
overdose S2
ovin Q2
ovipare Z7
ovni Z16
ovoïde X6
ovovivipare Z15
ovulaire P3
ovulation T12
ovule, *m* L2
oxhydrique Y5
oxydation T12
oxyde, *m* Y1
oxygène V12
oxygéné U12
ozone, *m* S1

p

pacage K6
pacemaker K12
pacha A1
pachyderme X1
pacification T12
pacifique K2
pack K5

pacotille	. . . . . .	L4
pacte	. . . .	K6
pactole, *m*	. . . . .	L2
paddock	. . . . . .	J6
paella, *f*	. . . .	A1
paf !	. . . .	J2
pagaie	. . . .	B1
pagaille	. . . .	L6
paganisme	. . . . .	M3
page, *m*	. . . . . .	Z16
page, *f*	. . . .	Z16
pagination	. . . .	M3
pagne	. . . .	Z16
pagode	. . . .	J7
paie	. . . . . . **66**	B1
paiement	. . . . . .	B10
païen	. . . .	Q25
paillard	. . . .	I1
paillardise	. . . . .	Y16
paillasson	. . . . .	S6
paille	. . . .	L6
paillette	. . . . . .	Z6
paillote	. . . .	Y16
pain	. . . . . . **59**	C12
pair	. . . . . **19 63**	Q2
paire	. . . . . **19 63**	H5
pairie	. . . . . . **42**	B9
paisible	. . . .	S2
paix	. . . . . . **66**	E8
pal, *m*	. . . . . **74**	R8
palabre, *f ou m*	. . .	L12
palace	. . . .	S7
palais	. . . . . **42**	E4
palan	. . . .	D9
palangre, *f*	. . . . .	D12
palanquin	. . . . .	C17
palatal	. . . .	Q21
palatin	. . . .	Q24
pale, *f*	. . . . . **74**	P1
pâle	. . . . . . **74**	W1
palefrenier	. . . .	M3
palefroi	. . . .	A10
paléolithique	. . . .	Z15
paléontologie	. . .	B9
palestinien	. . . . .	Q25
palestre, *f*	. . . . .	P3
palet, *m*	. . . . **42**	F5
paletot	. . . .	F9
palette	. . . .	C11
palétuvier	. . . . .	U6
pâleur	. . . .	G14
pâlichon	. . . . . .	W1
palier	. . . . . . **7**	P3
palinodie	. . . . . .	B9
palissade	. . . . . .	S6
palissandre, *m*	. . .	D12
palliatif	. . . .	P10
palmaire	. . . . . **40**	H5
palmarès	. . . . . .	V21
palme	. . . .	Z16
palmeraie	. . . . . .	B1
palmier	. . . .	Z16
palmipède	. . . . .	V8
palois	. . . .	Q11
palombe	. . . . . .	P3
palonnier	. . . . . .	P12
pâlot	. . . .	Q20
palourde	. . . . . .	L12
palpitant	. . . . . .	D10
palpitation	. . . . .	T12
palsambleu !	. . . .	A2
paltoquet	. . . . . .	F5
paludéen	. . . . . .	Q25
paludisme	. . . . .	P3
palustre	. . . .	L12
pâmoison	. . . . . .	W1
pampa, *f*	. . . . . .	A1
pamphlet	. . . . . .	F5
pamphlétaire	. . . .	N6
pamplemousse, *m* .		S18
pampre, *m*	. . . . .	D12
pan	. . . . . . **17 28**	D9
panacée, *f*	. . . . .	U4
panache, *m*	. . . .	P5
panade	. . . .	M3
panafricain	. . . . .	M3
panama	. . . .	A1
panaméricain	. . .	M3
panaris	. . . .	E6
pancarte	. . . . . .	D12
pancrace, *m*	. . . .	S7
pancréas	. . . . . .	Z16
pancréatite	. . . . .	N6
panda	. . . .	A1
pandémonium	. . .	U6
pandit	. . . .	D12
pandore, *m*	. . . . .	H4
panégyrique, *m*	. .	Y5
panel	. . . .	L1
panetière	. . . . . .	Z7
paneton	. . . . . **71**	Z3
pangolin	. . . . . .	C17
panier	. . . .	P5
paniquard	. . . . .	I1
panique	. . . .	K2
panne	. . . . . **23**	M4
panneau	. . . . . .	A5
panneton	. . . . **71**	Z5
panonceau	. . . . .	P5
panoplie, *f*	. . . . .	B9
panorama, *m*	. . .	A1
panoramique	. . . .	K2
panse	. . . .	D4
pansement	. . . . .	D12
pansu	. . . .	Q1
pantalonnade	. . .	M4
pantelant	. . . . . .	D11
panthéisme	. . . . .	X1
panthéon	. . . . . .	X5
panthère	. . . . . .	X1
pantin	. . . .	C17
pantographe, *m* . .		J3
pantois, *m*	. . . . .	E5
pantomime, *f*	. . .	Z7
pantouflard	. . . . .	I1
pantoufle, *f*	. . . .	J2
paon	. . . . **23 28**	Q25
papal	. . . .	Q21
papauté	. . . . . .	U3
papaye, *f*	. . . . . .	Y11
pape	. . . .	O4
papelard	. . . . . .	Q2
paperasse	. . . . .	S12
paperasserie	. . . .	B9
papeterie	. . . . . .	Z7
papier	. . . .	Z16
papille	. . . .	P6
papillon	. . . . . .	Y16
papillote	. . . . . .	Y16
papotage	. . . . . .	Z16
papou	. . . .	Q1
paprika, *m*	. . . . .	A1
papyrus	. . . .	R3
pâque, *f*	. . . . . .	W1
paquebot	. . . . . .	F9
pâquerette	. . . . .	W1
paquet	. . . .	F5
paquetage	. . . . .	N6
par	. . . . . . **21 62**	G1
parabellum	. . . . .	Z8
parabole	. . . . . .	L2
paracentèse, *f* . . .		D13
parachute	. . . . . .	N6

parade I17
paradigme I17
paradis E6
paradisier S2
paradoxal Q21
paradoxe, m Z16
parafe, m J2
paraffine Z9
parafiscal K6
parages R10
paragraphe J3
parallaxe, f P10
parallèle Z9
parallèlement . . . Z15
paralogisme L12
paralysie Y5
paralytique Y5
paramètre V4
parangon D12
paranoïa, f X6
parapet F5
paraphe, m J3
paraphrase J3
paraplégie B9
parapluie I17
parasite S2
parasitose S2
parasol L1
paratonnerre Z15
paravent D11
parbleu ! A2
parc K1
parcellaire H5
parcelle C8
parchemin C17
parcimonieux . . . Q13
parc(o)mètre V4
parcours I9
pardessus, m . . . R3
pardi ! A3
pardon Z16
pardonnable M4
pareil Q22
parement D11
parental Q21
parenté I18
parentéral Q21
parenthèse V16
paréo A4
paresse Z4
paresseusement . . F12

parfait Q19
parfaitement F12
parfois E5
parfum Z16
parfumerie B9
pari A3
paria A1
parieur Q27
parisianisme M3
paritaire Z7
parité U3
parjure H6
parking Z16
parlement D11
parlementaire . . . H5
parloir G2
parlote N6
parmentier D13
parmesan D9
parmi A3
parnassien Q25
parodie B9
paroi A10
paroisse Z4
paroissien Q25
parole I20
parolier Z3
paronyme Y1
parousie B9
paroxysme, m . . . Y1
parpaing Z16
parquet F5
parrain I12
parrainage Z11
parricide I12
part, f 21 62 I4
partance D3
partenaire H5
parterre, m I13
parthénogenèse . . U7
parti 19 47 A3
partial Q21
participe O4
particule L2
particulier Q4
partie 19 47 B9
partiel Q22
partisan Q2
partita A1
partitif Q9
partition T10

partout F3
parturiente D13
parure I21
parution T9
parvis E6
pas E1
passable S6
passacaille L6
passade S6
passage S6
passager Q4
passant 8 D10
passe S12
passé 8 Q1
passéisme X5
passepoil L1
passeport I6
passereau A5
passerelle Z12
passible S6
passif Q9
passion 11 S6
passionnant Z6
passionnel Q22
passoire H10
pastel L1
pastèque, f V14
pasteur G13
pastiche Z16
pastille L4
pastis Z16
pastoral Q21
pastoureau A5
pat, inv. 24 Z16
patache, f P8
patachon Z16
pataquès V21
patata..., inv. . . . A3
patate Z3
patati..., inv. . . . A1
patatras ! E1
pataud Q2
patchouli, m A3
patchwork, m . . . K4
pâte 24 W1
pâté 39 U1
pâtée 39 U4
patelin Z3
patent Q2
patente D6
pater 34 G5

patère, f 34 V15
paternalisme L12
paternel Q18
paternité U3
pâteux Q13
pathétique X1
pathogène V12
pathologie X1
pathos X1
patibulaire H5
patiemment F17
patience D7
patin P8
patinage M3
patine Z3
patinette Z8
patinoire H10
patio A4
pâtisserie W1
patois E5
patoisant D10
patraque K2
pâtre W1
patriarcat F1
patriarche Z14
patricien Q25
patrie B9
patrimoine M1
patrimonial Q21
patriote N6
patron Q25
patronage M3
patronat P5
patronnesse P12
patronyme Y1
patrouille Y16
patte 24 N5
pattern, m Z16
pâturage W1
pâture W1
paume, f . . . 54 M1
paumelle C8
paupérisme Z16
paupière V15
paupiette C11
pause 12 53 S2
pauvreté U3
pavane, f Z3
pavé 39 U1
pavillon Y16
pavlovien Q25

pavois E5
pavot F9
paye 12 66 Y11
payeur Y8
pays R3
paysager Y1
paysan Q25
paysannerie . . . M4
péage X5
péan X5
peau 53 A5
peaufinage Z7
peaussier . . . 70 S6
pécari A3
peccadille, f . . . K7
pêche W2
péché U5
pêcher 7 W2
pécheur Q29
pêcheur Q27
pécore, f H4
pectoral Q21
pécule, m L2
pécuniaire H5
pédagogie B9
pédale L2
pédalier L12
pédalo A4
pédant D10
pédanterie D2
pédérastie U5
pédestre U6
pédiatre P1
pédicule, m . . . L2
pédicure K6
pedigree Z16
pédologie U6
pédoncule, m . . L2
peeling Z16
pègre, f V4
peigne C5
peignoir G2
peinard I1
peine 12 19 74 C6
peintre Z16
peinture H6
péjoratif Q9
pékinois Q11
pelade L12
pelage L12
pélagien 23 Q25

pèlerin C17
pèlerinage V10
pèlerine M4
pélican D9
pelisse S15
pellagre, f L11
pelle C8
pelletée 45 U4
pellicule Z11
pelotari A3
pelote N6
peloton Z3
pelouse S2
peluche 45 L2
pelucheux Q13
pelure H6
pelvis R3
pénal Q21
pénalité U5
penalty Y4
  pl. penalties
pénates, m R10
penaud Q2
penchant D10
pendant D10
pendeloque K2
pendentif D13
penderie D13
pendule, m L2
pendule, f L2
pêne, m 75 W2
pénéplaine U5
pénible M3
péniche M3
pénicilline P10
péninsule L2
pénis R3
pénitence S4
pénitent D11
pénitentiaire . . . S5
penne, f 75 C10
pennsylvanien . . . Q25
penny Y4
  pl. pennies/pence
pénombre, f M3
pensée 8 U4
pension Z16
pensionnaire . . . H5
pensionnat F1
pensum Z16
pentaèdre V4

pentagone		M3
pentathlon		X1
pente	30	D6
pentecôtisme		W10
pentu		A7
pénultième		U7
pénurie		B9
péon		X5
pépé, *m*	79	U1
pépée, *f*	79	U4
pépie		O6
pépiement		B11
pépin		C17
pépinière		V15
pépite, *f*		P8
péplum		Z16
péquenot		F9
percale, *f*		L12
perce	70	S4
percée		U4
percepteur		Q28
perceptible		S4
perception		T15
percevable		S4
perche		Z16
perchman		Z16
perchoir		G2
perclus		Q11
percolateur		G13
percussion		T4
perdant		D10
perdreau		A5
perdrix		E8
père	19 63	V15
péremption		T13
péremptoire		H8
pérennité		P12
perfection		T16
perfide		Z16
perfidement		F12
perforateur		Q28
performance		D3
perfusion		S2
pergola, *f*		A1
péricarde, *m*		I19
périgée, *m*		U2
périgourdin		Q24
péril		L1
périlleux		Y11
périmètre		U7
périnée, *m*		U2
périodicité		U3
périodique		K2
parépatéticienne		X15
péripétie, *f*		B8
périphérie, *f*		B8
périphrase		J3
périscope		K6
périssoire, *f*		H10
péristyle, *m*		Y5
péritoine, *m*		Z7
péritonite		Z15
perle	40	Z16
permanence		D7
perméable		X5
permis		E6
permutation		T12
pernicieux		T20
péroné		Z3
péronnelle		Z10
péroraison		Z7
perpétuel		Q22
perpétuité		U3
perplexité		U3
perron		P14
perroquet		F5
perruche		I13
perruque		I13
pers	19 63	E7
persan		Q24
perse	15 70	Z16
persécution		T9
persévérance		D3
persienne		C10
persiflage		P2
persil		L1
persillé		Q1
persistance		D3
personnage		P12
personnalité		U3
personne		M4
perspective		K6
perspicace		S7
persuasif		Q9
pertinemment		F17
perturbateur		Q28
pervenche		D13
pervers		R1
perversion		T2
perversité		U3
pesamment		F16
pesanteur		G14
pesée		U4
pessaire, *m*		H5
pessimisme		S6
peste		Z16
pesticide		S4
pestilence		D7
pestilentiel		Q22
pet	66	F5
pétale, *m*		L2
pétanque		D12
pétarade		Z7
pétard		I1
pétaudière		U7
pétillement		Y16
pétiole, *m*		L2
petit		Q2
petitesse		S14
pétition		T10
pétrel, *m*		L1
pétrin		C17
pétrochimie		B9
pétrodollar		G1
pétrole		L2
pétulance		D3
pétunia, *m*		A1
peu	19 46	A2
peuh !	19 46	X8
peul		Q21
peuple		Z16
peuplier		Z16
peur		G14
peureux		Q13
pfennig		M4
phacochère, *m*		K6
phaéton		X5
phagocytose, *f*		Y1
phalange		J3
phalanstère		J3
phalène, *f*		V12
phalère, *f*		V15
phallocrate		J3
phalloïde		X6
phallus		R3
phantasme		J3
pharamineux		Q13
pharaon		X5
phare	24	H1
pharisien		J3
pharmaceutique		K2
pharmacien		Q25
pharmacopée, *f*		U4

pharyngite Y1
pharynx, *m* R4
phase J3
phénicien Q25
phénoménal U12
phénomène V12
phénoménologie . Z15
phi, *m* 61 A3
philanthrope X1
philatélie P3
philippine Z9
philippique K2
philistin C17
philodendron . . . C15
philologie B9
philosophe J3
philtre 61 J3
phlébite J3
phlegmon J3
phobie B9
phocéen Q25
phœnix, *m* . . . 44 R4
phonème, *m* V11
phonétique K2
phonographe . . . M3
phonothèque . . . X1
phoque 38 K2
phosphate, *m* . . . J3
phosphore, *m* . . . H4
phosphorescent . . S3
photo A4
photocopie B9
photogénique . . . K2
photographie . . . B9
photon Z1
phrase J3
phraséologie B9
phratrie B9
phréatique K2
phrénologie L12
phrygien Q25
phtisique K2
phylactère, *m* . . . V15
phylloxéra P10
phylogenèse P3
physicien Q25
physiologie Y5
physionomie Y5
physique K2
physiquement . . . F12
phytoplancton . . . Y1

pi 49 A3
piaillement F12
pian D9
piano A4
piastre Z16
pibal(l)e, *f* Z16
pic 19 38 K1
picador G9
picaillon K6
picard I1
picaresque I18
piccolo K7
pichenette C11
pichet F5
pickles R10
pickpocket K13
picotement N6
picotin C17
picrate, *m* K6
pictural Q21
pidgin Z16
pie 49 B9
pièce V6
pied F18
piédestal L1
piège V9
piémontais Q11
pierraille L6
pierre I13
pierreries R11
pierrot F9
pietà V1
piétaille L6
piété U3
piéton N6
piètre V4
pieu 46 A2
pieux 46 Q13
pieuvre Z16
pif J2
pigeon Z16
pigeonnier B15
pigment D11
pignon Z16
pignouf F2
pilaf L12
pilastre, *m* . . . L12
pilchard I1
pile L2
pileux Q13
pilier P3

pillage Y16
pillard I1
pilon P3
pilonnage P12
pilori A3
pilosité Z7
pilote 12 N6
pilotis E6
pilou A8
pilule L12
pimbêche, *f* W2
piment D11
pimpant Q2
pin 19 59 C17
pinacle P5
pinacothèque, *f* . . X1
pince 12 S4
pinceau A5
pincée U4
pincette C11
pinçon 11 70 S4
pineau 53 A5
pinède V8
pingouin C18
pingre C17
pinot 53 F9
pinson . . . 11 70 C17
pintade C17
pintadeau A5
pinte, *f* 59 C17
pioche 12 Z16
piolet F5
pion Z16
pionnier Z2
pipe O4
pipeau 53 A5
pipeline, *m* . . . Z7
piperade Z7
pipette Z4
pipistrelle, *f* . . . C8
pique 19 38 K2
piquet 10 F5
piquette C11
piqûre W8
piranha X1
pirate N6
piraterie Z7
pire H2
pirogue I20
pirouette C11
pis 49 E6

piscicole S3
piscine S3
pisé U1
pissaladière V15
pissenlit F8
pisseux Q13
pistachier Z16
piste Z16
pisteur G13
pistil L1
pistole L2
pistolet F5
pistou A8
pitance D3
pitchpin Z16
piteux Q13
pithécanthrope . . X1
pithiviers R3
pitié U3
piton 51 P8
pitoyable Y11
pitre N6
pitrerie B9
pittoresque N7
pivert I5
pivoine M3
pivot F9
pizza A1
pizzicato Z16
placage 67 K6
placard I1
place S7
placebo, m A4
placenta, m A1
placet F5
placidité U3
plafond F18
plafonnage M4
plafonnier P12
plage Z16
plagiaire H5
plagiat F1
plaid . . . 15 19 40 Z16
plaidoirie B9
plaidoyer Y11
plaie 19 40 B1
plaignant D10
plaine 40 C1
plainte 59 C12
plaisamment . . . F16
plaisance D3

plaisancier S4
plaisantin C17
plaisir G3
plan, m 28 U9
plan 28 Q2
planche Z16
planchette C11
plancton D12
planétaire V12
planète, f V17
planification T12
planisphère, m . . . J3
planning P12
planque, f D12
plant 28 D12
plantain C12
plante D2
plantoir G2
planton D12
plantureux Q13
plaquage . . . 67 K14
plaque K2
plaqué Q1
plaquette C11
plasma, m A1
plastic, m . . . 67 K1
plastique . . . 67 K2
plastron Z16
plat Q19
platane Z3
plateau A5
platée U4
platement N6
platine, m P8
platine, f P5
platitude N6
platonique M3
plâtras E1
plâtre W1
plâtreux Q13
plausible Z16
plèbe, f V5
plébéien X5
plébiscite, m . . . S3
plectre, m Z16
pléiade, f X5
plein 40 59 Q24
plénier Q4
plénitude M3
pléonasme, m . . . X5
pléthore, f X1

pleur G13
pleureur Q13
pleurésie B9
pleutrerie B9
plèvre, f V4
plexiglas R3
plexus, m R3
pli 19 47 A3
plie, f 19 47 B9
plinthe, f 59 X1
pilocène V12
plissement F12
pliure H6
plomb Z16
plombier Z16
plombières, f R3
plongée U4
plongeon B15
plouf ! J2
pluches 45 R11
pluie B9
plumard I1
plume Z16
plumeau A5
plumet F5
plupart I4
pluralité U3
pluriel Q22
plus 16 Z16
plusieurs E7
plutonium Z3
plutôt 83 W10
pluvieux Q13
pluviosité U3
pneu R9
pneumatique K2
pneumonie B9
pneumothorax, m . X1
pochard Q2
poche Z16
pochette C11
pochoir G2
podestat, m F1
podium J5
poêle, m 27 W2
poêle, f 27 X6
poêlon L12
poème V11
poésie U12
poète V17
poétesse U12

pogrom(e), *m* . . . P4
poids 61 E7
poignant Q2
poignard I1
poigne, *f* Z16
poignée 43 U4
poignet 43 F5
poil 27 L1
poilu Q1
poinçon S4
poinçonneur M4
poing 59 Z16
point 59 C20
pointeau A5
pointilleux Q13
pointu Q1
pointure H6
poire Z16
poireau S2
pois 61 E5
poison S2
poissard S6
poisse, *f* S18
poisseux Q13
poisson S6
poissonnerie Z13
poissonneux Q13
poitevin Q24
poitrail L5
poitrinaire P5
poitrine M3
poivre Z16
poivron Z16
poix, *f* 61 R4
poker G5
polaire P1
polarité U3
polaroïd X6
polder, *m* G5
pôle W10
polémique, *f* M1
polenta, *f* A1
poli Q1
police S8
polichinelle, *m* . . . C8
policier Q4
poliment F14
poliomyélite, *f* . . . Y5
polissage Z9
polisson Z9
polissonnerie Z15

politesse S14
politicard I1
politicien Q25
polit(ic)ologie . . . Z15
politique K2
polka, *f* A1
pollen C4
pollueur Q27
pollution P10
poltronnerie P12
polychrome Y1
polyclinique Y5
polycopié Z16
polyèdre V4
polyester, *m* G5
polygamie Y5
polyglotte N5
polygone, *m* Y1
polymère V15
polymorphe J3
polynésien Q25
polynôme W10
polype, *m* O4
polyphonie J3
polysémie Y5
polytechnique . . . Y5
polythéisme X1
polyvalent D11
polyvinyle, *m* . . . Y6
pommade P11
pomme 54 M2
pommeau A5
pommelé Z5
pommette Z6
pompe O4
pompéien Q25
pompeux Q13
pompier Q4
pompon P6
ponant D10
ponce, *f* S11
poncho A4
poncif S4
ponction T16
ponctualité U3
ponctuel Q22
pondaison S2
poney Y3
pont F7
ponte Z16
pontife Z16

pontificat F1
pontonnier M4
pool, *m* 57 L1
pop Z16
pope O4
popeline, *f* Z7
popote N6
populace S7
popularité U3
population T12
populeux Q13
porc 52 Z16
porcelaine C2
porcin Q24
pore, *m* 52 H4
poreux Q13
pornographie . . . J3
porphyre, *m* J3
porridge, *m* I15
port 52 I6
portail L5
portatif Q9
porte 12 Z16
portée 8 U4
portefaix E8
portefeuille, *m* . . . L10
portillon Y16
portion T7
portique K2
portrait F4
portuaire H5
portugais Q11
pose 12 53 S2
posément F13
positif Q9
position T10
positivité U3
posologie S2
possessif Q9
possession T3
poste Z16
postérieur G12
postériorité U3
postérité U3
postface, *f* Z16
posthume X1
postiche Z16
postillon Y16
postulat F1
posture H6
pot 53 F9

potable		N6	pourboire		H9	prêche, *m*	. . 12	W2
potache		P8	pourceau		A5	précieux		Q13
potage		N6	pourcentage		P8	précipice, *m*		S8
potager		P8	pourparlers		R10	précipitamment	. .	F16
potasse, *f*		S12	pourpoint		C12	précis		Q11
poteau		A5	pourpre		Z16	précisément		F13
potée		U4	pourquoi		A10	précision		S4
potelé		Q1	pourrissement		Z13	précoce		S9
potence		D7	pourriture		Z11	préconçu		S4
potentat		F1	poursuite		Z16	précontraint		Z16
potentialité		S5	pourtant		D10	précurseur		G13
potentiel		Q22	pourtour		G11	prédateur		Q28
potentiomètre		Z15	pourvoi		A10	prédécesseur		G13
poterie		B9	pourvu		Q1	prédestination		T12
poterne		N6	poussa(h)		S6	prédicable		K6
potiche, *f*		P8	pousse	 70	S18	prédicat		F1
potier		P8	poussée		U4	prédiction		T16
potin		N6	poussette	. . 82	C11	prédilection		T16
potinier		Q4	poussier	. . . 70	S6	prédominance		D3
potion		T14	poussière		V15	prééminence		U5
potiron		Z3	poussiéreux		U12	préemption		X5
potlatch, *m*		Z16	poussif		Q9	préface		S7
pou	 57	R7	poussin		C17	préfectoral		Q21
pouah !	. . . 61	X8	poutre		Z16	préfecture		H5
poubelle		C8	poutrelle		C8	préférence		D7
pouce	. . 70	S4	pouvoir		G2	préférentiel		Q22
poudre		Z16	praesidium		S2	préfet		F5
poudreux		Q13	pragmatique		K2	préfète		V17
poudrier		Z16	prag(u)ois		Q11	préfixe	 32	Z16
poudrière		V15	praire, *f*		H5	prégnance		D3
poudroiement		B13	prairie		B9	préhensible		X2
pouf	 15	Z16	praline		Z3	préhistoire		X2
pouilleux		Q13	praliné		Q1	préjudice, *m*		S8
poujadisme		Z16	praticable		K6	préjudiciable		S4
poulailler		Y16	praticien		Q25	préjugé	 8	U1
poulain		C12	pratique	. . 12	K2	prélat		F1
poulbot		F9	praxis, *f*		R3	prélèvement		U7
poule	. . 57	L2	pré	 42	U1	préliminaire		H5
poulet		F5	préalable		X5	prélude, *m*		L1
poulette		C11	préambule, *m*		X5	prématuré		Q1
pouliche		L12	préau		A6	prémices, *f*	. 72	R11
poulie		B9	préavis		X5	premier		Q4
poulpe, *m*		Z16	prébende, *f*		D5	premièrement		F12
pouls	. . 57	Z16	précaire		H5	prémisse, *f*	. 72	S15
poumon		M1	précarité		U3	prémonition		T10
poupard	. . 62	I1	précaution		T13	prémonitoire		H8
poupe		O4	précautionneux		Q13	prenant		D10
poupée		U4	précédemment		F17	prénatal		Q21
poupin		C17	précédent	. . . 9	D11	preneur		Q27
pouponnière		V15	précepte		S4	prénom		Z16
pour		G11	précepteur		Q28	préoccupation		O6

préparation T12
préparatoire H8
prépondérance . . D3
préposé Q1
préposition T10
prépuce, *m* S10
prérogative I20
près V20
présage S2
presbyte Y1
presbytère V15
presbytérien Q25
presbytie B8
prescience S3
prescription T15
préséance D3
présélection T16
présence D7
présent Q2
présentateur Q28
présentement . . . F12
présentoir D7
préservateur Q28
préservatif J2
présidence D7
président 9 Q19
présidentiel Q22
présidium S2
présomptif Q9
présomption T15
présomptueux . . . Q13
presque K2
presqu'île, *f* W3
presse 12 S14
pressentiment . . . S6
pressing Z16
pression T3
pressoir G2
pressurisé Z11
prestance D3
prestation T12
preste Z16
prestement F12
prestidigitateur . . Q28
prestidigitation . . . T12
prestige Z16
prestigieux Q13
presto A4
présure, *f* H6
prêt 22 42 W2
prétantaine D12

prétendant Q2
prétendument . . . F15
prétentaine D13
prétentieux Q13
prétention T6
prétérit I19
prétérition T10
prêteur W2
prétexte Z16
prétoire, *m* H9
prêtre W2
prêtresse S14
prêtrise W2
preuve Z16
preux R4
prévarication T12
prévenant Q2
préventif Q9
prévention T6
préventorium . . . U13
prévenu Q1
prévisionnel Q22
prévôt W10
prévôté U3
prévoyance D3
priapisme O6
prière V13
prieur G13
prieuré U1
primaire H5
primat F1
primate, *m* Z3
primauté U3
prime P4
primesautier Q4
primeur, *f* G14
primevère M1
primipare Z7
primitif Q9
primo A4
primogéniture . . . H6
primordial Q21
prince Z16
princeps, *inv.* . . . R1
princesse S14
principal Q21
principalement . . . F12
principauté U3
printanier Q4
printemps R3
priorat F1

prioritaire H5
priorité U3
prise S2
priseur Q27
prisme Z16
prisonnier Q4
privatif Q9
privation T12
privatisation T12
privauté U3
privé U1
privilège V9
prix 16 20 R4
probabilité U3
probable Z16
probant 8 Q19
probation T12
probatoire H8
probité U3
problématique . . . U12
problème V11
procédé U5
procédure H6
procédurier Q4
procès V20
processeur G13
procession T3
processionnaire . . Z15
processus R3
prochain Q24
prochainement . . F12
proclamation T12
procréateur Q28
procurateur G13
procuration T12
procureur G13
prodigalité U3
prodige Z16
prodigieux Q13
prodigue Z16
prodrome, *m* P1
productif Q9
production T16
productivité U3
produit 17 F8
proéminence X5
profanation T12
profane M3
professeur G13
profession T3
professionnel . . . Z10

professorat	F1	
profil	L1	
profit	F8	
profiterole, *f*	I20	
profiteur	Q27	
profond	Q2	
profondément	F13	
profondeur	G14	
profusion	J2	
progéniture	H6	
progestérone, *f*	M3	
prognathe	X1	
programmateur	Q28	
programmation	T12	
programme	M2	
progrès	V20	
progressif	Q9	
progression	T3	
prohibitif	Q9	
prohibition	X2	
proie	B2	
projectile	L2	
projection	T16	
projectionniste	M4	
projet	F5	
prolégomènes, *m*	R10	
prolétaire	H5	
prolétariat	F1	
prolétarien	Q25	
prolifération	U12	
prolifique	K2	
prolixité	U3	
prologue	L12	
prolongation	T12	
promenade	Z7	
promeneur	Q27	
promenoir	G2	
promesse	S14	
prométhéen	Q25	
prometteur	Q27	
promiscuité	U3	
promontoire	H9	
promoteur	Q28	
promotion	T14	
promotionnel	Q18	
prompt	N2	
promulgation	T12	
prône	12	W10
pronom	Z16	
pronominal	Q21	
prononçable	S4	
prononciation	S4	
pronostic	K1	
pronostiqueur	K14	
pronunciamiento	A4	
propagande	D1	
propagateur	Q28	
propagation	T12	
propane, *m*	Z3	
propédeutique, *f*	K2	
propension	T1	
propergol	L1	
prophète	V17	
prophétesse	S14	
prophétie	U12	
prophylactique	J3	
prophylaxie	Y5	
propice	S8	
propitiatoire	S5	
proportion	T7	
proportionnalité	P12	
proportionnel	Q22	
propos	E4	
proposition	T10	
propositionnel	Q22	
propre	Z16	
propreté	U3	
propriétaire	H5	
propriété	U3	
propulseur	G13	
propulsion	T11	
propylée, *m*	U2	
prorata	A1	
prorogatif	Q9	
prosaïque	X6	
proscenium	S3	
proscrit	K6	
prose	S2	
prosélytisme	Y5	
prosodie	B9	
prospecteur	Q28	
prospectif	Q9	
prospection	T16	
prospective	K6	
prospectus	R3	
prospère	V15	
prospérité	U3	
prostate	N6	
prosternation	T12	
prostitution	T9	
prostration	T12	
protagoniste	M3	
prote, *m*	N6	
protecteur	Q28	
protection	T16	
protectionnisme	M4	
protectorat	F1	
protéine, *f*	M3	
protestant	Q2	
protestataire	H5	
protestation	T12	
protêt	W2	
prothèse	V16	
protide	P8	
protocolaire	H5	
protocole, *m*	L2	
proton	N6	
protoplasme	N6	
prototype, *m*	Y1	
protozoaire, *m*	H5	
protubérance	D3	
prou	57	A8
proue	57	B3
prouesse	S14	
provenance	D3	
provençal	Q21	
provende, *f*	D5	
proverbial	Q21	
providence	D7	
providentiel	Q22	
province	S11	
provincial	Q21	
provincialisme	L12	
proviseur	G13	
provisionnel	Q22	
provisoire	H8	
provisoirement	F12	
provisorat	F1	
provocant	Q2	
provocateur	Q28	
provocation	T12	
proxénète	U7	
proxénétisme	U12	
proximité	U3	
prude	Z16	
prudemment	F17	
prudence	D7	
prudent	D11	
pruderie	B9	
prud'homie	P4	
prud'homme	P11	
prune	M3	
pruneau	A5	

prunelle C8
prunier M3
prurigineux Q13
prurit, *m* I19
prytanée, *m* U2
psalmodie B9
psaume M1
psautier N6
pseudonyme Y1
psi A3
ps(it)t ! Z16
psittacisme P15
psittacose P15
psoriasis, *m* R3
psychanalyse . . . Y6
psychanalytique . . Y5
psychasthénie . . . Y5
psyché, *f* U3
psychédélique . . . U5
psychiatre P1
psychiatrie B9
psychisme Y5
psychodrame . . . K8
psychologie L12
psychomoteur . . . K8
psychopathe X1
psychose, *f* Y1
psychothérapeute . N6
psychothérapie . . X1
psychotique N6
ptérodactyle Z15
ptôse W10
puanteur G14
pub Z16
pubère V15
pubertaire H5
puberté U3
pubescent Q19
pubien Q25
pubis R3
public Q5
publicain C12
publication T12
publicitaire H5
publicité U3
publiquement . . . F12
puce **15** S10
puceau A5
pucelage Z7
pucelle Z4
puceron P7

pudding J6
pudeur G14
pudibond F18
pudibonderie B9
pudicité L1
puéricultrice S8
puériculture Z15
puéril Q21
puerpéral Q21
pugilat F1
pugnace S7
puîné W3
puis **49** E6
puisard I1
puisatier Z16
puisque K2
puissamment . . . F16
puissance D3
puissant Q2
puits **49** E7
pull **57** L11
pullman L11
pullulement Z11
pulmonaire H5
pulpeux Q27
pulque, *m* K2
pulsation T12
pulsion T11
pulsionnel Q22
pulvérisateur Q28
pulvérisation T12
puma, *m* A1
punaise C3
punch, *m* Z16
punique M3
punissable S6
punitif Q9
punition T10
pupille [pypil] . . . L3
pupille [pypij] . . . L4
pupitre P1
pur Q1
purée U4
purement F12
pureté U3
purgatoire H9
purge Z16
purgeur G13
purification T12
purin C17
purisme I19

puritain C12
puritanisme M3
purulence D7
pus **20** E2
pusillanimité Z15
pustule, *f* L2
pustuleux Q13
putain C12
putatif Q9
putois E5
putréfaction T16
putrescible S3
putridité U3
putsch X4
puy **49** Y4
puzzle, *m* Z16
pygmée Y1
pyjama A1
pylône W10
pyramidal Q21
pyramide Y1
pyrénéen X5
pyrex Z16
pyrite, *f* P8
pyrogravure Z15
pyrolyse Y6
pyromane M3
pyromanie Y5
pyrotechnie K6
pyrotechnique . . . K8
pyrrhonien Q25
pythagoricien . . . Q25
pythie Y5
python **51** X1
pythonisse S15

q

quadragénaire . . . H5
quadrangulaire . . . H5
quadrant . . . **28** D10
quadrature H6
quadrichromie . . . K8
quadriennal Q21
quadrige K10
quadrilatère V15

quadrillage Y14
quadrille L4
quadripartite N6
quadrumane M3
quadrupède V8
quadruple Z16
quai A9
quaker G5
  f quakeresse
qualificatif Q9
qualitatif Q9
qualité U3
quand 28 F18
quant 28 D10
quanta R10
quantième V11
quantification . . . T12
quantique . . . 67 K2
quantitatif Q9
quantité U3
quantum D12
quarantaine C2
quarante D12
quart 24 I4
quarte 67 K10
quarté U1
quarteron I20
quartette, *m* C11
quartier 67 K10
quarto A4
quartz R5
quartzeux Q13
quasi K10
quasiment F14
quater G5
quaternaire H5
quatorze S1
quatorzième V11
quatrain C12
quatre K10
quattrocento P15
quatuor G9
que Z16
québécois Q11
quel 84 Q22
quelconque K6
quelque 84 Q16
quelquefois E5
quelqu'un Q2
quémandeur Q13
quenelle C8

quenotte N5
quenouille Y16
querelle C8
querelleur Q27
question K10
questionnaire . . . P12
questure H6
quête W2
quêteur Q27
quetsche, *f* Z16
queue 46 B4
queux 46 E8
qui 67 A3
quiche Z16
quiconque Z16
quidam J5
quiétude U12
quignon Z16
quille L4
quincaillerie B9
quincaillier Q4
quinconce, *m* . . . S4
quine, *m* M3
quinine, *f* M3
quinquagénaire . . K14
quinquennal Q21
quinquet F5
quinquina, *m* A1
quintal L1
quinte C17
quintessence D7
quintette, *m* C11
quinzaine C2
quinze S1
quiproquo A4
quittance N7
quitte N5
quitus R3
quoi 67 84 A10
quoique 84 Z16
quolibet F5
quorum Z15
quota, *m* A1
quotidien Q25
quotient K10
quotité U3

r

ra 68 A1
rabâchage W1
rabâcheur Q27
rabais E4
rabatteur Q27
rabbin C17
rab(e), *m* Z16
rabelaisien Q25
rabiot F9
rabique K2
râble W1
rabot F9
raboteux Q13
rabougri A3
racaille L6
raccommodable . . Z15
raccord K7
raccourci A3
raccroc K7
race S7
racé U1
rachat F1
rachidien Q25
rachis E6
rachitique K2
racial S4
racine S1
racket 67 K13
raclée U4
raclement F12
raclette C11
racolage K6
racoleur Q27
racontar G1
radar G1
rade J5
radeau A5
radian 28 D9
radiateur G13
radiation T12
radical Q21
radicelle C8
radiesthésie X1
radieux Q13
radin Q2
radio A4
radioactif X5

radioactivité Z15
radiodiffusion . . . Z15
radiographie J3
radiologie B9
radioscopie B9
radiothérapie X1
radis E6
radium Z16
radius R3
radjah Z16
radotage N6
radoub Z16
rafale L2
raffermissement . . S6
raffinerie B9
raffut P1
rafiot F9
rafistolage J2
rafle J2
rafraîchissement . . S6
rage Z16
raglan D9
ragondin C17
ragot F9
ragoût W7
ragoûtant D10
ragtime, m Z16
rai 66 A9
raid 32 J4
raide 32 C1
raidillon Y16
raie 66 B1
raifort, m I6
rail L6
raillerie Z5
railleur Q27
rainette 42 C1
rainure H6
raisin C17
raison S2
raisonnable P12
raisonnement . . 42 Z9
rajeunissement . . Z15
rajout F3
raki A3
râle, m 12 W1
ralentissement . . . Z15
ralliement D11
rallonge Z5
rallye P10
ramadan D9

ramage M1
ramassage Z9
ramassis E6
rambarde Z16
ramdam Z16
rame M1
rameau A5
ramequin C17
rameur Q27
rami 47 A3
ramier M1
ramification T12
ramille L4
ramonage Z7
rampe Z16
rancard 62 I1
rancart 62 I4
rance D3
ranch D12
rancœur, f D12
rançon S4
rancune K6
rancunier Q4
randonnée U4
rang Z16
rangée U4
rapace S7
rapatriement . . . B11
râpe 12 W1
râpeux Q13
raphia A1
rapiat F1
rapidité U3
rapiéçage U12
rapière O6
rapine Z3
rappel L1
rapport I6
rapprochement . . F12
rapt N2
raquette 67 C11
rare Z16
raréfaction T16
rarement F12
rareté U3
rarissime Z9
ras 68 Q11
rasade S2
rascasse, f S12
rasoir G2
rassemblement . . S6

rassis Q2
rastaquouère V15
rat 68 F1
rata A1
ratafia, m A1
ratatouille Y16
rate N6
râteau W1
râtelier W1
ratification T12
ration T12
rationalisme P5
rationnel Q22
ratissage P1
raton Z1
rattachement . . . P15
rattrapage P6
rature H6
rauque 19 67 K2
ravalement Z7
ravaudage Z16
ravier Z16
ravigote, f N6
ravin C17
ravine Z3
ravioli R10
ravissement F12
ravitaillement . . . F12
rayon Y11
rayonnage M4
rayonne M4
rayure H6
raz 68 R5
razzia, f A1
ré 66 U1
réaction T16
réactionnaire H5
réajustement F12
réalisateur Q28
réalité U3
réassortiment . . . F14
rébarbatif Q9
rebec K1
rebelle C8
rébellion U13
reblochon Z16
rebond F18
rebondissement . . Z15
rebord I2
rebours I9
rebouteux Q13

rebuffade Z9
rébus R3
rebut F10
récapitulation . . . T12
recel L1
receleur Q27
récemment F17
recensement F12
recension T1
récent Q2
récépissé U5
réceptacle K6
récepteur Q28
réception T15
réceptionniste . . . M4
récession Z4
recette C11
receveur Q27
rechapage P6
rechargeable B15
réchaud F18
réchauffement . . . J1
rêche W2
rechute N6
récidive S4
récif S4
récipiendaire H5
récipient D11
réciprocité U3
réciproque K2
récit F8
récital R8
réclame K6
reclus Q2
réclusion S2
recoin C18
récolte K6
recommandation . T12
récompense D8
réconciliation . . . T12
reconnaissance . . Z15
reconversion . . . T2
record 64 I2
recordman Z16
recoupement . . . F12
recours I9
recréation T12
récréation U5
recru 17 56 P1
recrû 17 56 W8
recrudescence . . . S3

recrue 56 B5
recrutement F12
rectangle D12
rectangulaire H5
recteur G13
rectification T12
rectiligne L12
rectitude K6
recto A4
rectorat F1
rectum K6
reçu A7
recueil L13
recueillement . . . Z9
recul L1
récupération T12
récurage I17
récurrence D7
récursif Q9
recyclage S4
rédacteur Q28
rédactionnel Q22
reddition J6
rédempteur Q28
redevance D3
rédhibitoire X1
redingote N6
redite J5
redondance D3
redoute N6
redoux E8
redressement . . . F12
redoucteur Q28
réduit Q2
réécriture U5
réédition U5
réel Q22
réélection U5
réemploi X5
réfection T16
réfectoire H9
référé U5
référence D7
referendum Z7
  aussi référendum
référentiel Q22
reflet F5
reflex 32 Z16
réflexe 32 Z16
réflexion T17
reflux R4

réformateur Q28
réforme Z16
refoulement Z7
réfractaire H5
refrain C12
réfrigérateur G13
réfringence D7
refroidissement . . S6
refuge Z16
réfugié 8 Q1
refus E2
réfutation T12
regain C12
régal 33 R8
régalien Q25
regard I1
régate, f P8
régence D7
régent D11
reggae, m Z16
régicide S4
régie B9
régime M1
régiment D11
régional Q21
régisseur G13
registre Z16
réglage U12
règle V3
règlement V3
réglementaire . . . H5
réglementation . . U13
réglette U12
réglisse, f S15
règne Z16
régression T3
regret F5
regrettable N7
régularité U3
réhabilitation X2
réimpression X5
rein C14
réincarnation T12
reine 41 C6
reinette 41 C5
réinsertion T7
réintégration T12
reître, m W5
rejet F5
rejeton N6
réjouissance D3

relâche W1
relais E4
relance D3
relation T12
relativité U3
relaxation T12
relaxe L12
relégation T12
relent D11
relève V18
relief L12
religieux Q13
religion Z16
reliquaire K14
reliquat F1
reliure H6
rem, *m* Z16
remake K12
rémanence D7
remaniement Z7
remarquable K14
remblai A9
remblaiement . . . B10
rembourrage I16
remboursement . . F12
remède V8
remembrement . . F12
remerciement . . . B11
réminiscence S3
remise S2
rémission T5
rémittent Q2
rémois Q11
remontoir G2
remontrance D3
remords E7
remorqueur G13
rémoulade Z7
rémouleur G13
remous Z1
rempailleur Y16
rempart I4
remplissage S6
remuement B14
rémunération . . . T12
renaissance D3
rénal Q21
renard I1
rencard 62 I1
renchérisseur . . . Q13
rencontre K6

rendement F12
rêne, *f* 41 W2
renégat Q2
renflouement . . . B12
renfort I6
rengaine C2
reniement M3
renifleur Q27
renne 41 C10
renom M3
renommée P11
renonciation T12
renoncule, *f* L2
renouveau A5
renouvelable L12
renouvellement . . F12
rénovateur Q28
renseignement . . . C5
rentable D13
rente D6
rentier Q4
rentrée U4
renvoi A10
repaire 40 H5
réparation T12
repartie B9
répartition T10
repas E1
repassage S6
repêchage W2
repentir G3
repérage U12
répercussion T4
repère 40 V15
répertoire H9
répétiteur Q28
répétition T10
répit F8
replet Q19
repli A3
réplique K2
répondant D10
répons, *m* R3
réponse Z16
report I6
reportage Z16
reporter G5
repos E3
repoussoir G2
répréhensible . . . X2
représailles R11

répression T3
réprimande D1
reprise S2
réprobation T12
reproche O6
reproduction T16
reprographie J3
reps R3
reptation T12
reptile L2
républicain Q24
république K2
répugnance D3
répulsion T11
réputation T12
requête W2
requiem, *m* Z16
requin C17
réquisition T10
réquisitoire H9
rescapé Q1
rescousse S18
réseau A5
réséda, *m* A1
réservation T12
réserve S2
réservoir G2
résident 85 Q19
résidentiel S5
résidu A7
résignation T13
résiliation T12
résille, *f* L4
résine M3
résineux Q13
résipiscence S3
résistance D3
résolument F15
résolution T9
résonance P5
résorption T15
respect N1
respectif Q9
respectueux Q13
respiration T12
respiratoire H8
responsabilité . . . U3
resquilleur Q27
ressac K1
ressaisissement . . S6
ressemblance . . . D3

ressemelage Z15
ressentiment Z11
resserrement Z13
ressort I6
ressortissant D10
ressource S6
restaurant D10
restauration T12
restitution T9
restoroute, m . . . Z16
restriction T16
résultat F1
résumé U5
résurgence D7
résurrection I16
retable, m N6
rétablissement . . . S6
retard I1
retardataire H5
rétention T6
retentissement . . . Z15
retenue B5
réticence D7
réticule, m Z7
rétif Q9
rétine M3
retors Q2
rétorsion T2
retouche N6
retour G11
rétractation . . . T12
rétractile L2
retrait F4
retraite Z16
retranchement . . . F12
rétrécissement . . . S6
rétribution T9
rétro A4
rétroactif Q9
rétrograde Z16
rétrospective Z15
retroussis R3
retrouvailles R11
rétroviseur G13
rets, m 66 E7
réunion X5
réussite S6
revalorisation . . . T12
revanchard Q2
revanche D12
rêve W2

revêche W2
réveil 15 L7
réveillon Y16
révélation U5
revendicatif Q9
revenu 56 A7
réverbération . . . U12
réverbère U7
révérence D7
révérend Q2
rêverie B9
revers I7
réversible U6
revêtement F12
rêveur W2
revient Z16
revirement Z7
révisionnel Q22
reviviscence S3
révocation T12
révolte U6
révolu Q1
révolution T9
révolutionnaire . . . H5
revolver G5
revue B5
révulsif Q9
révulsion T11
rewriter G5
rhapsodie B9
rhénan Q2
rhéostat F1
rhésus R3
rhétorique X1
rhinite M3
rhinocéros R3
rhizome S1
rhô W10
rhodanien Q25
rhododendron . . . C15
rhubarbe X1
rhum X1
rhumatisme M1
rhume M1
ria, f A1
ribambelle, f Z8
ribonucléique . . . X5
ribote, f N6
ricanement Z7
richard I1
riche Z16

richesse S14
ricin C17
ricochet 10 F5
rictus R3
ride Z16
rideau A5
ridelle C8
ridicule L2
riemannien Q25
rien C15
riesling Z16
rieur Q27
rififi Z16
rifle, m J2
rigidité U3
rigole Z3
rigolo 77 A4
  f rigolote
rigorisme I19
rigoureux Q13
rigueur G14
rillettes R11
rimailleur Z4
rimaye, f M1
rime 12 Z1
rimmel Z16
rinçage S4
ring Z16
ripaille L6
ripolin C17
riposte O6
rire H2
ris 49 F6
risée U4
risette Z4
risible S2
risotto A4
risque K2
ristourne Z16
rite N6
ritournelle C8
rituel Q22
rituellement F12
rivage Z16
rival Q21
rivalité U3
riverain Q2
rivet 10 F5
rivetage N6
rivière V15
rixe Z16

riz 16 49	R5	
rizière	S1	
robe 32	Z1	
robinet	F5	
robinetterie	N7	
robot	F9	
robotisation	T12	
robustesse	S14	
roc 19 67	K1	
rocade	K6	
rocaille	L6	
rocailleux	Q13	
rocambolesque . .	K2	
roche	Z16	
rocher 43	Z16	
rocheux	Q13	
rock 67	K5	
rocker	G5	
rococo	K6	
rodage	P1	
rodéo	U6	
rôdeur	W10	
rodomontade . . .	Z5	
rogatoire	H9	
rogne	Z16	
rognon	Z16	
rognure	H6	
rogue	Z16	
roi	A10	
roitelet	F5	
rôle	W10	
rollmops	L11	
romain	Q24	
roman 85	D9	
roman 85	Q24	
romance	D3	
romanche, m . . .	D12	
romancier	Q4	
romand 85	Q2	
romanesque	M3	
romanichel	L1	
romantique	K2	
romantisme	M1	
romarin	C17	
rombière	V13	
rompu	Q1	
romsteck	K5	
ronce	S4	
ronchonneur	Q27	
rond 16	Q2	
ronde	Z16	
rondeau 53	A5	
rondelet	Q20	
rondelle 36	C8	
rondeur	G14	
rondin	C17	
rondo 53	A4	
ronéo	A4	
ronflement	F12	
rongeur	G13	
ronronnement . . .	Z9	
röntgen	C4	
roque, m . . . 19 67	K2	
roquefort	I6	
roquet	F5	
roquette, f	C11	
rosace	S7	
rosaire	H5	
rosâtre	W1	
rosbif	Z16	
rose	S2	
rosé 39	U1	
roseau	A5	
rosée 39	U4	
roséole	L2	
roseraie	B1	
rosette	C11	
rosière	V15	
rosse	S16	
rosserie	B9	
rossignol	L1	
rostre, m	Z16	
rot 32 53	P1	
rôt 53	W10	
rotary	Y4	
rotatif	Q9	
rotation	T12	
rote, f 32	N6	
rôti 17 47	W10	
rôtie 17 47	B9	
rotin	C17	
rôtisserie	Z9	
rôtisseur	Q27	
rôtissoire	H10	
rotonde	N6	
rotor	G9	
rotule	L2	
roturier	Z3	
rouage	Z16	
roublard	Q2	
rouble, m	Z16	
roucoulade	Z7	
roucoulement . . .	F12	
roue 19 57	B3	
rouelle	C8	
rouerie	B9	
rouet 10	F5	
rouflaquette	C11	
rouge	Z16	
rougeâtre	B15	
rougeaud	F18	
rougeoiement . . .	B13	
rougeole	L2	
rouget	F5	
rougeur	G14	
rouille 12	Y16	
rouissage, m	S6	
roulade	L12	
rouleau	L12	
roulement	F12	
roulette	Z4	
roulis	E6	
roulotte	N5	
roumi	A3	
round	J4	
roupie	B9	
rouquin	Q2	
roussâtre	A1	
roussette	Z6	
rousseur	G14	
roussin	C17	
routage	N6	
route	Z1	
routier	Q4	
routine	M3	
routinier	Q4	
roux 19 57	Q16	
royalement	Y11	
royalties	R11	
royaume	Y11	
royauté	U3	
ru 56	A7	
ruade	Z16	
ruban	D9	
rubato	A4	
rubéole	L2	
rubicond	Q2	
rubis	E6	
rubrique	K2	
rucher	Z16	
rude	Z16	
rudement	F12	
rudesse	S14	

rudimentaire	H5	
rudiments	D11	
rudoiement	B13	
rue 56	B5	
ruée	U4	
ruelle	C8	
ruf(f)ian	D9	
rugby	Y4	
rugbyman	Z16	
rugissement	Z9	
rugosité	U3	
rugueux	Q13	
ruine	M3	
ruineux	Q13	
ruisseau	A5	
ruissellement	Z13	
rumba, f	A1	
rumeur	G14	
ruminant	Q1	
rumination	T12	
rumsteck	K5	
rupestre	O6	
rupin	C17	
rupture	H6	
rural	Q21	
ruse	S2	
rush	X3	
russe	S6	
rustaud	Q2	
rustine	M3	
rustique	K2	
rustre	Z16	
rut, m	Z16	
rutabaga, m	A1	
rythme	X1	
rythmique	Y5	

S

sa 24	A1	
sabayon	Y10	
sabbat	F1	
sabbatique	K2	
sabir	G3	
sable	Z16	
sablier	Z16	
sablière	V15	

sablonneux	Q13	
sabordage	Z16	
sabot	F9	
sabotage	N6	
saboteur	Q27	
sabra	A1	
sabre	Z16	
sabretache, f	N6	
sac	K1	
saccade	K7	
saccage	Z5	
saccageur	K7	
saccharine	X1	
saccharose	X1	
sacerdoce	S9	
sacerdotal	Q21	
sachem	Z16	
sachet 43	F5	
sacoche	K6	
sacramentaire	H5	
sacramental	Q21	
sacramentel	Q22	
sacre	K6	
sacrement	D11	
sacrément	F13	
sacrifice	S8	
sacrificiel	Q22	
sacrilège	V9	
sacripant	D10	
sacristain	C12	
sacristie	B9	
sacrum	Z16	
sadique	K10	
safari, m	A3	
safran	D9	
saga, f	A1	
sagace	S7	
sagacité	U3	
sagaie	B1	
sage	Z16	
sagesse	S14	
sagittaire	P15	
sagouin	C19	
saharien	Q25	
sahélien	X1	
sahraoui	X5	
saie, f 17	B1	
saignée	U4	
saignement	C1	
saillie	B9	
sain . . . 19 59 70	Q24	

saindoux	E8	
sainement	F12	
sainfoin	C18	
saint 19 59	Q19	
sainteté	U3	
saisie	B9	
saisissement	Z9	
saison	S2	
saisonnier	Q4	
saké, m	U1	
salace	S7	
salade	Z3	
saladier	L12	
salaire	H5	
salaison	C1	
salamalec, m	K1	
salamandre	D12	
salami	A3	
salariat	F1	
salaud	F18	
sale 71	Z1	
salement	F12	
salésien	Q25	
saleté	U3	
salière	V15	
saligaud	F18	
salin	Q2	
saline	Z3	
salinité	U3	
salique	K2	
salissure	S6	
salivaire	H5	
salive	L12	
salle 71	L3	
salmigondis	E6	
salmis	E6	
salmonellose	Z15	
saloir	G2	
salon	P3	
salon(n)ard	Q2	
saloon	Z16	
salopard	I1	
salope	Z3	
salopette	Z8	
salpêtre	W2	
salpingite	N6	
salsifis	E6	
saltimbanque	K2	
salubre	L12	
salubrité	U3	
salut	F10	

salutaire	H5
salutation	T12
salve	Z16
samaritain	Q24
samba, *f*	A1
samizdat	F1
sam(o)uraï	X6
samovar, *m*	G1
sampan(g)	Z16
sana(torium)	M3
sancerre	I10
sanctification	T12
sanction	T16
sanctuaire, *m*	H5
sanctus	R3
sandale	L2
sandalette	Z8
sandow, *m*	Z16
sandwich	Z16
sang	19 Z16
sanglant	D12
sangle	D12
sanglier	D12
sanglot	F9
sangria, *f*	A1
sangsue	B5
sanguin	Q24
sanguinaire	H5
sanguine	M3
sanguinolent	D11
sanhédrin	X1
sanitaire	H5
sans	19 Z16
sanscrit	Q19
sanskrit	Q19
sansonnet	P12
santal	D12
santé	U3
santon	86 D12
saoudien	Q25
saoul	57 Z16
sape	12 O4
saperlipopette !	Z15
sapeur	G13
saphique	J3
saphir	G3
sapidité	U3
sapience	D7
sapin	C17
sapinière	V15

saponification	Z15
sapristi !	A3
sarabande	D1
sarbacane, *f*	P5
sarcasme	K6
sarcastique	K2
sarcelle	C8
sarcloir	G2
sarcome	K6
sarcophage	J3
sardane	M3
sarde	Z16
sardine	M3
sardinier	Q4
sardonique	M3
sari, *m*	A3
sarment	D11
sarrasin	Q24
sarrau	R9
sarriette	C11
sas	24 R3
sassafras	E1
satané	Z3
satanique	K2
satellisation	T12
satellite	Z9
satiété	S5
satin	C17
satinette	C11
satire, *f*	50 H2
satirique	50 K2
satisfaction	T16
satisfecit, *inv.*	Z16
satrape	O4
saturation	T12
saturnales	L2
saturnisme	N6
satyre, *m*	50 Y1
satyrique	50 Y5
sauce	S11
saucière	V15
saucisse	S15
saucisson	S6
sauf	Q9
sauge, *f*	Z16
saugrenu	Q1
saule	54 L2
saumâtre	W1
saumon	Z16
saumoné	Q1
saumure	H6

sauna, *m* ou *f*	A1
saupoudrage	Z16
saur, *m*	19 52 G10
sauret	F5
saurien	C15
saurisserie	B9
saut	53 F2
saute	54 Z1
sauterelle	C8
sauterie	B9
sauternes	R3
sauteur	Q27
sautillement	F9
sautoir	G2
sauvage	Z16
sauvagement	F12
sauvageon	Q25
sauvagerie	B9
sauvegarde	Z16
sauvetage	Z3
sauveteur	G13
sauvette	C11
sauveur	G13
sauvignon	Z16
savamment	F16
savane	M3
savant	Q19
savarin	C17
savate	N6
savetier	N6
saveur	G14
savoir	G2
savon	11 Z16
savonnette	Z10
savonneux	Q13
savoureux	Q13
savoyard	Q2
saxe	Z16
saxhorn	X1
saxifrage, *f*	Z16
saxo	A4
saxon	Q25
saxophone	J3
saynète	Z16
sbire	H2
scabreux	Q13
scalaire	H5
scalène	V12
scalp	O1
scalpel	L1
scandale	D12

scandaleux	. . . . .	Q13
scandinave	. . . . .	D12
scansion	. . . . .	T1
scaphandre	. . . .	D12
scapulaire	. . . . .	H5
scarabée, *m*	. . . .	U2
scarification	. . . .	T12
scarlatine	. . . . .	N6
scarole	. . . . . .	Z3
scatologie	. . . . .	B9
sceau	 53	A5
scélérat	. . . . . .	Q19
scellement	. . . .	Z5
scellés	. . . . . .	R10
scénario	. . . . .	A4
scène	 70	V12
scénique	. . . . .	U12
scepticisme	. . . .	S4
sceptique	. . . 70	K2
sceptre	. . . . . .	Z16
schéma	. . . . . .	X4
schématisation	. .	T12
schème, *m*	. . . .	V11
scherzo	. . . . .	K8
schilling	 61	P10
schismatique	. . . .	K2
schisme	. . . . .	X4
schiste	. . . . . .	Z16
schisteux	. . . .	Q13
schizoïde	. . . . .	K8
schizophrène	. . .	V12
schizophrénie	. . .	U12
schlague	. . . . .	Z16
schlitte, *f*	. . . . .	N5
schnaps	. . . . .	R3
schooner	. . . . .	G5
schuss, *m*	. . . .	Z16
sciage	. . . . . .	S3
sciatique	. . . . .	K2
scie	. . . . . 12 51	B9
sciemment	. . . .	F17
science	. . . . . .	D13
scientifique	. . . .	K2
scierie	. . . . . .	B9
scieur	 70	G13
scintillement	. . .	L4
scission	. . . . . .	T5
scissiparité	. . . .	U3
sciure	. . . . . .	H6
sclérose	. . . . .	P1
scolaire	. . . . . .	H5
scolarisation	. . . .	T12
scolarité	. . . . .	U3
scolastique	. . . .	K2
scoliose, *f*	. . . .	P1
scolopendre, *f*	. . .	D13
scoop	. . . . . .	O1
scooter	. . . . .	G5
scorbut	. . . . . .	Z16
score	. . . . . .	P7
scorie, *f*	. . . . .	B9
scorpion	. . . . .	Z16
scotch	. . . . . .	Z16
scout	. . . . . .	Q19
scoutisme	. . . .	N6
scrabble	. . . . .	Z16
scraper	. . . . .	G5
scribe	. . . . . .	Z16
scribouillard	. . . .	Q2
script, *m*	. . . . .	Z16
script, *f*	. . . . .	Z16
scriptural	. . . . .	Q21
scrofule, *f*	. . . .	L2
scrofuleux	. . . . .	Q13
scrotum	. . . . .	N6
scrupule	. . . . .	L2
scrupuleux	. . . .	Q13
scrutateur	. . . . .	Q28
scrutin	. . . . . .	C17
sculpteur	. . . . .	G13
sculpture	. . . . .	H6
scythe	 51	Y1
se	 69	Z16
séance	. . . . . .	D3
séant	 69	Q19
seau	 53	A5
sébacé	. . . . . .	Q1
sébile	. . . . . .	L2
séborrhée	. . . . .	U4
sébum	. . . . . .	Z16
sec	. . . .	Q7
sécable	. . . . .	K6
sécant	. . . . . .	Q2
sécateur	. . . . .	G13
sécession	. . . . .	T3
sécessionniste	. . .	M4
séchage	. . . . .	U12
sèche	 41	V7
sèchement	. . . .	V7
sécheresse	. . . .	U13
séchoir	. . . . . .	G2
second	. . . . . .	Q2
secondaire	. . . . .	H5
seconde	. . . . . .	K6
secourisme	. . . . .	I19
secours	. . . . . .	I9
secousse	. . . . .	S18
secret	. . . .	Q19
secrétaire	. . . . .	H5
secrétairerie	. . . .	B9
secrétariat	. . . . .	F1
secrètement	. . . .	F12
sécréteur	. . . . .	Q27
aussi	. . . .	Q28
sécrétion	. . . . .	T8
sectaire	. . . . . .	H5
sectateur	. . . . .	Q28
secte	. . . . . .	Z16
secteur	. . . . .	G13
section	. . . . . .	T16
sectionnement	. . .	M4
sectoriel	. . . . .	Q22
séculaire	. . . . .	H5
séculier	. . . . .	Q4
secundo	. . . . .	A4
sécurité	. . . . . .	U5
sédatif	. . . . .	Q9
sédentaire	. . . .	H5
sédentarité	. . . .	U3
sédiment	. . . . .	D11
sédimentaire	. . . .	H5
sédimentation	. . .	T12
séditieux	. . . . .	T18
sédition	. . . . . .	T10
séducteur	. . . . .	Q28
séduction	. . . . .	T16
sefar(ad)di	. . . . .	A3
pl. sefar(ad)dim		
segment	. . . . .	D11
segmentation	. . .	I12
ségrégation	. . . .	T12
ségrégationniste	. .	M4
seiche, *f*	 41	C5
séide	. . . .	X5
seigle	. . . . . .	C5
seigneur	 40	G13
seigneurie	. . . . .	B9
sein	. . . . . 19 59	C14
seine	 70	C6
seing	. . . . 19 59	Z16
séisme	. . . . . .	X5
s(é)ismique	. . . . .	K2
seize	. . . .	C7

séjour G11
sel 21 41 L1
sélect Q2
sélectif Q9
sélection T16
sélectionneur . . . Q13
sélénium L12
self, *m* Z16
self, *f* Z16
selle 21 41 C8
sellerie, *f* 69 B9
sellette Z6
sellier 69 L11
selon Z1
semailles R11
semaine C2
semainier Q4
sémantique Q2
sémaphore H4
semblable D13
semblant D10
sém(é)iotique . . . K2
semelle Z4
semence D7
semestre U6
semestriel Q22
semeur Q27
sémillant Q19
séminaire H5
séminal Q21
séminariste I19
semis E6
sémite Z3
sémitique K2
semoir G2
semonce S11
semoule L2
sempiternel Q22
sénat F1
sénatorial Q21
séné U5
sénéchal U5
sénescence D7
sénevé, *m* U5
sénile L2
senior G9
senne, *f* 70 C10
sens 69 R3
sensation T12
sensationnel Q25
sensé 69 Q1

sensément F13
sensibilité U3
sensiblement F12
sensiblerie B9
sensitif Q9
sensoriel Q25
sensorimoteur . . . Q28
sensualité U3
sensuel Q25
sente D6
sentence D7
sentencieux T20
senteur G14
sentier D13
sentiment D11
sentinelle Z8
sépale, *m* L2
séparation T12
séparatisme N6
séparément F13
sépia, *f* A1
sept 79 Z16
septante D12
septembre Z16
septennal Q21
septennat P12
septentrion D13
septentrional M3
septicémie B9
septique 70 K2
septuagénaire . . . H5
septuor G9
sépulcral Q21
sépulcre Z16
sépulture H6
séquelle C8
séquence D7
séquentiel Q22
séquestration . . . T12
séquestre K14
sequin C17
séquoia, *m* A1
sérac K1
sérail L5
séraphin C17
serein 59 Q2
sereinement Z7
sérénade U5
sérénité U5
séreux Q13
serf 41 J2

serge, *f* Z16
sergent D11
sériciculture S4
série B9
sériel Q22
sérieux Q13
sérigraphie I19
serin 59 C17
seringue I19
serment 45 D11
sermon Z16
sermonneur M4
sérologie B9
sérothérapie X1
serpe Z16
serpent D11
serpentaire H5
serpentin Q24
serpette C11
serpillière Z16
serpolet F5
serrage I13
serre 41 I13
serrement 45 I13
serrure Z5
serrurerie B9
sérum Z1
servage Z16
servante D12
serveur Q27
serviabilité U3
service S8
serviette C11
servilité U3
serviteur G13
servitude N6
servocommande . . Z15
servofrein C14
servomécanisme . Z15
ses, *pl.* 69 Z16
sésame, *m* M1
session 69 T3
sesterce, *m* S4
set 79 Z16
séton Z1
setter G5
seuil L9
seul Q21
seulement F12
sève V18
sévère U7

sévérité U5
sévices R10
sèvres R3
sexagénaire H5
sexe Z16
sexologie L12
sextant D10
sexto A4
sextuor G9
sexualité U3
sexuel Q22
sexy, inv. Y4
seyant Y7
sforzando A4
sfumato, m A4
shah 61 X8
shaker G5
s(c)hako A4
shampooing X3
shérif 61 I19
sherpa A1
sherry 44 I13
shetland Z16
shilling 61 P10
shimmy, m . . . 61 Y4
shintô W10
shintoïsme X6
shoot Z16
shop(p)ing O5
short Z16
show 19 61 Z16
shrapnel(l), m . . . L1
shunt, m Z16
si 51 A3
sial L1
siamois Q11
sibylle, f Y5
sibyllin Q24
sic K1
sicaire K6
siccatif Q9
sidéral Q21
sidérurgie B9
siècle V3
siège V9
sien Q24
sierra, f I13
sieste Z16
sieur 70 G13
sifflement P9
sifflet P9

sifflotement J1
sigillographie J3
sigisbée, m U2
sigle, m Z16
sigma, m A1
signal L1
signalement P3
signalétique K2
signalisation T12
signataire H5
signature H6
signe 18 51 Z16
signet 10 F5
significatif Q9
signification T12
silence D7
silencieux T20
silentbloc R1
silex R4
silhouette X1
silicate, m Z7
silice, f 69 S8
siliceux Q13
silicium Z16
silicone, f P5
silicose, f S2
sillage Y14
sillon Y16
silo A4
simagrées, f R11
simiesque K2
similaire H5
simili A3
similigravure Z15
similitude P3
simonie B9
simoun M1
simple Z16
simplement F12
simplet F5
simplexe, m Z16
simplicité U3
simplification T12
simulacre, m P1
simulation T12
simultané M3
simultanéité U5
simultanément . . . F13
sinanthrope X1
sinapisme M3
sincère V15

sincèrement F12
sincérité U5
sinécure H6
singe Z16
singerie B9
single Z16
singleton N6
singularité U3
singulier Q4
sinisant Q2
sinistre Z16
sinistré Q1
sinistrement F12
sinistrose P1
sinologie M3
sinon Z16
sinueux Q13
sinuosité U3
sinus, m R3
sinusite Z7
sinusoïde, f X6
sioniste M3
sioux, inv. E8
siphon J3
siphonné Q1
sire 64 H2
sirène V12
siroc(c)o I20
sirop O2
sirupeux Q13
sis 51 Q11
sisal L1
sismique K2
sismographe J3
s(é)ismologie . . . B9
sistre, m 69 Z16
site 15 51 Z1
sitelle C8
sitôt 83 W10
sittelle, f C8
situation T12
six 51 R4
sixième V11
skaï X6
skateboard Z16
sketch Z16
  pl. sketches
ski A1
skieur Q27
skif(f) K12
skipper P13

slalom Z16
slalomeur Q27
slang Z16
slave Z16
slavon Q25
sleeping Z16
slip O1
slogan D9
sloop O1
slovaque K2
slovène V12
slow Z16
smala(h), f A1
smart Z16
smash X3
smicard Q2
smigard Q2
smocks R10
smog Z16
smoking Z16
snack K13
snob Z16
sobrement F12
sobriété U3
sobriquet F5
soc 38 K1
sociabilité U3
social Q21
socialement F12
socialisme L12
sociétaire H5
société U3
sociodrame M1
sociogramme . . . M2
sociologie B9
socle Z16
socque, m 38 Z16
socquette C11
socratique N6
soda A1
sodium Z16
sodomie B9
sœur G4
sofa A1
software, m Z16
soi 19 27 A10
soie 19 27 B2
soierie B9
soif J2
soiffard Q2
soigneux Q13

soin C18
soir 14 G2
soirée U4
soit 27 F6
soixantaine C2
soixante D2
soja A1
sol 54 L1
solaire H5
solarium L12
soldat F1
soldatesque K2
solde, m Z16
solde, f Z16
soldes R10
sole 54 P3
solécisme S4
soleil L7
solennel Q22
solennellement . . Z15
solennité U3
solénoïde, m . . . X6
solfatare, f H1
solfège V9
solidaire H5
solidarité U3
solide Z16
solidité U3
soliloque, m . . . L12
solipsisme L12
soliste L12
solitaire H5
solitude P8
solive Z3
soliveau A5
sollicitation P10
solliciteur Q27
sollicitude S4
solo A4
solognot Q29
solstice, m S8
solubilité U3
soluble L12
soluté U1
solution T9
solvabilité U3
solvant D10
somatique K2
sombre Z16
sombrero A4
sommaire H5

sommairement . . . Z11
sommation . . . 71 P11
somme, m . . . 11 M2
somme, f 11 M2
sommeil L7
sommelier Q4
sommet 10 F5
sommier M2
sommité U3
somnambule L2
somnifère V15
somnolence D7
somnolent . . . 9 Q19
somptuaire H5
somptueux Q13
somptuosité . . . U3
son 16 Z16
sonagramme M3
sonagraphe J3
sonar G1
sonate Z3
sonatine Z7
sondage Z16
sonde Z16
sondeur G13
songerie B9
songeur Q27
sonnaille L6
sonnerie P12
sonnet 10 F5
sonnette C11
sonneur P12
sonomètre P5
sonore P5
sonorisation . . . Z15
sonorité U3
sonothèque X1
sophisme J3
sophistiqué Q1
sophrologie J3
soporifique K2
soprano A4
sorbet F5
sorbetière V15
sorbier Z16
sorbonnard Q2
sorcellerie B9
sorcier Q4
sordide Z16
sorgho, m A4
sornette C11

sort 19 52   I6
sorte Z16
sortie B9
sortilège V9
sosie, *m* B9
sostenuto A4
sot 53 54 O20
sottement F12
sot(t)ie B9
sottise N7
sou 57 A8
soubassement . . . Z9
soubresaut C11
soubrette C11
souche Z16
souci A3
soucieux T20
soucoupe O4
soudain O24
soudainement . . . Z7
soudaineté U3
soudard I1
soude 22 Z16
soudure H6
soue 57 B3
soufflage P9
souffle 12 P9
soufflerie B9
soufflet F5
souffleur O27
souffrance D3
souffreteux O13
soufisme P2
soufrage P2
soufre P2
soufrière V15
souhait X2
souille Y16
souillon Y16
souillure Y16
souk K4
soûl 57 W7
soulagement Z7
soûlerie W8
soulèvement V18
soulier L12
soumission T5
soumissionnaire . . Z15
soupape Z3
soupçon S4
soupçonneux . . . O13

soupe O4
soupente D6
souper O6
soupière V15
soupir 13 G3
soupirail R6
souplesse S14
sourate, *f* Z3
source S4
sourcier Q4
sourcil Z16
sourcilleux Y15
sourd 22 Q2
sourdement F12
sourdine M3
souriceau A5
souricière V15
sourire H2
sourire, *f* I19
souris 16 22 E6
sournois Q11
sous 57 Z16
souscripteur O28
souscription T15
soussigné Q1
soustraction T16
soutane M3
soute Z1
soutenance D3
soutènement V12
souteneur G13
souterrain C12
soutien C15
souvenance D3
souvenir G3
souvent D11
souverain Q24
souverainement . . F12
souveraineté U3
soviet Z16
soviétique K2
soya A1
soyeux Y10
spacieux T20
spadassin C17
spaghetti R10
spahi X2
spalter G5
sparadrap I17
spartakisme K12
sparterie, *f* B9

spartiate S5
spasme Z16
spath, *m* 33 X8
spatial Q21
spatialité U3
spatule, *f* L2
speaker G5
speakerine M3
spécial Q21
spécialement F12
spécialité U3
spécieux T20
spécification T12
spécificité U3
spécifique K2
spécimen C4
spectacle K6
spectaculaire H5
spectateur O28
spectral Q21
spectre Z16
spectroscopie . . . B9
spéculateur O28
spéculatif Q9
spéculation T12
spéculum U13
speech Z16
spéléologie B9
spermatozoïde . . . X6
sperme Z16
sphère, *f* V15
sphéricité U3
sphérique U13
sphéroïde X6
sphincter G5
sphinx R4
spinal Q21
spinnaker Z5
spiral 33 Q21
spirale 33 L12
spire, *f* Z16
spirite N6
spiritisme N6
spiritual, *m* L1
spiritualisme I19
spiritualité U3
spirituel Q22
spiritueux Q13
spiroïdal X6
spleen Z16
splendeur G14

splendide D13
splendidement . . . F12
spoliation T12
spondée, *m* U2
spongieux Q13
sponsor G9
spontané Q1
spontanéité U5
spontanément . . . F13
sporadique K2
spore, *f* 64 H4
sport 64 I6
sportif Q9
spot Z16
spoutnik K4
sprat Z16
spray Z16
springbok, *m* K4
sprint Z16
sprinter G5
spumeux Q13
squale, *m* K14
square H1
squash Z16
squatter G5
squaw Z16
squelette C11
stabilisateur Q28
stabilité U3
stabulation T12
staccato A4
stade Z16
staff J1
stage Z16
stagflation T12
stagiaire H5
stagnation T12
stakhanovisme . . . X1
stalactite, *f* L12
stalag Z16
stalagmite, *f* L12
stalinien Q25
stalle, *f* L3
stance, *f* D3
stand, *m* J4
standard I1
standardisation . . T12
standing Z16
staphylococcie . . . B9
staphylocoque . . . Y1
star, *f* G1

starlette C11
staroste I20
starter G5
station T12
stationnaire P12
stationnement . . . M4
statique K2
statisticien Q25
statistique N6
stator G9
statoréacteur . . . Z15
statu(quo) 56 A7
statuaire H5
statue 56 B5
statuette C11
stature H6
statut 56 F10
statutaire H5
steak K4
steamer G5
stéarine, *f* X5
steeple Z16
stèle, *f* V10
stellaire P10
stencil, *m* L1
sténodactylo Z15
sténographie J3
sténotypiste Y5
sténose, *f* P1
stentor G9
stéphanois Q11
steppe O3
stercoraire H5
stercoral Q21
stère, *m* V15
stéréophonie J3
stéréoscope O4
stéréotype Y1
stérile L2
stérilement F12
stérilet F5
stérilisation T12
stérilité U3
sterling Z16
sterne Z16
sternum Z16
stéthoscope X1
steward J4
sthène, *m* V12
stick K5
stigmate, *m* N6

stimulation T12
stimulus, *m* R3
stipulation T12
stochastique K8
stock K5
stockfish K13
stoïcien Q25
stoïque X6
stolon L12
stomacal Q21
stomatite, *f* M1
stop O1
stoppage O5
stoppeur O5
store, *m* H4
stout, *m* Z16
strabisme Z16
stradivarius R3
strangulation T12
strapontin C17
strasbourgeois . . . B15
strass, *m* 88 Z16
stratagème, *m* . . . V11
strate, *f* N6
stratège, *m* V9
stratégie U12
stratification T12
stratosphère V15
stratus, *m* R3
streptococcie . . . B9
streptocoque, *m* . . K2
streptomycine, *f* . . Y5
stress Z16
strette, *f* N5
strict Q19
stridence D7
strident Q19
strie B9
stroboscope K6
strombolien Q25
strontium, *m* Z16
strophe, *f* J3
structural Q21
structuration T12
structure I18
strychnine Y5
stuc K1
stucage K6
studieux Q13
studio A4
stupéfaction T16

stupéfait Q19
stupéfiant Q19
stupeur G14
stupide O6
stupidité U3
stupre, *m* Z16
style Y1
stylet F5
styliste Y5
stylisticien Q25
stylo A4
stylographe J3
su Q1
suaire, *m* H5
suave Z16
suavité U3
subalterne Z16
subconscient . . . S3
subit 49 Q19
subitement Z7
subito A4
subjectif Q9
subjectivité U3
subjonctif Q9
sublimation T12
sublime M1
sublunaire M3
submersion T2
subordination . . . P6
suborneur Q27
subreptice S8
subrogatoire H8
subséquemment . . F17
subséquent Q19
subside Z16
subsidiaire H5
subsistance D3
subsonique M3
substance D3
substantiel Q22
substantiellement . F12
substantif J2
substantivation . . T12
substitut F10
substitution T9
substrat F1
subterfuge, *m* . . . Z16
subtil Q23
subtilement F12
subtilité U3
suburbain Q24

subvention T16
subversif Q9
suc K1
succédané U5
succès V20
successeur G13
successif Q9
succession T3
successivement . . Z15
successoral . . . Q21
succinct 59 Q19
succinctement . . . F12
succion Z16
succulent Q19
succursale K7
sucette S4
suçon S4
sucre Z16
sucrerie B9
sucrier Q4
sud J4
sudation T12
sudiste J5
sudorifique Z15
sudoripare H1
suédois Q11
suée U4
sueur G14
suffisamment . . . Z12
suffisance D3
suffisant J1
suffixe P9
suffocant 9 Q19
suffrage P9
suffragette G11
suggestif Q9
suggestion J8
suggestivité U3
suicidaire H5
suicide S4
suie 17 B9
suif J2
suiffeux Q13
suin(t) Z16
suisse S6
suite N6
sujet Q20
sujétion T8
sulfamide, *m* M1
sulfatage N6
sulfate, *m* N6

sulfite, *m* N6
sulfure, *m* H6
sulfureux Q13
sulfurique K2
sulky, *m* Y4
sultan D9
sultanat F1
sultane M3
sumérien Q25
summum M2
sunlight Z16
sunnite P12
super 34 G5
superbe O6
supercherie B9
superfétatoire . . . H8
superficie B6
superficiel Q22
superficiellement . F12
superflu Q1
supérieur G12
supérieurement . . F12
supériorité U3
superlatif Q9
superman Z16
supermarché U1
supernova, *f* A1
superposition . . . Z15
supersonique . . . Z15
superstitieux T18
superstition T10
superstrat F1
superstructure . . Z15
supervision S2
suppléance D3
suppléant X5
supplément D11
supplémentaire . . H5
supplétif Q9
supplication T12
supplice O5
supplique K2
support I6
supposition T10
suppositoire H9
suppôt W10
suppression P13
suppuration I17
supputation P13
supra A1
supranational . . . Z15

supraterrestre . . . Z15
suprématie B8
suprême W2
suprêmement . . . W2
sur 73 G7
sûr 73 G8
surabondamment . F16
surabondance . . . D3
suraigu Q3
suralimentation . . T12
suranné Q1
surate, f Z3
surboum Z16
surchauffe, f J1
surchoix R4
surcompensation . Z15
surcroît W6
surdité U3
surdoué X5
sureau 53 A5
sûrement W8
surenchère V15
suréquipement . . . Z15
suret Q20
sûreté W8
surexcitation Z15
surexposition . . . T10
surf Z16
surface S7
surfait 40 Q19
surfin Q24
surgeon B15
surhomme X1
surhumain Q24
surin C17
surintendance . . . Z15
surjection T16
surlendemain . . . C12
surmenage M3
surmoi A10
surmulot F9
surmultiplication . . Z15
surnaturel Q22
surnom S16
surnombre Z16
surnuméraire H5
suroît W6
surpeuplement . . . F12
surplis E6
surplomb Z16
surplus E2

surpopulation . . . Z15
surprise S2
surproduction . . . T16
surréalisme X5
surréel Q22
surrégénérateur . . Z15
surrénal I16
sursaut F2
sursis E6
sursitaire H5
surtaxe Z16
surtout F3
surveillance D3
survêtement W2
survie B9
survivance D3
survol L1
sus Z16
susceptibilité U3
susceptible S3
susdit Q2
susmentionné . . . Q1
susnommé Q1
suspect Q19
suspens D13
suspense, m C4
suspensif Q9
suspension T1
suspicieux Q13
suspicion S4
sustentation T12
susurrement I12
suture Z3
suzerain Q24
suzeraineté U3
svastika, m A1
svelte Z16
sveltesse S14
swahili A3
sweater Z16
sweepstake Z16
swing Z16
sybarite Y5
sycomore, m H4
syllabaire H5
syllabe Y1
syllabique Y5
syllabus R3
syllogisme Y5
sylphe, m 50 J3
sylphide, f Y5

sylvain C12
sylvestre Y1
sylvicole L2
sylviculture Z15
symbiose Y5
symbole L2
symbolique Y5
symétrie P4
symétrique M1
sympathie X1
sympathique K2
symphonie Y5
symphonique . . . K2
symphyse, f Y6
symposium, m . . . Z16
symptomatique . . P1
symptôme W10
synagogue Y1
synapse, f Y1
synchrone Y1
synchronique . . . M3
synchronisme . . . K8
synclinal Q21
syncopal Q21
syncope O4
syncrétisme Y5
syndic K1
syndical Q21
syndicat F1
syndrome P1
synecdoque, f . . . Y1
synesthésie X1
synodal Q21
synode M3
synonyme Y6
synonymie Y6
synopse, f Y1
synopsis, m ou f . . R3
synoptique Y5
synovie, f B9
syntacticien Q25
syntactique K2
syntagmatique . . . K2
syntagme Y1
syntaxe Y1
syntaxique K2
synthèse V16
synthétique X1
synthétiseur G13
syphilis Y5
syphilitique N6

syriaque Y5
syrinx, *m ou f* ... R4
systématicien ... Q25
systématique ... U12
systématisation .. Z15
système V11
systémique K2
systole, *f* L2
systolique K2

✝

ta 23 A1
tabac Z16
tabagie B9
tabatière V13
tabellion N7
tabernacle Z16
tablature N6
table Z16
tableau A5
tablée U4
tabletier Q4
tablette C11
tabletterie C11
tablier Z16
tabou A8
tabouret F5
tabulaire P3
tabulateur G13
tabulatrice S8
tac K1
tache 23 74 P1
tâche 23 74 W1
tâcheron W1
tacheture H6
tachisme P1
tachycardie, *f* ... Y5
tachymètre K8
tacite S4
taciturne N6
tacle, *m* L2
tacot F9
tact N1
tacticien Q25
tactile L2
tactique K2
tænia, *m* A1

taffetas E1
tafia, *m* J2
tagetes, *m* V17
tagliatelles R11
tahitien Q25
taïaut ! X6
taie B1
taïga X6
taille L6
tailleur G13
taillis E6
tain 59 C12
taiseux Q13
talc K1
talent D11
talentueux Q13
talion P3
talisman D9
talmud Z16
talmudique K2
taloche L12
talon L12
talonnette Z10
talonneur G13
talus E2
tamanoir G2
tamarin C17
tamaris E6
tambouille Y16
tambour G11
tambourin Z3
tamis E6
tampon D12
tamponnement .. F12
tamponnoir G2
tan 19 28 D9
tanagra, *m ou f* .. A1
tanche D12
tandem, *m* D12
tandis E6
tangage D12
tangence D7
tangentiel Q22
tangibilité U3
tango A4
tangon D12
tanière V15
tan(n)in C17
tank K4
tanker G5
tannage M4

tannerie B9
tanneur G15
tant 19 28 D10
tante 30 D12
tantième V11
tantinet F5
tantôt W10
tantrisme D12
tao A4
taoïsme X6
taon 19 78 Z16
tapage O6
tapageur Q27
tape O4
tapecul L1
tapinois E5
tapioca A1
tapir G3
tapis 49 E6
tapisserie Z9
tapotement Z7
taque K2
taquet F5
taquin Q24
taquinerie B9
tarabiscotage ... N6
taratata ! Z7
taraud 53 F18
tard 81 F18
tardif Q9
tare, *f* 81 H1
taré Q1
tarentelle C8
tarentule, *f* L2
targette C11
targui A3
targum Z16
tarière V15
tarif J2
tarifaire H5
tarification T12
tarissement Z9
tarot 53 F9
tarse, *m* Z16
tartan D9
tartare H1
tarte Z16
tartelette C11
tartine M3
tartre, *m* Z16
tartreux Q13

tartuf(f)e Z16
tas 23 R3
tasse S12
tasseau A5
tassement Z5
tassili A3
tatar Q2
tatillon P1
tâtonnement W1
tâtons R10
tatouage X5
taudis E6
taule 53 L12
taupe O4
taupinière V15
taureau A5
taurillon Y16
tauromachie B9
tautologie B9
taux 53 E8
tavelure H6
taverne Z16
tavernier Q4
taxation T12
taxe Z16
taxi A3
taxidermie B9
taxinomie B9
taxiphone J3
taxonomie B9
tayaut ! Y11
taylorisme Y2
tchador G9
tchèque V14
te Z16
té, m 44 U1
team Z16
technicien Q25
technicité U3
technicolor G9
technocrate N6
technocratie B8
technologie K8
te(c)k Z16
teckel K13
tectonique M3
téflon Z16
tégument D11
teigne, f C5
teigneux Q13
teint 21 59 C16

teinte 20 C16
teinture H6
teinturier Q4
tel 41 Q22
télé U5
télécommande . . . Z15
télécommunication Z15
téléférique U5
télégramme M4
télégraphe J3
téléguidage Z15
télématique K2
télémètre U7
téléobjectif X5
télépathie X1
téléphérique J3
téléphone J3
téléphonique Z15
télescope O4
télescopique K2
téléscripteur U6
téléspectateur . . . U6
télésiège U7
téléviseur G13
télévisuel Q22
télex R4
tell 41 Z16
tellement F12
tellurique L11
téméraire H5
témérité U5
témoignage M1
témoin C18
tempe O4
tempera, f A1
tempérament D11
tempérance D3
température Z15
tempête W2
tempétueux P1
temple D13
tempo A4
temporaire Z7
temporal Q21
temporalité U3
temporel Q22
temporisation . . . T12
temps 19 28 E7
tenable M3
tenace S7
ténacité U3

tenaille L6
tenancier Q4
tendance D3
tendanciel Q22
tendancieux Q13
tender G5
tendeur Q27
tendinite Z7
tendon D13
tendre D13
tendresse S14
tendron D13
ténèbres R11
ténébreux Q13
teneur G14
ténia, m A1
tennis R3
tennisman Z16
tenon M3
ténor G9
tension T1
tensoriel Q22
tentaculaire H5
tentacule, m L2
tentateur Q28
tentation T12
tentative D13
tente 30 D13
tenture H6
ténu Q1
tenue B5
tenuto A4
téocal(l)i, m A3
ter 19 36 G15
tératogène U7
tercet F5
térébenthine X1
térébinthe, m . . . X1
tergal L1
tergiversation . . . Z15
terme 75 Z16
terminaison C1
terminal Q21
terminologie B9
terminus R3
termite, m 61 N6
termitière V15
ternaire H5
terne Z16
ternissure S6
terrain C12

terrasse Z6
terrassement Z13
terre 19 36 I13
terreau A5
terrestre I13
terreur G14
terreux Q13
terri(I) I13
terrible I13
terrien Q25
terrine Z5
territoire H9
territorial Q21
territorialité Z15
terroir G2
terrorisme I13
tertiaire H5
tertio A4
tertre Z16
tes, pl. Z16
tessiture Z11
tesson S6
test N3
testament D11
testamentaire . . . H5
testateur Q28
testicule, m L2
testimonial Q22
têt 40 W2
tétanos R3
têtard W2
tête 74 W2
tétée U5
tétine M3
téton M3
tétraèdre U7
tétras E1
tette 74 C11
têtu W2
teuton Q25
teutonique P5
texte Z16
textile L2
textuel Q22
texture H6
thaï X6
thalamus R3
thalassothérapie . . Z15
thaler, m G5
thalidomide M1
thanatologie M3

thaumaturge X1
thé 44 U1
théâtral Q21
théâtre W1
thébaïde X6
théier Q4
théière U7
théiste X1
thématique K2
thème V11
théocratie B8
théodicée, f U4
théodolite, m . . . L12
théogonie B9
théologal Q21
théologien C15
t(h)éorbe, m Z16
théorème V11
théorétique K2
théoricien Q25
théorie B9
théorique K2
théosophe J3
thérapeute X1
thérapeutique . . . Z15
thérapie B9
thermal Q21
thermes 75 R10
thermie B9
thermique K2
thermodynamique . Z15
thermomètre X1
thermonucléaire . . Z15
thermos, m ou f . . R3
thermostat E1
thésaurisation . . . T12
thesaurus R3
thèse V16
thêta W2
thibaude, f X1
thon 61 X1
thonier M3
thora(h), f X8
thorax R4
thrène, m 40 V12
thriller L11
thrombose S2
thuriféraire H6
thuya, m Y11
thym 21 59 Y1
thymus R3

thyroïde X6
tiare, f H1
tibia, m A1
tic 19 38 K1
ticket K13
tiède V8
tiédeur U12
tien 11 Q25
tierce S4
tiercé Q1
tiers I7
  f tierce
tige Z16
tignasse S12
tigre Z16
tigresse S14
tilbury Y4
tilde, m Z16
tilleul Y16
tilt, m Z16
timbale L2
timbre Z16
timide M1
timidité U3
timon M1
timonerie Z7
timoré Q1
tinette C11
tintamarre I10
tintement C17
tintouin C19
tique, f 19 38 K2
tir 34 G3
tirade Z3
tirage I17
tiraillement Z9
tirailleur Y13
tire 22 34 H2
tirelire, f H2
tiret 10 F5
tirette C11
tireur Q27
tiroir G2
tisane M3
tison S2
tisonnier M4
tissage S6
tisserand Q2
tissu A7
titan D9
titane M3

titanesque K2
titre Z16
titulaire H5
toast, *m* N3
toboggan Z16
toc 88 K1
tocard Q2
toccata, *f* A1
tocsin C17
toge Z16
toi 27 A10
toile L2
toilettage Z9
toilette C11
toise S2
toison S2
toit 27 F6
toiture H6
tôle 53 W10
tolérance D3
tôlerie W10
tôlier Q4
tollé Z2
toluène, *m* V12
tomahawk Z16
tomate Z3
tombal Q21
tombe Z16
tombeau A5
tombée U4
tombereau A5
tombola, *f* A1
tome, *m* 71 P4
tomme, *f* 71 P11
tom(m)ette C11
tommy Y4
  pl. tommies
tomographie P4
ton 61 Z16
tonal Q21
tonalité U3
tondeur Q27
tonicité S4
tonique P5
tonne 12 M4
tonneau A5
tonnelet F5
tonnelle Z6
tonnellerie Z13
tonnerre Z6
tonsure H6

tonte Z16
tonus R3
top 32 54 O1
topaze, *f* S1
tope ! 32 54 O4
topinambour G11
topique K2
topo, *m* A4
topographie J3
topologie B9
toponyme Y1
toponymie Y5
toquade K14
toquante D2
toquard Q2
toque 88 K2
torah, *f* Z16
torche Z16
torchère V15
torchis E6
torchon Z16
tore, *m* 64 H4
toréador G9
torero A4
torgnole L2
toril L1
tornade Z16
toron I20
torpédo A4
torpeur G14
torpille L4
torpilleur Y13
torréfaction I15
torrent D11
torrentiel Q22
torride 72 I15
tors 19 64 Q11
torsarde Z16
torse, *m* Z16
torsion T2
tort 19 64 I6
torticolis E6
tortillard I1
tortionnaire P12
tortue B5
tortueux Q13
torture H6
torve Z16
tory Y4
  pl. tories
tôt 53 83 W10

total Q21
totalement F12
totalisateur Q28
totalitaire H5
totalité U3
totem Z16
totémique U12
toton Z1
touareg X5
toubib Z16
toucan D9
touche Z16
toue B3
touffe P9
touffu Q1
toujours I9
toundra, *f* A1
toupet F5
toupie B9
touque, *f* K2
tour, *m* 65 G11
tour, *f* 65 G11
tourangeau Q18
tourbe, *f* Z16
tourbeux Q13
tourbier Q4
tourbillon Y16
tourbillonnement . M4
tourelle C8
touret F5
tourie B9
tourillon Y16
tourisme I19
touristique K2
tourmaline, *f* L12
tourment D11
tourmente D6
tourmentin C17
tournebroche, *m* . Z16
tournedos, *m* . . . E3
tournée U4
tournemain C12
tournesol L1
tourneur G13
tournevis R3
tourniquet F5
tournis, *m* E6
tournoi 87 A10
tournoiement . . . B13
tournure H6
tourte Z16

tourteau A5
tourtereau A5
tourterelle C8
tourtière V15
tous, *m pl.* . . . 14 79 Z16
toussotement . . . Z11
tout 79 F3
toutefois E5
toutes, *f pl.* Z16
toutou A8
toux 79 E8
toxicomane Z15
toxine, *f* M3
toxique K2
trac 38 K1
traçage S4
tracas E1
tracasserie Z9
trace S4
traceur Q27
trachée U4
trachéite, *f* K8
trachome K8
traçoir G2
tract N1
tractation T12
tracteur G13
traction T16
tradition T10
traditionaliste . . . P5
traditionnel Q22
traditionnellement . Z15
traducteur Q28
traduction T16
traduisible S2
trafic 15 K1
tragédie B9
tragédien Q25
tragiquement . . . F12
trahison X2
train 59 C12
traînard Q2
traîne 40 W4
traîneau A5
traînée U4
traîneur Q27
training M3
trait 40 F4
traite 12 Z16
traité U1
traitement Z3

traiteur G13
traître W4
traîtresse S14
traîtreusement . . . F12
traîtrise S2
trajectoire H10
trajet F5
tralala, *m* A1
tram, *m* 32 Z16
trame, *f* 32 M1
tramontane, *f* . . . P5
tramway Y2
tranche D12
tranchée 8 U4
tranchet 10 F5
tranchoir G2
tranquille L3
tranquillement . . . F12
tranquillité U3
transaction T16
transactionnel . . . Q22
transafricain Q24
transalpin Q24
transat, *m* Z16
transat, *f* Z16
transatlantique . . . K2
transbordeur G13
transcendance . . . D3
transcendantal . . . Q21
transcontinental . . Q21
transcripteur G13
transcription T16
transe, *f* D4
transept, *m* N2
transfert, *m* I5
transfiguration . . . T12
transformateur . . . Q28
transformation . . . T12
transformationnel . Z15
transfuge Z16
transfusion S2
transgression . . . T3
transhumance . . . X1
transi Q1
transistor G9
transit 13 Z16
transitaire H5
transitif Q9
transition T10
transitoire H8
translatif Q9

translation T12
translit(t)ération . . Z15
translucide S4
translucidité U3
transmetteur G13
transmissibilité . . . U3
transmission T5
transocéanique . . K2
transparence D7
transparent D11
transpiration T12
transplant D10
transplantation . . T12
transport I6
transporteur G13
transposition T10
transsaharien . . . Q25
transsibérien Q25
transsubstantiation Z15
transvasement . . . S2
transversal Q21
transversalement . F12
trapèze, *m* V19
trapéziste U12
trapézoïdal X6
trappe O3
trappeur P13
trappiste P13
trapu Q1
traque, ... 38 K2
traquenard I1
traqueur G13
trattoria, *f* A1
traumatisme N6
traumatologie . . . B9
travail R6
    pl. aussi travails
travailleur Q27
travailliste Y16
travée U4
travel(l)ing Z16
travers, *m* E7
traverse Z16
traversée U4
traversier Q4
traversin C17
travestissement . . Z15
traviole L2
trayeur Q27
trébuchet F5
tréfilage L12

tréfilerie P3
trèfle V3
tréfonds, *m* E7
treillage Y16
treille L8
treillis E6
treize C7
treizième V11
treizièmement . . . V11
trekking Z16
tréma, *m* A1
trématage N6
tremblaie B1
tremble, *m* . . . 12 Z16
tremblement M1
tremblote N6
tremblotement . . . N6
trémie B9
trémière, *f* V15
trémolo A4
trémoussement . . Z9
trempage O6
trempe, *f* 37 O4
trempette C11
tremplin C17
trentaine C2
trente D6
trentenaire H5
trépan 85 D9
trépanation M3
trépas E1
trépidation T12
trépied Z16
trépignement . . . D11
très 40 V20
trésor G9
trésorerie B9
trésorier Q4
tressage S6
tressaillement . . . Y16
tresse S14
tréteau A5
treuil L9
trêve W2
tri 13 A3
triade X5
triage X5
trial, *m* L1
triangle X5
triangulaire H5
triangulation T12

triatomique X5
tribal 36 Q21
tribalisme L12
triboluminescence . Z15
tribord I2
tribu 56 A7
tribulation T12
tribun Z16
tribunal L1
tribune M3
tribut 56 F10
tributaire H5
tricentenaire H5
tricéphale J3
triceps Z16
triche, *f* Z16
tricherie B9
tricheur Q27
trichromie B9
trick 38 K5
tricolore Z7
tricorne Z16
tricot F9
tricoteur Q27
trictrac K1
tricycle, *m* Y5
trident, *m* D11
tridimensionnel . . Q22
trièdre X5
triennal Q21
trière V15
trieur Q27
triforium Z16
trigonométrie . . . Z15
trilatéral Q21
trilingue L12
trille, *m* L4
trillion L11
trilogie B9
trimaran D9
trimardeur G13
trimbal(l)age Z16
trimestriel Q22
trimmer G5
trimoteur Z3
tringle C17
trinitaire Z7
trinité U3
trinitroluène
  (T.N.T.) V12
trinôme W10

trinquet F5
trio A4
triomphal Q21
triomphalement . . F12
triomphateur Q28
triomphe, *m* J3
tripaille L6
tripartite N6
tripartition T10
tripatouillage Y16
tripatouilleur Q27
trip, *m* Z16
tripe O4
triperie B9
tripette C11
triphasé Q1
tripier Q4
triplace S4
triple Z16
triplement F12
triplés R10
triplette C11
triplex Z16
tripode O6
triporteur G13
tripot F9
tripotage N6
triptyque, *m* Y5
trique, *f* 38 K2
triqueballe, *m* . . . L3
trirème, *f* V11
trisaïeul Q21
  pl. -ïeuls *ou* -ïeux
trisannuel Q22
triste Z16
tristesse S14
triton N6
trituration T12
triumvirat F1
trivalent Q19
trivial Q21
trivialement F12
trivialité U3
troc 15 38 K1
trocart I4
troène, *m* X5
troglodyte, *m* . . . Y1
troglodytique . . . Y5
trogne, *f* Z16
trognon Z16
troïka, *f* X5

trois E5
troisième V11
troisièmement . . . F12
troll, *m* 33 Z16
trolley Y3
trolleybus R3
trombe Z16
trombine 61 M3
tromblon Z16
trombone, *m* M3
trompe Z16
tromperie B9
trompette, *m* C11
trompette, *f* C11
trompettiste N7
trompeur Q27
trompeusement . . F12
tronc Z16
tronçon S4
tronçonnage P12
tronçonneuse . . . S4
trône W10
trop 53 O2
trope, *m* O4
trophée, *m* U2
tropical Q21
tropique K2
tropisme O6
troquet F5
trot 53 F9
trotskiste Z16
trotte N5
trotteur Q27
trottinette Z12
trottoir G2
trou 13 A8
troubadour G11
trouble Z16
trouée U4
troufion J2
trouille Y16
troupe O4
troupeau A5
troupier P6
troussage S6
trousse S18
trousseau A5
trouvaille L6
trouvère, *m* V15
troyen Q25
truand X5

truanderie B9
trublion Z16
truc 67 K1
trucage K6
truck 67 K5
truculence D7
truculent Q19
truelle X5
truffe J1
truffier Q4
truie B9
truisme X5
truite N6
trumeau A5
truquage A5
truqueur O27
trusquin C17
trust N3
trusteur G13
tsar G1
tsarévitch Z16
tsarine M3
tsigane P5
tu A7
tub Z16
tuba, *m* A1
tube Z16
tubercule, *m* L2
tuberculeux Q13
tuberculine, *f* . . . M3
tuberculose Z15
tubulaire H5
tubuleux Q13
tubulure H6
tudesque Q2
tuerie B9
tueur Q27
tuf J2
tuf(f)eau A5
tuilage L12
tuile L2
tuilerie B9
tulipe O4
tulle, *m* L3
tuméfaction T16
tumescence S3
tumescent Q19
tumeur G14
tumoral Q21
tumulaire H5
tumulte P4

tumultueux Q13
tumulus R3
tuner, *m* G5
tungstène, *m* . . . V12
tunique M3
tunisien Q25
tunnel P12
turban D9
turbin C17
turbine M3
turbo, *m inv.* . . 53 A4
turbocompresseur . Z15
turbopropulseur . . Z15
turboréacteur . . . Z15
turbot 53 F9
turbotière V15
turbulence D7
turbulent Q19
turc Q5
turf Z16
turfiste Z16
turgescent Q19
turlututu ! A7
turne, *f* Z16
turpitude N6
turquerie B9
turquoise K14
tussor(e), *m* S6
tutélaire P3
tutelle C8
tuteur Q28
tutoiement B13
tutti, *inv.* A3
tutu A7
tuyau Y11
tuyautage Y11
tuyauterie B9
tuyère V15
tweed J4
tweeter Z16
twist N3
tympan D9
tympanal Q21
tympanon M3
type Y1
typesse S14
typhoïde X6
typhon J3
typhus R3
typique Y5
typiquement F12

typographe J3
typologie Y5
tyran 28 D9
tyranneau A5
tyrannicide S4
tyrannie P12
tyrannique Y5
tyrolien O25
tzar G1
tzigane M3

u

ubac, *m* K1
ubiquité K14
ubuesque X5
uhlan D9
ukase, *m* S2
ulcération T12
ulcère, *m* V15
ulcéreux Q13
uléma, *m* A1
ultérieur G12
ultimatum Z16
ultime M1
ultimo A4
ultra A1
ultracentrifugation Z15
ultramoderne . . . Z15
ultrason Z16
ultraviolet Q20
ululement P3
un 60 Q24
unanime Z3
unanimement . . . F12
unanimité U3
underground J4
uni Q1
uniate N6
unicellulaire Z15
unicité U3
unidirectionnel . . . Z15
unification T12
uniformément . . . F13
uniformité U3
unilatéralement . . F12

unilingue M3
uniment F14
union Z16
unionisme P5
unipare Z7
unique K2
uniquement F12
unisson S6
unitaire H5
unité U3
univers I7
universalité U3
universaux R10
universel Q22
universitaire H5
université U3
univocité U3
univoque K2
uppercut O5
upsilon, *m* L12
uranifère V15
uranium I17
urbain Q24
urbanisme M3
urbanité U3
urée, *f* U4
uretère, *m* V15
urètre V4
urgence D7
urinaire H5
urinoir G2
urique I19
urne, *f* Z16
urologie I20
ursidé U1
urticaire, *f* H5
uruguayen Q25
us R10
usage S2
usinage M3
usité Q1
ustensile D13
usuel Q22
usufruit F8
usuraire H5
usurpateur Q28
usurpation T12
ut 60 Z16
utérus R3
utilement F12
utilisateur Q28

utilité U3
utopie B9
uvulaire H5
uvule, *f* L2

v

vacance D3
vacancier Q4
vacant Q19
vacarme K6
vacataire H5
vacation T12
vaccin C17
vaccination T12
vache Z16
vacher Q4
vacherin C17
vachette C11
vacillement Z9
vacuité U3
vadrouille Y16
vagabond F18
vagabondage . . . Z15
vagin C17
vaginal Q21
vague Z16
vaguelette C11
vaguemestre Z16
vahiné, *f* X2
vaillamment F16
vaillance D3
vain 21 40 59 Q24
vainement F12
vainqueur G13
vair 63 G6
vairon C1
vaisseau A5
vaisselier L12
vaisselle C8
val L1
 pl. vals *et* vaux
valablement F12
valais E4
valence D7
valériane P5
valet 43 F5

valetaille Z8
valétudinaire H5
valeur L12
valeureux Q13
valide L12
valise S2
vallée 43 U4
vallon L11
vallonné Q1
vallonnement . . . Z13
valorisation T12
valse Z16
valve Z16
vamp, f O1
vampire, m H2
van 30 D9
vanadium M3
vandale L2
vanille L4
vanilline Z9
vanité U3
vaniteux Q13
vannage P12
vanne M4
vanneau A5
vannerie B9
vantail 30 P6
vantard Q2
vapeur G14
vaporeux Q13
vaporisation T12
var G1
varan 28 D9
varappe, f O3
varech K3
vareuse P7
variance D3
variante D2
variation T12
varice S8
varicelle C8
variété U3
variole L2
variqueux Q13
varlope, f O4
vasculaire H5
vase S2
vaseline Z7
vaseux Q13
vasistas Z16
vasque K2

vassal Q21
vassalité U3
vaste Z16
vaticination S4
vaudeville L3
vaudevillesque . . . Z15
vaudou A8
vaurien C15
vautour G11
veau 19 53 A5
vecteur Q28
vectoriel Q22
vedettariat F1
vedette C11
védique U6
végétal Q21
végétarien Q25
végétatif Q9
véhémence X2
véhicule X2
veille Y16
veillée U4
veilleur G13
veilleuse Z16
veinard I1
veine 40 C6
veineux Q13
veinule L2
vêlage W2
vélaire H5
veld(t) 41 Z16
vélin C17
velléitaire H5
velléité U5
vélo A4
véloce S9
vélocité U3
vélodrome P1
velours I9
velouté U1
velu Q1
velum L12
venaison S2
vénal Q21
vénalité U2
vendangeur Q27
vendetta A1
vendeur Q27
venelle C8
vénéneux Q13
vénérien Q25

veneur G13
vénézuélien Q25
vengeance B15
vengeur Q29
véniel Q22
venimeux Q13
venin C17
vénitien Q25
vent 30 D11
vente D6
venteux Q13
ventilateur G13
ventilation T12
ventouse D13
ventral Q21
ventre D13
ventricule, m L2
ventrière V15
ventriloque K2
ventripotent D11
venue 56 B5
vêpres R11
ver 63 G5
véracité I18
véranda A1
verbal Q21
verbeux Q13
verbiage X5
verdâtre W1
verdeur G14
verdict N1
verdure H6
véreux Q13
verge Z16
vergé 44 Q1
verger 44 Z16
vergeture H6
verglacé Q1
verglas E1
vergogne, f Z16
véridique I18
vérificateur Q28
vérification T12
vérin C17
vérisme I19
véritable I19
vérité U3
verjus E2
vermeil Q22
vermicelle, m . . . C8
vermifuge J2

virtuellement F12
virtuosité U3
virulence D7
virus R3
vis 21 37 Z16
visa 14 A1
visage S2
viscéral S3
viscère, m V15
viscose S2
viscosité U2
visée 39 U4
viseur G13
visibilité U3
visière V15
vision S2
visionnaire P12
visitandine D12
visite Z3
visiteur Q27
vison S2
visqueux Q13
visserie S6
visuel Q22
vitalité U3
vitamine, f Z7
vite Z1
vitesse S14
viticole L2
vitrail R6
vitreux Q13
vitrification T12
vitrine M3
vitriol L1
vitupération T12
vivace S7
vivacité U3
vivandier Q4
vivarium I19
vivat, m F1
vivement F12
viveur Q27
vividité U3
vivificateur Q28
vivipare H1
vivisection T16
vivoir G2
vivres R10
vivrier Z16
vizir G3
v(l)an ! D9

vocable K6
vocabulaire H5
vocal Q21
vocalique K2
vocalisateur Q28
vocatif K6
vocation T12
vocifération T12
vocodeur G13
vodka, f A1
vœu 16 Z16
vogue Z16
voici A3
voie 19 22 27 B2
voilà V1
voile L2
voilette C11
voilier L12
voilure H6
voire 14 Z16
voirie B9
voisinage M3
voiture H6
voiturette Z8
voix 19 27 E8
vol 33 L1
volage L12
volaille L6
volant D10
volapük Z16
volatil 33 Q23
volatile, m . . . 33 L2
volcan D9
volcanique M3
volcanologue . . . M3
volée U4
volet 10 77 F5
voleur Q27
volière V15
voligeage B15
volition T10
volley 77 Y3
volleyeur Q27
volontaire H5
volontariat F1
volonté U3
volontiers E7
volt 88 Z16
voltaïque X6
voltairien Q25
voltamètre V4

voltampère V15
volte, f 88 Z16
voltige Z16
volubile L2
volubilité U3
volume Z3
volupté U3
voluptueux Q13
volute, f Z3
vomique M1
vomitif Q9
voracement F12
voracité U3
vos, pl. 19 53 Z16
vosgien Q25
vote 12 Z1
votif Q9
votre 54 P1
vôtre 54 W10
vous Z16
voussure S6
voûte W7
voûté W7
vouvoiement B13
vouvray Y2
voyage Y9
voyageur Q27
voyance D3
voyelle Y11
voyeur Q27
voyou A8
vrac K1
vrai Q1
vraiment D11
vraisemblance . . . D3
vrille L4
vrombissant Q2
vu 88 A7
vue 88 B5
vulcanisation T12
vulgaire H5
vulgarisation T12
vulgarité U3
vulnérabilité U3
vulnérable I17
vulnéraire H5
vulve, f Z16
vulvite, f P8
vumètre V4

W

wagnérien Q25
wagonnet F5
walkman Z16
wallon Q25
wapiti A3
wassingue, *f* S6
watergang D12
wateringue C17
waters R10
watt, *m* **77** Z16
wattman N7
 pl. wattmen
welter G5
western, *m* Z16
westphalien Q25
wharf X1
whig Z16
whisky **51** Y5
 pl. whiskies
whist N3
wigwam, *m* Z16
wisigoth Q2
witloof Z16
wolfram, *m* Z16
wurtembergeois . . Q11

Y

y **49** Z16
yacht Z16
ya(c)k Z16
yang Z16
yankee K12
yaourt Z16
yard J4
yatagan D9
yearling Z16
yéménite N6
yen **41** C4
yeti, *m* A3
yeux, *pl.* T20
yiddish X3
 aussi yiddisch
yin Z16
yod J4
yoga A1
yog(h)ourt Z16
yogi A3
yole L2
yougoslave Z16
youyou A8
ypérite, *f* Y5

X

xénon M3
xénophobie J3
xérès V21
xérographie I20
xérophtalmie J3
xi A3
xylographe J3
xylophage J3
xylophone Y1

Z

zakouski A3
zazou A8
zèbre V4
zébrure H6
zébu A7
zélateur Q28
zèle V10
zélé Q1
zélote U12
zen C4
zénith X1
zéphyr Y1
zeppelin O5
zéro I20

zeste, *m* Z16
zêta W2
zézaiement B10
zibeline Z7
ziggourat Z16
zigzag S1
zinc C17
zincifère S4
zingage Z16
zingueur G13
zinnia, *m* P12
zinzin S1
zircon Z16
zizanie B9
zloty Y4
zodiacal Q21
zodiaque, *m* K2
zombi(e), *m* A3
zona, *m* A1
zonage M3
zonard I1
zone P1
zonure P5
zoo S1
zoolâtre W1
zoologie B9
zoom Z16
zoomorphe J3
zoophilie J3
zoophobie B9
zootechnie K8
zoroastrien Q25
zouave, *m* X5
zut ! Z16
zygomatique Y1
zygote, *m* P8

LA RÉSERVE PERSONNELLE

Notez ici, **au crayon,** les mots qui vous créent des difficultés persistantes quant à l'orthographe d'usage malgré la consultation fréquente du Dictionnaire orthographique. Répartissez ces mots récalcitrants — **chacun a les siens** — selon les six rubriques prévues. Vous pourrez les effacer lorsque votre main et vos yeux en auront acquis l'orthographe.

I. Les lettres muettes	II. Les accents

III. Les consonnes à redoubler	IV. Les consonnes à ne pas redoubler

V. L'écriture de la finale	VI. Les homonymes

Imp. TARDY QUERCY S.A. Bourges - Dépôt légal : Juillet 1982 - Édit. N° 4585 - Imp. N° 10693
Imprimé en France